GEORGII LACAPENI

EPISTULAE X PRIORES CUM EPIMERISMIS EDITAE

COMMENTATIO ACADEMICA

QUAM SCRIPSIT ET IN PUBLICO LATINE DEFENSURUS EST

SIGFRID LINDSTAM

IN AUDITORIO I DIE XIII M. DEC.

H. A. M. S.

UPSALIAE MDCCCCX
TYPIS DESCRIPSIT EDV. BERLING.

GEORGII LACAPENI

EPISTULAE X PRIORES CUM EPIMERISMIS EDITAE

COMMENTATIO ACADEMICA

QUAM SCRIPSIT ET IN PUBLICO LATINE DEFENSURUS EST

SIGFRID LINDSTAM

IN AUDITORIO I DIE XIII M. DEC.

H. A. M. S.

UPSALIAE MDCCCCX
TYPIS DESCRIPSIT EDV. BERLING.

Litteras Byzantinas, quae dicuntur, dignas esse in quibus elaborent ii, qui studia Graeca colunt, hodie nemo negabit. Inter quas quae aetate Palaeologorum exstiterunt adhuc magna ex parte incultae iacent, quippe quae plerisque exsuccae et aridae uideantur; multis tamen mirum in modum ideo arrident, quod quasi infantia uidentur scientiarum renascentium. Ad cuius aetatis cognitionem complendam nonnihil Lacapenum quoque adiuturum sperabam, quam ob rem partem operum eius edendam curaui; quod ut facerem mihi non contigisset, nisi hospitio Bibliothecarum Uniuersitatis Upsaliensis, Nationalis Parisinae, Bodleyanae Oxoniensis usus essem. In aedibus Bibl. Ups. codices manu scriptos e Bibl. Bauarica Monacensi et Parisina Nationali mutuo acceptos perscrutatus sum. Ob quae beneficia antistitibus Bibliothecarum illarum gratias debitas ago et habeo. Grato animo etiam profiteor, beneuolentia Domini illustrissimi Fitz-Roy Fenwickii mihi contigisse, ut codicem Meermannianum 364 inspicerem.

Praeceptoribus denique optime de me meritis, O. A. Danielssonio et O. Lagercrantzio imprimis, gratias maximas agere dulce est officium.

Scribebam Kal. Dec. MDCCCCX.

Index catalogorum.

Bancalari, Francesco: Index codicum Graecorum bibliothecae Casanatensis (Studi Italiani di Filologia classica II, 1894 p. 161 sqq.).

Bandini, A. M.: Catalogus codicum Graecorum bibliothecae Mediceae Laurentianae II, Florentiae 1768.

Cohn et Studemund: Codices ex bibliotheca Meermanniana Phillippici Graeci, Berolini 1890.

Coxe, H. O.: Catalogus codicum, qui in collegiis aulisque Oxoniensibus hodie adseruantur, Oxoniae 1852.

—— Catalogus codicum msc. Bibl. Bodleyanae I, Oxoniae 1853.

Cyrillus, Salvator: Codices Graeci mss. Regiae bibliothecae Borbonicae descripti atque illustrati, uol. I, Neapoli 1826.

Gardthausen, V.: Catalogus codicum Graecorum Sinaiticorum, Oxonii 1886.

Gesner: Bibliotheca uniuersalis, Turigi 1545.

Gollob, Eduard: Verzeichnis der gr. Hss. in Österreich ausserhalb Wiens (Sitzungsberichte der Kais. Akad. d. Wissenschaften, Phil. Hist. Classe, Bd. CXLVI, 1902/3, Wien 1903).

Graux, Charles (et Martin, Albert): Notices sommaires des manuscrits Grecs de Suède, Paris 1889 (Archives des missions scientifiques, 3e série, tome XV).

Haase: Ein altes Verzeichniss der gr. Hss. in der Vaticana, mitgetheilt von Prof. Haase in Breslau (Serapeum XII, 1851).

Haenel, G.: Catalogi librorum mscr., qui in bibliothecis Galliae, Heluetiae, Belgii, Britanniae asseruantur, Lipsiae 1830.

Hardt, Ignatius: Cat. codicum mss. bibl. Bauaricae I, Monachii 1806.
V, ibidem 1812.

Iriarte, Ioannes: Regiae bibliothecae Matritensis codices Graeci mscr. I, Madrid 1769.

Labbeus, Philippus: Noua Bibliotheca mss. librorum, Parisiis 1653.

Lampros, Spyridon P.: Catalogue of the Greek Manuscripts on Mount Athos — *Κατάλογος τῶν ἐν ταῖς βιβλιοθήκαις τοῦ ἁγίου ὄρους Ἑλληνικῶν Κωδίκων, Τόμος α', ἐν Κανταβριγίᾳ τῆς Ἀγγλίας* 1895. *Τόμος β'*, ibidem 1900.

Martin, Albert: Notices sommaires des manuscrits Grecs d'Espagne et de Portugal (Nouvelles Archives des missions scientifiques II, Paris 1892).

MARTINI, E.: Catalogo di manoscritti Greci, essistenti nelle biblioteche Italiane. Vol. II, Milano 1902.

MARTINI et BASSI: Catalogus codicum Graecorum bibl. Ambrosianae. Digesserunt Æmidius Martini et Dominicus Bassi, Mediolani 1906.

MATTHAEI, FR.: Accurata codd. Gr. mss. bibliothecarum Mosquensium Sanct. Synodi notitia et recensio, ed. Chr. Fr. de Matthaei, Tom. I, Lipsiae 1805.

MELLOT: Catalogus codicum mss. bibliothecae Regiae II, Par. 1740.

DE MONTFAUCON, BERNARD: Bibliotheca bibliothecarum manuscriptorum noua. I, II, Parisiis 1739. — Bibliotheca Coisliniana, ibidem 1715. — Diarium Italicum, ibidem 1702.

VON NESSEL, D.: Catalogus codd. mss. Gr. bibl. Vindobonensis, Vindob. 1690.

OMONT, HENRI: Inventaire sommaire des manuscrits grecs de la Bibl. Nationale de Paris (I—IV Parisiis 1886 - 1898). — Catalogue des manuscrits grecs des Bibliothèques de Suisse (Centralblatt für Bibliothekswesen III, 1886).

PASINI, RIVAUTELLA, BERTA: Codices mss. bibl. Regiae Taur. Athenaei I, Taurini 1749.

PEYRON, AMADEUS: Notitia librorum manu typisque descriptorum, qui donante Valperga-Calusio illati sunt in Reg. Taur. Ath. bibl., Lipsiae 1820.

PUNTONI, V.: Indice dei codici greci della biblioteca Estense di Modena, Bologna 1896 (Studi Italiani di Fil. class. uol. IV).

REISER, A.: Index manuscriptorum bibl. Augustanae, Helmst. 1675.

ROSTAGNO, E., e FESTA, N.: Indice dei codici greci Laurenziani non compresi nel Catalogo del Bandini (Studi Italiani di Fil. class. I, 1893).

SAKKELION: *Κατάλογος τῶν χειρογράφων τῆς ἐθνικῆς βιβλιοθήκης τῆς Ἑλλάδος*, Athenis 1892.

DE SANCTIS, GAETANO: Inventario dei codici superstiti greci e latini antichi della biblioteca nazionale di Torino (Rivista di Filologia XXXII, 1904).

STEVENSON, H. (Senior): Bibl. Apost. Vaticanae codd. mss. — — Palatini Graeci, Romae 1885.

——— codd. mss. Gr. Reginae Suecorum et Pii II, ibidem 1888.

STORNAJOLO, COSIMO: Codices Urbinates Gr., Romae 1895.

VLADIMIR ARCHIMANDRITA: Cat. codd. Gr. bibl. Synodalis Mosquensis, Mosquae 1894.

ZANETTI et BONGIOVANNI: Graeca D. Marci bibliotheca codicum manu scriptorum, Venetiis 1740.

PROLEGOMENA.

I.

De Lacapeni uita et nomine.

De uita Georgii Lacapeni adhuc perpauca cognouimus, idque ob duas praecipue causas; quarum altera ex eo petenda est, quod Lacapenus, litteris fere semper assidens, nullas uel minimas in re publica partes agebat, quo factum est, ut rerum illius temporis scriptores eum silentio praeterirent; altera, quod epistulae priuatae, quibus abundabant illa tempora, in bibliothecis plerumque ineditae iacent. Quae autem de Lacapeno iam constant ex epistulis quibusdam, curis Maximiliani Treu et aliorum editis, magna ex parte innotuerunt. Atque ex ipsius nimirum epistulis nonnulla accedunt certiora; sed plura etiam tenebris obruta sunt, quae tum fortasse illustrabuntur, cum epistulae Nicephori Gregorae, Michaëlis Gabrae, aliorum multorum accuratius erunt examinatae et quam fieri poterit plurimae publici iuris factae. Quod utinam non longo interiecto temporis interuallo eueniat! Habent enim eiusmodi epistulae, licet singulae parui pretii esse uideantur, cum uniuersae prodierunt et inter se collatae sunt, miram quandam uim ad indoles et mores hominum temporumque uetustorum aperiendos.

Atque quemadmodum de Moschopulo et Planude olim dissentiebatur, eodem modo de aetate Lacapeni diu inter uiros doctos parum constabat. Et Leo quidem Allatius, qui de eo copiosius primus scripsit, eum a. circiter 1350 floruisse dicit (Diatriba de Georgiis, apud Fabricium uol. X p. 700—704, Hamburgi 1721 [1]). Sententia autem Maximiliani Treu sine dubio uerior est, qui in libello qui inscribitur: Maximi Monachi Planudis Epistulae, Vratislauiae 1890, quod opus saepius laudabo, p. 224 hoc modo disserit: »uno enim uerbo hic commemoro non ex eis modo quae attuli sed aliis etiam ex causis mihi persuasum esse Georgii Lacapeni aetatem

[1] Quod opus Allatius a. 1644 absoluit. Ed. Paris. a. 1651 prodiit. In editione Bibl. Fabr. Harlesiana continetur uol. XII (a. 1809) p. 1—136, ubi de Laçapeno p. 59 sqq. agitur.

ultra prima eius [i. e. XIV:i] saeculi decennia iniuria promoueri solere». Quam sententiam sicut Voltzius[1] et Krumbacherus[2], quorum merita de Lacapeno rite cognoscendo immensa sunt, probauerunt, ita ego quoque amplector. Epistularum enim Lacapeni et Andronici Zaridae, quae omnes, si quid intellego, ratione temporis, quo singulae scriptae erant, habita dispositae sunt, pars altera Planude uiuo, altera post eum iam mortuum scripta est. Arte ergo cohaeret aetas, qua fuisse credimus Lacapenum, cum anno mortis Planudis definiendo. Si enim a. circiter 1302, ut fert sententia Maximiliani Treu (o. l. p. 193 sq.), mortuus est Planudes, ante eum annum nonnullas Lacapenianae collectionis epistulas scriptas esse necesse est putemus; sin autem a. 1310, quod Carolus Krumbacher (o. l. p. 543) statuit, ante hunc annum. Et quidem, si ep. VII Lacapeni ante Planudem mortuum, ut ego quidem arbitror, ad Palamam missa est, Planudes nonnullos annos post 1302 uixisse uidetur; quamquam Krumbacheri sententia quibus nitatur argumentis nescio.

Capta erant saeculo XIII uergente ingenia iuuenum Graecanicorum cupiditate flagranti operum immortalium, quae parauerant ueteres Graeci, cognoscendorum. Antea enim duobus paene saeculis Graecia, armis Francogallorum aliorumque occidentalium deuastata, nec minus discordiis intestinis uexata, uix ullum locum artibus liberalibus praebuerat. Iis autem, quibus status rei publicae miserrimus moresque hominum asperrimi odio erant et taedio, monasteria, Hesychastarum in primis, sola refugia remanebant. Sed coenobitis, quippe qui doctrinae ecclesiasticae maxime indulgerent, studia saecularia quae uocantur magis erant contempta quam adamata. Litterae igitur sordebant, et Graecia paene barbara facta est. Tandem, cum imperium Byzantinum iniuriis peregrinorum ereptum esset (id quod a. 1261 euenit), res publica coepta est denuo stabiliri. Una cum fiducia restituta amor patriae insignis ciuibus inuasit, memoria gloriae pristinae Graecorum animos perstrinxit. Sequebatur litterarum aetatis optimae admiratio; iamque magistri exstiterunt, qui doctrina ueterum haud mediocriter instructi laetas iuuenum cohortes undique concurrentes litteris imbuebant. Quae studia suscepta initia erant rei maximi momenti. Namque ex iis, si uera

[1] Ludwig Voltz: Die Schriftstellerei des Georgios Lakapenos. B. Z. 2 (1893) p. 221—234.

[2] Karl Krumbacher: Geschichte der byzantin. Litteratur. 2. Auflage, München 1897 p. 558—560.

est sententia hominum doctissimorum quorundam[1], quibus me assentiri libere profiteor, nata est resurrectio illa ueterum litterarum, quae e Graecia in Italiam translata ibique ingentibus incrementis aucta mox per totam fere Europam scientias et artes renouauit.

Inter magistros illos, qui linguae Atticae purae nullis barbarismis foedatae discendae atque tradendae operam dabant, eminebat Maximus Monachus Planudes, cuius e corona satis multi nobis cogniti sunt, quorum Ioannes et Andronicus Zaridae atque] Mercurius monachus etiam in epistulis Lacapeni nominantur. Inter auditores Planudis Lacapenum quoque et Constantinopoli quidem fuisse ex ep. IX liquet[2]. Constat enim Planudem ibi saepe habitasse, uelut a. 1299 (cf. ep. I Planudis apud Treu).

Primos enim uitae annos Lacapenus Constantinopoli degit, ubi in urbe ipsa uel in eius uicinia natus esse uidetur[3]; desiderium enim suum urbis regiae multis epistularum locis expressit, neque de alio natali solo mentionem fecit. Parentes satis mature amisit, nullisque aliis necessariis in uita remanentibus solus derelictus erat. Queritur ep. XVI: *γονέων ἐρημίαν, ἣν ὑπομεμενήκαμεν*, et ep. XXI: *ἀλλ' ἔρημοι μὲν γονέων, ἔρημοι δὲ συγγενῶν ἐκείμεθα καὶ φίλων*. Solacium autem cepit doloris e studiis litterarum et consuetudine uirorum ingeniosorum, quibuscum Constantinopoli adulescens amicitias iunxerat.

---

[1] cfr. H. Vast, Le Cardinal Bessarion, Paris 1878 p. 14 sq. M. Treu, o. l. p. 184. K. Krumbacher, o. l. passim.

[2] De Planude uiuo haec in epistulis inueni testimonia: ep. IX: *ἀπενηνέγμεθα μὲν γὰρ δὴ μετὰ τῆς μεγάλης πόλεως καὶ τῶν ἐλλογίμων τοῦ δεινοτάτου κ. τ. λ.*

ep. XI (Andronici Zaridae): *ὁ προστάτης τοῦ λόγου, ὃν ὁ χρόνος εἰς τὴν καθ' ἡμᾶς ἡλικίαν μικροῦ δεῖν ἄπιστον ἱστορίαν τοῖς μὴ εἰς ὄψιν ἐλθοῦσιν ἔφηνεν, εὖ πράττει. ἔχει δὲ πρὸς σέ, ὡς ἂν εὐχόμενος εἴποις· ὁ θεός, ὅπως εἰς ταὐτὸν ἔλθοιμεν, ἐν βραχεῖ διαθοῖτο.*

ep. autem XXII A. Zaridas his uerbis praeceptoris mortui meminit: *τὸν Μερκούριον ὅτι σοι οὕτως ἥρμοσται πεπυσμένος, οὐδὲν καινὸν ἔφην. ἤδη γάρ ποτε καὶ ἀρείονι μὲν σοῦ οὐκ ἂν εἴποιμι, ἐξ ἴσου δέ σοι ὡμίλησε. καὶ οὔποθ' ὅσγε τοῦτον ἀθέριζε. συνεφοίτα γὰρ ἡμῖν καὶ κορυφαῖος ἦν τοῦ χοροῦ καὶ πλεῖστα τούτῳ ἔχαιρεν. οὗ κάλλιστον μὲν μνημονεύειν, ἡμῖν δ' ἀνιαρότατον· δακρύων γάρ τις φορὰ καὶ πάθος οὐκ ἀνασχετὸν τῇ μνήμῃ ἀκολουθεῖ.* — Quae testimonia ad Planudem pertinere glossae locis singulis adscriptae indicant.

[3] uide ep. VII: *ἔπειτα πῶς οὐκ ἀτοπίας γέμον καὶ σφόδρα ἄωρον, ἐπὶ τῆς οἰκίας ἡμᾶς μένειν οἰόμενον κ. τ. λ.*

Nullos tamen amicos aeque adamauit et admiratus est ac Zaridas fratres, litteris deditissimos ambos. Cuius amicitiae testimonia plurima in epistulis exstant; ita ep. IX ad Ioannem Z. scribit: — *καὶ δὴ καὶ συνεχῶς εἰς νοῦν ἐβαλλόμην, ὡς οὔπερ ἂν ὁ ἔρως πολὺς ῥυῇ, τύραννον ἡδὺν ὁ τετρωμένος ἐδέξατο, κ. τ. λ.* et ad Andronicum ep. XII: *ὦ παντὸς οὔτινος οὖν τῶν εἰς τὸν βίον τελούντων ἐμοὶ σὺ τιμώμενε.* Paululo infra eum uocat *τὸν ὅτι παραμύθιον μόνον λειπόμενον.* Ep. XVI: *τοῦτ' ἤδη* (sc. te epistula missa solari uelle desiderium nostrum tui) *γονέων ἐρημίαν — οὐκ ἔτ' ἐν ἀφορήτοις ἄγειν ἐᾷ.* Ep. XXI: — *ἔρημοι δὲ συγγενῶν ἐκείμεθα καὶ φίλων, ὧν εἰ σέ τις εἴποι τὸν κορυφαῖον, ἐπ' ἀληθείας ἔσται κεκληκώς. τῷ γὰρ ὄντι σὺ φίλος σαφὴς καὶ βέβαιος καὶ τὸ χρῆμα πᾶν ἀκήρατον ἐν τοῖς ἤθεσι φέρων.* Ep XXV: *καὶ ὅτι ἂν ποτε παραστῇ μοι λέγειν ἢ ποιεῖν, πανταχῇ δοκῶ ὁρᾶν σε καὶ παρόντα καὶ συμπράττοντα· καὶ οὐδὲ τὸ τῶν νυκτῶν μέντοι χρῆμα τῆσδε τῆς συντελείας ἄμοιρον, ἀλλὰ κἀκεῖ πολλάκις δι' ὀνειράτων εὑρεῖά τις ἀνέῳκταί σοι χώρα.* Nec minus dilucide Andronicus, quid de Lacapeno sentiat, significat, uelut ep. XI: *ἐλλαμπρύνομαι γὰρ τοῖς σοῖς, ὡς μηδεμίαν εἰκόνα δύνασθαι εὑρεῖν τῆς ἐμῆς ἐπὶ τοῖς σοῖς φιλοτιμίας.* Ep. XIII: *ἐν τούτοις δ' ὢν καὶ φίλου λειπόμενος, δι' ὃν οὐ μεταμέλει τῆς εἰς τὸν βίον εἰσόδου, πῶς οἴει ἀηδῶς ἔχω;* Semperque cum calamitates uitae grauissimae eos agitarent, sodalitatis suae litterarum causa initae et fideliter conseruatae meminerunt. De qua scribit ad Ioannem Zaridam Lacapenus ep. VI: *τὸ γὰρ τὸν ἀντὶ πάντων ἡμῖν εἶναι φάσκοντα καὶ διατριβῶν κεκοινωνηκότα πλείστων κ. τ. λ.*, et ad Andronicum ep. XX: — *πόσῃ τινὶ δοκεῖς μοι τὴν ψυχὴν ἀθυμίᾳ στρέφεσθαι, διαλέξεις ἐννοοῦντι βρυούσας χάρισιν.* Ep. XVII Andronicus ad Lacapenum: *τί γάρ μοι νῦν οὐ δακρύων ὑπόθεσις; οὐχὶ νύκτες ἐκεῖναι, ὧν τὸ πλεῖστον ἐπεῖχον αἱ ῥᾳστώνης γέμουσαι καὶ ἑορτῆς ὁμιλίαι κ. τ. λ.*

Hoc loco de Zaridis nonnulla proponam. Ac de Ioanne quidem haec mihi nota sunt. Quamquam, ut a Planude eruditus, historiae et poësis amore captus erat (u. init. ep. IX Lac.), in litteris non multum profecisse uidetur. Lacapenus, qui ad eum epistulas III, VI, IX, XXI scripsit, aliquas saltem ab eo epistulas accepit (ita ep. XX ad A. Zaridam missa Lacapenus dicit: *τἀδελφοῦ τὴν καλὴν ἐπιστολὴν ἐλαμβάνομεν*), quae tamen epistulae, quantum cognoui, aetatem non tulerunt. Planudes, qui ad Ioannem epistulas tres misit, segnitiem eius in epistulis scribendis uituperat. De fundis quibusdam in Asia Zaridis restituendis in ep. CIX (a. 1295 scripta, u. Treu o. l. p.

147, 224) agit Planudes. Post quod tempus scriptam esse ep. IX Lacapeni credo: cum enim hanc epistulam acciperet, in possessione bonorum in Asia erat Ioannes. Paulo ante matrimonium inierat, de quo futuro Planudes ep. XXX agit. Lacapenus deinde ep. XXI de filio nato ei gratulatur (Treu l. l.). Postea ad res in republica gerendas accessit: datum est enim ei imperium Melenici castelli[1] in Macedonia siti. Ep. XXII A. Zaridas ad Lacapenum: *καὶ πρῶτον ἡμᾶς ἴσθι μετὰ τὸ διαλυθῆναί σου ὥσπερ πεττοὺς διαφορηθέντας τῇδε κἀκεῖσε. εἶτα τοῦ θεοῦ ᾧ* (l. *εὖ*) *πεσεῖν τὰ καθ' ἡμᾶς παρασχόντος, στήσαντας τὴν πλάνην αὐτοῦ πρὸς τῷ* ***Μελενίκῳ*** *σὺν καλλίονι τῷ σχήματι. τὴν φρουρὰν γὰρ ἐπιστεύθη οὑμὸς ἀδελφὸς τοῦ ἐρύματος, ἐρυμνοτάτου μὲν αὐτόθεν ὄντος, προσλαβόντος δ'ἐξ ἐπιτεχνήσεως ἀκριβέστερον τὸ ἀνεπιχείρητον. τούτῳ δ'ἐχρησάμεθα ὁρμητηρίῳ πρὸς τὸ τὰ ἡμέτερα εὖ σχήσειν.* Sequitur laudatio regis, e qua colligo Zaridas fratres eo tempore gratia multum apud illum ualuisse. Atque quamquam non multum huic coniecturae tribuo, tamen dubito, an Zaridas h. l. id tempus indicare uoluerit, quo Turci et Catalani Graeciam septentrionalem deuastarent (dico a. 1307 et 1308, u. M. Treu, der Philosoph Joseph B. Z. 8, 1899, p. 47). Quomodo postea (a. 1321) Ioannes Zaridas aliique, despotae Constantino nimium morem gerentes, supplicium ignominiosum tulerint et tandem in gratiam apud regem restituti sint, narrat Cantacuzenus, Hist. I. 81. 94 (Patrol. gr. ed. Migne CLIII cf. Treu l. l.).

In cod. Athoo 2404 haec inest inscriptio: ***Γεωργίου Λακαπηνοῦ καὶ Ἰωάννου Δούκα τοῦ Ζαρίδου***, quam errori tribuit Krumbacherus (p. 560). Sed inueni in cod. Meerm. 364 ad ep. XXI ***τὸν Δοῦκαν*** appellationem nomini Ioanni Zaridae additam. Ac supererant illo tempore quidem Ducae, affinitate cum gente Ducarum Caesarea coniuncti (u. Ducangii Hist. Byz. duplici commentario illustr., Lutetiae Parisiorum 1680, p. 166). Cum tamen *δοῦκας* nihil aliud sit quam *δούξ* (dux), quod uocabulum saepe eum, qui ***φρουρίῳ*** uel *ὁρμητηρίῳ* praeesset, significauit, suspicor Ioannem, postquam Melenicum sub imperium suum accepit, illam appellationem usurpauisse.

---

[1] *Ὁ Μελενίκος* nunc *τὸ Μελένικον* (u. *Π. Ν. Παπαγεωργίου: Αἱ Σέρραι καὶ . . . ἡ μονὴ Ἰωάννου τοῦ Προδρόμου*, B. Z. 3, 1894, p. 302]. Apud Theodorum Pediasimum ***τὸ Μελενίκου φρούριον*** commemoratur (Th. Pediasimi eiusque amicorum quae exstant edidit M. Treu. Programm des Victoria-Gymnasiums zu Potsdam, Ostern 1899 p. 21 20).

Andronici Zaridae, magis quam frater umbratili uitae dediti, nonnulla ad nos peruenerunt scripta. Ex epistulis VIII Lacapeno missis eum Homerum in deliciis habuisse uidemus: abundant enim locis ex Homero desumptis. Praeterea ei erat epistularum commercium cum Nicephoro Gregora (u. quae e catalogis attulit de his epp. Voltzius, o. l. p. 223 sq.), Michaële Gabra (Treu et Voltz, l. l.), Theodoro Pediasimo (u. Theodori Pediasimi quae exstant p. 33). Conscripsit etiam epigramma (fortasse etiam reliqua duo) *εἰς τὸν ἐπὶ τοῦ τροχοῦ καθήμενον*, quod edidit Al. Olivieri (Tre Epigrammi dal cod. Viennese 341 (Nesselio, 127 Lambecio), Studi Italiani di Filologia classica 5, 1897, p. 515—518). Ut mos fere fuisse inter scriptores illius temporis uidetur, de ualetudine queritur (ep. XIII). Constantinopoli primum habitabat, deinde Serris (u. o. l. de Theodoro Pediasimo p. 58). Asiam eum uisitasse docet ep. XVII. Fratribus Zaridis sororem fuisse ex ep. eadem accipimus: *μία γὰρ νὺξ τήν τε πρὸς τὴν ἐμὴν φιλτάτην ἀδελφὴν ἐντυχίαν ἀπὸ τῆς Αἴνου πρὸς τὸ Ῥώσιον — δέχεται.*

Tertius inter eos, qui una cum Lacapeno disciplina Planudis usi sunt, fuit Mercurius monachus. De quo uide quae disserit M. Treu (Epp. Planudis p. 224).

Amici Lacapeno et Zaridis communes erant etiam Ioannes Zacharias actuarius (de quo u. Comment. ep. X), Nicephoros Gregoras, qui, si credimus cod. Upsaliensi 28 b, ad Lacapenum epistulam misit, quae inc. *ἐγένετό τις ἀνὴρ Καρχηδόνιος, Κλεόδημος ὄνομα,* aliique, de quibus infra plura dicemus.

Commercium epistularum inter Lacapenum et amicos migrationi eius ex urbe regia in Thessaliam debetur. Quam migrationem Lacapeno inuito factam esse ex epistulis satis apparet, quibus de causis suscepta sit, parum liquet. Ipse malas linguas calumniatorum hic illic causatur[1]. Et quamquam Lacapenus, ut qui homo cautissimus morem Byzantinorum epistolographorum secutus nomina uera hominum, ad quos alludit, raro tantum edat, qui illi inimici fuerint, non enuntiat, haud alienos tamen a Palama eiusque amicis et adulatoribus fuisse ex iis, quibus in ep. VII eos contumeliose notat, suspicor. Eodem tempore Zaridas fratres fortuna aduersa agitasse uidetur. Sed utcunque se illae res habent, Laca-

---

[1] Ep. V: *καὶ οὐκ ἔστιν, ὅτι τὰς ἀδικωτάτας ἐπίσχοι γλώττας.* Ep. IX: *οἷα γὰρ ἡ βάσκανος ἐπεβούλευσεν κ. τ. λ.*

penum incredibili fere cum dolore Constantinopolim reliquisse et Thessaliam petiuisse constat. Plenae sunt enim epistulae querellis de misera eius amicorumque conditione.

Lacapenus igitur in tenebris Thessaliae abditus quibus rebus consuluerit, ignoramus. Pueris tamen erudiendis operam eum dedisse credibile est. E catalogo quodam, in Bibliotheca Caesarea Vindobonensi seruato et per Hartungii uersionem cognito, Leo Allatius coniecit Lacapenum monachum fuisse. Post quem Voltzius et Krumbacherus Lacapenum monachum appellant, nullis indiciis cuculli monachorum ab eo sumpti allatis. At in epistulis uel in epistularum inscriptionibus eiusmodi appellationem frustra requires. Hoc uelim recte intelligas: prorsus equidem non nego, Lacapenum monachum fuisse (erat monachus amicissimus eius Mercurius), sed cur, si monachus fuerit, illius tituli mentionem omiserint omnes librarii, non uideo. Conferantur quae de monachi titulo Planudis in optimis codicibus numquam omisso dixit M. Treu (o. l. p. 189).

Initio si Lacapenus, consuetudini doctissimorum uirorum Constantinopoli adsuetus, Thessaliam fastidiuit, mirum sane non est. Mox tamen ibi inuenit uiros litterarum studiosos, de quibus in ep. XIV his uerbis utitur: *ἐκοινωσάμην σου τὴν καλὴν ἐπιστολὴν τοῖς ἐν Ἑρμοῦ τεθραμμένοις καὶ φίλοις ἀνδράσι, τοῖς τε λογοθέταις ἀμφοῖν καὶ τῷ Φιλαρέτῳ.* Multis autem locis epistularum de miserrima sua in Thessalia conditione loquitur, numquam tamen acerbius queritur de fato suo quam in ep. VII: *τί γὰρ ἂν μέλοι συμφορῶν ἀλλοτρίων τῷ γε ταῖς ἰδίαις ἤδη κατειργασμένῳ;* suum tandem statum in melius uersum praedicat ep. XVII: *εὐαγγέλια γὰρ δὴ σὺν θεῷ σοι πέμπω κ. τ. λ.*

Lacapenus, si quid uideo, totam reliquam uitam in Thessalia transegit. Ac licet de eo propter penuriam litterarum eius temporis in lucem adhuc editarum modo non omnia sint uaga et incerta, id ex epistulis egregie liquet eum solacia aduersae fortunae ex optimorum uirorum amicitiis petiisse et litteris. Atque hoc loco non ineptum erit quae de Solone locutus in ep. ultima dixit afferre: — *γηρᾶν ἔφασκεν αἰεὶ πολλὰ διδασκόμενος. καὶ ἔμοιγε δοκεῖ τινα φιλοτιμίαν ὁ λόγος ἔχειν, ἅ τε φέρον καρπὸν ἀκήρατον τὸ μηδ᾽ ὀψὲ τῆς ἡλικίας κάμνειν, ὑπομένοντα τοὺς περὶ τὴν παιδείαν πόνους.*

Codicum et auctorum longe maxima pars Lacapeno praenomen Georgii addunt. Idem ep. XI praebet: *Γεώργιος οὐ περιέσγραπται.*

Gregorius apud Gesnerum[1] et Meursium[2] appellatur; quae forma praenominis, si quo forte in codice occurrat (quae Voltzii sententia est, u. o. l. p. 221), nemini miranda uideatur: *Γεώργιος* et *Γρηγόριος* enim apud Byzantinos persaepe confunduntur. *Ἰωάννης Λακαπηνός* autem in duobus codicibus inuenitur, cod. Athoo 4199 et Ambrosiano 295. Jean Lécapène in catalogo illo nominatur, qui inscribitur: Notices sommaires des msc. grecs d'Espagne et de Portugal (in serie librorum, cuius titulus est: Nouvelles Archives des Missions scientifiques, tom. II. Paris. 1892.) Quae forma praenominis unde hausta sit, nescio; neque enim auctoribus huius catalogi codices illi Athous et Ambrosianus me iudice innotuerant, neque ii auctores, quos ad illum locum laudant, Ioannem appellant. Quare errori calami »Jean» formam tribuo. Et sine dubio Ioannes praenomen errori debetur; fortasse aliquo modo cohaerent inter se codices laudati.

Quod ad cognomen attinet, maxima pars codicum Lacapenum formam praebent, quam genuinam esse Carolus Krumbacher statuit, suo iure originem nominis e *Λακάπη* ducens.[3] Quod cognomen cum eo congruit, quod notissimum fecit gens imperatoria Lacapenorum. Praeter eos Lacapenos et scriptorem nostrum in litteris nullum Lacapenum inuenio nisi Laomedontem[4], cuius tamen chronicon quod ferebatur ad castra Michaëlis Glycae transiit. Restat nobis nihil, nisi nomen et appellatio. Appellatur autem *μέγας ἑταιρειάρχης*. Obiter monere uelim eam appellationem mihi persuasisse, Laomedontem Lacapenum fuisse necessitudinis uinculo cum genere imperatorio coniunctum. Ducangius enim s. u. *ἑταιρειάρχης* in lexico suo infimae graecitatis haec habet: »Cum igitur

---

[1] Gesner: Bibliotheca uniuersalis, Turigi 1545, 280 b: Gregorii Lagaponi elegantiae quaedam in lingua græca, et eiusdem opuscula de constructione seruantur alicubi in Italia. Sed uide ne legēdum sit] Georgius Lacapenus, de quo supra [269 b].

[2] Meursius: Glossarium Græcobarbarum ed. II Lugduni Batavorum 1614 [Ed. I' ibidem a. 1610 prodiit] p. 419: Gregorius Lecapenus de constructione.

[3] Cf. Die Zunamen bei den byzantinischen Historikern und Chronisten von Heinrich Moritz (Programm des K. Humanistischen Gymnasiums in Landshut, 1896/97) p. 25 ex Ephraimo chronographo 2691 (Migne, Patrol. Gr. CXLIII, 112): *Ῥωμανὸς ἐκ Λακάπης πέλων στολάρχης δρουγγάριος ἀξίαν.* Sed ubi sita est *Λακάπη*? Conicio Armeniae esse locum, nam ex Armenia Romanum ortum esse docet Liutprandus: »Is autem humili fuerat prosapia, ex Armenorum scilicet gente oriundus.» Antapod. III. 36. Patrol. Lat. ed. Migne CXXXVI.

[4] De Laomedonte Lacapeno egerunt: in Bulletin de Corresp. Hellénique 2 (1878) p. 516 sqq. Spyridon P. Lambros, sub titulo: Sur une chronique de

plures essent Hetaeriarchae, ex iis unus Magni titulo est donatus; qui tum primum occurrit sub Constantino Porphyrogenito, a quo Romanus Lacapenus postmodum imperator, eiusque socer, Magnus Hetaeriarcha renuntiatus est.» e. q. s.[1] Romano Hetaeriarchae Magno successit filius eius Christophorus; de qua re uide Hist. Byz. eiusdem (l. l.): (Romanus imperator—) »Pater Imperatoris appellatur, translata in Christophorum filium Magni Hetaeriarchae dignitate». Cum igitur illa dignitas quasi hereditaria et gentis Lacapenae propria facta sit, non uidetur ab re esse conicere Laomedontem eam ut propinquum imperatoriae domus accepisse. Fuisse autem Georgium nostrum eius generis socium nullo modo affirmare ausim: potuit enim quilibet e *Λακάπῃ* ortus illud cognomen sibi uindicare.

Laccapenus (Meursius o. l. p. 543) et *Λακαπινός* (in codicibus) orthographicis, qui dicuntur, erroribus momenti nullius debentur. *Leucapinus*, quam formam inuenies apud Bernhardum Montefalconium (Bibliotheca Bibliothecarum, 351 B), perperam intellectum esse conicio e *Λακαπηνός* forma, cum *α* et *ευ* simillime saepe scripta sint. Auctoritate nonnullorum codicum, qui tamen omnes, nisi fallor, satis recentis notae sunt, *Λεκαπηνός* forma nititur; e quibus in libros typis descriptos irrepsit, ubi diu uulgatior erat quam forma uera. *Λεκαπηνός* (*Lecapenus*) tamen forma, nequaquam miranda est. Notissimum est enim litteram *α* in lingua uulgari in *ε* interdum mutari, si liquidae consonanti uicina procul a syllaba acuta pronuntietur. *Λακαπτινός* e codice Basileensi 66 affert Henricus Omont (u. descriptiones codicum). *Gregorium Lagaponum* nominat dubitans Gesnerus (l. l.), pro qua forma errore typothetae, credo, *Logaponum* Leo Allatius habet (quem errorem repetunt Voltzius et Krumbacherus). Manifestus est error Montefalconii[2] codicem Neapolitanum

---

Laomédon Lacapène, in B. Z. 2 (1893) p. 122 sqq. THEODORUS USPENSKIJ sub titulo: Quelques observations sur la chronique de Laomédon Lacapène, post quos CAROLUS KRUMBACHER in Byz. Litteraturgeschichte, 2. Aufl. p. 385.

De genere Georgii Lacapeni uide, quae dicit DUCANGIUS in Historia Byzantina:» Floruit extrema ac labente Graecia Georgius Lacapenus, cuius opera de grammatica aliquot edita [errare hic Ducangium mox ostendam] et epistulae laudantur. Sed an eiusdem gentis ac familiae, qua Romanus imperator, quis asserat?» Cf. de familia Lacapenorum imperatoria totum caput XX p. 146—148 apud Ducangium.

[1] Ducangius l. l. e Leone Grammatico sub Basilio, Porphyrogeniti auo, Zautzam quendam Stylianum *μικρὸν Ἑταιρειάρχην* fuisse memorat. »Unde videtur sequi aliam tum extitisse Dignitatem *μεγάλου ἑταιρειάρχου*».

[2] Bernard de Montfaucon: Diarium Italicum (Par. 1702, p. 311).

describentis; *Γεωργίου* enim *Λεγιαπινοῦ* meminit (»a domno Georgio Legiapeno»), u. descr. eiusdem codicis (CCXIV) in catalogo Salvatoris Cyrilli[1]. In editione principe Michaëlis Syncelli libelli de constructione uerborum a. 1515 (quod opus *Lacapeno* illo tempore tribuebatur, u. Krumbacherum et Voltzium) *Λεκαπηνός* scribitur graece, latine Lagapenus; in ed. altera *Λεκαπηνός legapenus* (prodiit haec ed. apud heredes Iuntae a. 1520), in editionibus, quae deinceps secutae sunt, *Λεκαπηνός* et *Lecapenus*[2].

In indice Vecchio (apud Stornajolum, Bibl. Urbinas p. CLXX) *Alcapeni* formam inueni, cum qua fere congruit forma *Ἀλακαπινοῦ* in inscriptione codicis synodalis bibliothecae Mosquensis 434 (apud Vladimirum Archimandritam).[3]

Praeter quas formas uideo *Λαικαπηνοῦ* pro *Λεκαπηνοῦ* barbare scriptum in cod. 314 Bibliothecae S. Marci Laurentianae (apud E. Rostagno et N. Festa, uide infra). Et formam genetiui *Lecapenae* e Catalogo Mss. Bibl. Bodleianae allatam apud Allatium inuenio. Exstitit oculorum uel calami errore; in cod. Barocc. 103 enim, de quo h. l. agitur, *Λεκαπηνοῦ* legitur. *Ληκαπηνοῦ* denique e codice Vat. 895 post Schoellium profert Voltzius.

II.

De Lacapeni scriptis.

In libris mss. haec opera Georgii Lacapeni feruntur:

I. Collectio CCLXIV epistularum Libanii; de qua collectione u. quae dicit Richardus Foerster in libro, qui inscribitur De Libanii libris manuscriptis Upsaliensibus et Lincopensibus commentatio, Rostochii 1877. Cui collectioni Lacapenus anteposuit uitam Libanii, e libro illo Eunapii sumptam. Cf. Vilelmum Lundström, Prolegomena in Eunapii uitas philosophorum et sophistarum (Skrifter utgifna af K. Humanistiska Vetenskaps-Samfundet i Upsala VI 2) Upsalae et Lipsiae 1898 p. 20 sq., Foerster, o. l. et Li-

---

[1] Salvator Cyrillus, Codices graeci mss. regiae Bibliothecae Borbonicae descripti atque illustrati, uol. I. Neapoli 1826.

[2] Emile Legrand: Bibliographie Hellénique, T. III, Paris 1903, pp. 207, 256, 300, 310.

[3] *ΛΛΚΑΠΙΝΟΣ* perperam lectum esse crediderim pro *ΛΑΚΑΠΙΝΟΣ*, litteris quadratis scripto.

banii opera, uol. I. p. 1—3 (prodiit hoc uol. Lipsiae 1903 apud Teubnerum).

Ecloga haec scholiis est praedita, quae, quantum ad ea scholia in Lib. quadrant, quae Cod. Ups. 28 continet, a Lacapeno instituta esse ex eo conicio, quod cum iis, quae ad epistulas suas illustrandas composuit Lacapenus, hic illic congruunt. Esse ea scholia necessitudinis uinculo inter se connexa, hoc solo exemplo probari uidetur:

Explicatur enim ad ep. IV collectionis epistularum Libanii Lacapenianae ἔχω uocabulum hoc modo:

ἔχω· τὸ κέκτημαι, ὡς τὸ ἔχω ἀγρὸν ἢ οἰκίαν ἢ ἄλλο τοιοῦτον. ἔχω· τὸ κατοικῶ, ὡς τὸ Ὀλύμπια δώματ' ἔχοντες. ἔχω· τὸ δύναμαι, εἰς ἀπαρέμφατον ἔχον τὴν ἀπόδοσιν. ἔχω· τὸ περιβέβλημαι. ἔχω· τὸ ἀπέχω καὶ κατέχω ἀμετάβατον, ἐμαυτὸν δηλονότι· ἔχε δὴ καὶ σκόπει. ἔχομαι δὲ ἀντὶ τοῦ ἅπτομαι, παθητικῶς μὲν ἐκφερόμενον, ἐνέργητικὴν δὲ σημασίαν ἔχων. καὶ ἔχομαι παθητικῶς ἀντὶ τοῦ κρατοῦμαι. ἔχω· τὸ ἀνέχω καὶ περιέχω, ὡς Ἀριστοφάνης ἐν Νεφέλαις· ὦ δέσποτ' ἄναξ, ἀμέτρητ' ἀήρ, ὃς ἔχεις τὴν γῆν μετέωρον.

Scholium ad uerbum fere idem in Epimerismis ad Ep. II Lacapeni reperitur:

ἔχω· τὸ κέκτημαι, ὡς τὸ ἔχω ἀγρὸν ἢ οὐσίαν ἢ ἄλλο τοιοῦτον. ἔχω· τὸ κατοικῶ, ὡς τὸ Ὀλύμπια δώματ' ἔχοντες καὶ παρ' Ἀριστοφάνει ἐν Νεφέλαις· εἴτ' ἄρα σκόπελον νιφόεντα Μίμαντος ἔχετε. ἔχω· τὸ ἀνέχω καὶ περιέχω, ὡς ὁ αὐτὸς ἐν Νεφέλαις· ὦ δέσποτ' ἄναξ, ἀμέτρητ' ἀήρ, ὃς ἔχεις τὴν γῆν μετέωρον. ἔχω· τὸ δύναμαι, εἰς ἀπαρέμφατον ἔχον τὴν ἀπόδοσιν. ἔχω· τὸ περιβέβλημαι, ὡς Ἀριστοφάνης· τὸ δὲ μὴ κυνῆν οἰκόθεν ἐλθεῖν ἐμὲ τὸν κακοδαίμον' ἔχοντα. ἔχω· τὸ ἐπέχω καὶ κατέχω ἀμετάβατον, ἐμαυτὸν δηλονότι, ὡς καὶ Ἀριστοφάνης· ἔχε δὴ καὶ σκόπει. ἔχομαι δὲ ἀντὶ τοῦ ἅπτομαι, παθητικῶς μὲν προφερόμενον, ἐνεργητικὴν δὲ σημασίαν ἔχον. καὶ ἔχομαι παθητικῶς ἀντὶ τοῦ κρατοῦμαι.

II. Expositio Enchiridii Epicteti, quae adhuc inedita est et, quantum scimus, non ad nos peruenit integra. Exstant autem eius operis duo fragmenta, quorum alterum iam diu cognitum (u. Mellot: cat. codd. mss. Bibl. Regiae. II. Par. 1740, p. 426. Omont, Inventaire, II. Par. 1888, 171. cf. Voltz. et Krumb. l. l.) in cod. gr. Bibl.

nat. 1961 seruatur et inscribitur: *ἐξήγησις μερικὴ εἰς τὸ τοῦ Ἐπικτήτου ἐγχειρίδιον παρὰ Γεωργίου τοῦ Λακαπινοῦ*. Inc. Textus: *τῶν ὄντων τὰ μέν ἐστιν ἐφ' ἡμῖν*.. Inc. Expositio: *οὐχ ἁπλῶς τῶν ὧδε πάντων τὴν διαίρεσιν ποιοῦνται*.. Sed »non ultra caput duodecimum progreditur»; des. enim his verbis Expositio: *τοιαύτη μὲν ἡ εἰκὼν ἡ πρὸς τὴν θείαν εὐζωΐαν ἡμᾶς ῥυθ*. — Krumbacherus, cui illud fragm. solum erat cognitum, num Lacapeno assignandum sit, dubitat; cui tamen dubitationi hodie nullus locus est: iam enim e catologo codd. gr. Bibl. Synod. Mosquensis (Ed. Vladimirus Archimandrita, Mosquae 1894) alterum fragmentum innotuit. Codex enim Mosq. 434, fol. 387—396 continet *ἐξήγησιν εἰς ἐγχειρίδιον Ἐπικτήτου τοῦ Ἀλακαπινοῦ κυροῦ γεωργίου*. Inc. *Ἐπανόρθωσίς ἐστι πασῶν τῶν τεχνῶν*. — Codex est misc. saec. XV—XVII. De quo fragmento Vilelmus Lundström (Erani uol. II, p. 47, Upsaliae et Lipsiae 1897) haec disserit: »ut opusculum illud in hoc codice aliud habet initium atque in Parisino, ita dubium uix est, quin codices Par. et Mosq. eundem Lacapeni libellum uel potius partes diuersas eiusdem libelli adseruent..» Et ille quidem suo iure ita statuit. Namque idem fragm. reperitur in cod. Athoo 4508 (u. catal. Spyridonis Lampri), fol. 97 β—102 α. Inscr. *εἰς τὸ ἐγχειρίδιον Γεωργίου τοῦ Λακαπηνοῦ* (Epicteti nomine om.). Inc.: *ἐπανόρθωσίς ἐστι πασῶν τῶν τεχνῶν ἡ χριστιανῶν ἄριστος καὶ θεοφιλὴς σοφία*. Des.: *μᾶλλον δὲ τὸ θέλημα αὐτοῦ εὐχώμεθα πάντοτε ὅτι προγινώσκει ὧν χρήζομεν καὶ κήδεται πάντων*. Est codex misc. saec. XVI. Sine dubio expositio est capitum LI—LIII enchiridii. Ad initium fragmenti enim quadrat hic locus enchiridii (c. LI): *ποῖον οὖν ἔτι διδάσκαλον προσδοκᾷς, ἵνα εἰς ἐκεῖνον ὑπερθῇ τὴν ἐπανόρθωσιν ποιῆσαι τὴν σεαυτοῦ;* et ad finem fr. ipsius enchiridii finis: *ἀλλ', ὦ Κρίτων, εἰ ταύτῃ τοῖς θεοῖς φίλον, ταύτῃ γενέσθω. ἐμὲ δὲ Ἄνυτος καὶ Μέλιτος ἀποκτεῖναι μὲν δύνανται, βλάψαι δὲ οὔ.*[1] Lacapenus igitur opus suum ad finem perduxit, cuius tamen operis uix tertia pars adhuc quidem innotuit.

III. Libellus de constructione uerborum in cod. Mutinensi 30 (III A 16) fol. 260u—269 »*τοῦ Λακαπηνοῦ* sc. Georgii Lacapeni *περὶ συντάξεων κατὰ στοιχεῖον· ἀγορανομῶ, γενικῇ. ἀκούω καὶ γενικῇ καὶ αἰτιατικῇ — ὑποχαλῶ, γένικῇ. ὑποχωρῶ, δοτικῇ. ὑψῶ σε αἰτιατικῇ*», uide: Indice dei codici Greci della biblioteca Estènse di Modena, V. Puntoni, Bologna 1896, in »Studi Italiani di Filo-

[1] Epictetus ed. H. Schenkl, Lipsiae 1894 apud Teubnerum.

logia classica», uol. IV, Firenze-Roma 1896. Sequitur Lacapeni »grammatica» alphabetica, sine inscriptione. Illae συντάξεις sub Lacapeni nomine nusquam alibi exstant. Congruunt tamen, nisi fallor, cum iis, quas Hardtius[1] descripsit e cod. Monac. gr. DLX: »fol. 111—132. ἀρχὴ σὺν θεῷ τῶν συντάξεων κατὰ ἀλφάβητον. Α. ἀγορανομῶ, γενικῇ. ἀγορανομῶν ῥωμαίων ἐτελεύτησε Δέκιος. Τ. ὠφελῶ δὲ τὸ βοηθῶ, δοτικῇ. καὶ Εὐριπίδης· τοῖς δεομένοισιν ὠφελεῖν. idem lexicon supra etiam occurrit cod. 499, 529» (quod dicit in cod. 499 συντάξεις illas occurrere, fallitur. Est enim liber de constructione uerborum, quem ex hoc codice edidit Godofredus Hermann in libro, qui est de emendanda ratione graecae grammaticae, Lipsiae MDCCCl pag. 353 sqq.) »quod cum utilissimum graecae linguae studiosis uideam, edere cum occasione constitui. His enim tribus exemplaribus usus, integrum exhibere potero. Occurrit adhuc apud Bandinium uol. 2 p. 194 n. 15»[2] Quod tamen uotum num soluerit Hardtius, dubito. — Opus illud re uera in cod. 529 fol. 126—131 inuenitur, sed mutilum: desinit enim hoc modo: δείκνυμι, ἀπὸ δοτικῆς εἰς αἰτιατικήν. ἔδειξας τὴν πρὸς οὐρανὸν φέρουσαν... Inest etiam in cod. Ambrosiano 516 (M. 51 supr. olim T 306) fol. 406 sqq. (»Exempla constructionum cuiuslibet uerbi ordine alphabetico»). Inc. ἀγορανομῶ — subscr. συντάξεων πέφυκεν ἐνταῦθα τέλος (u. Catalogum codicum graecorum bibliothecae Ambrosianae. Digesserunt Æmidius Martini et Dominicus Bassi, Mediolani 1906).

Esse autem hoc opus re uera a Lacapeno conscriptum solo cod. Mutinensi teste non prorsus contendere ausim, quamquam nil habeo, cur ei abiudicem.

IV. Collectio XXXII Epistularum, quarum XXIV ipse ad uarios scripsit, VIII ad Lacapenum Andronicus Zaridas. Singulis epistulis expositiones copiosissimas adiecit Lacapenus. De quo opere inter omnia opera Lacapeni notissimo infra fusius disputabitur.

V. Iam Leo Allatius, innumerabilium paene scriptorum, ut ita dicam, helluo, Lacapeni quoque studiosus, ex epistulis animaduerterat scripsisse Lacapenum stichidia quaedam iambica. Quorum rumor Andronicum Zaridam permouit, ut ep. XXII his uerbis sibi carmen illud exposceret: ὃ δέ σοι ἐν ἰάμβοις σύνταγμα πεποίηται

---

[1] Catalogus codicum manuscriptorum Bibliothecae Regiae Bauaricae. Codices Graeci rec. Hardt, V, Monachii 1812.

[2] Bandini, Catalogus codicum Graecorum Bibliothecae Laurentianae II, Florentiae 1768.

μήπω δεξαμένους ἀντίπαλός τις λύπη τῇ ἡδονῇ, ἣν ἔσχεν ἡμῖν ἡ περὶ αὐτῶν ἀγγελία, εἰσέτι καὶ νῦν πολιορκεῖ. καὶ ἀνύσας πέμπε. Quos iambos Lacapenus, Andronico morem gerens, una cum ep. XXIII misit. Sed ut iconographo interdum accidat, ut caput, unde opus inceptum sit, cum ad ceteras corporis partes perfectas non satis quadret, postea transfigurandum sit, ita sibi displicuisse dicit operis initium atque finem. Deesse autem uires ad ea transformanda ideoque mutilum emittere carmen. Denique ep. XXIV A. Zaridas honorificentissimis uerbis laudes gratiasque Lacapeno agit. Qui tamen uersus, nisi in bibliotheca aliqua reconditi seruantur, perierunt.

Ex inscriptione quadam codicis Par. Bibl. nat. 2938 num efficiatur, Lacapenum epimerismos et canonismata ad carmina I et II Homeri Iliadis scripsisse, incertum uidetur. Continet autem cod. ille foll. 183—232 grammaticam, quae uocatur, Lacapeni, pag. ultima hac subscriptione addita: *τέλος τῆς γραμματικῆς τοῦ Λακαπηνοῦ.* Sequuntur IV folia uacua; deinde epimerismi, quos modo diximus, incipiunt sine inscriptione; deinceps: *τοῦ αὐτοῦ κανονίσματα...* Manu quidem eadem, qua illa subscriptio facta est, etiam hi commentarii in Homerum scripti sunt; sed ea manus totum librum, foliis 189—232 exceptis, exarauit. *τοῦ αὐτοῦ* uocabula ergo id solum demonstrant, eundem esse auctorem epimerismorum in Homerum et canonismatum. Quid enim obstat, quin credamus, opere alius cuiusdam folia illa uacua implere librario in animo fuisse?[1] — Quae opera Philippus Labbeus primus enumerat: »Georgii Lacapeni grammatica. In codice regio 1845, in quo praeter caetera de Figuris Homericis et canonismata in Homerum — —» (Noua bibliotheca mss. librorum, Par. 1653). Lacapeno ea tribuisse primus Mellotus uidetur (Mellot, catalogus codicum mss. bibliothecae Regiae. II. Par. 1740, 575. Secuti sunt Voltzius et Krumbacherus. Henricus Omont (Inventaire sommaire des mss. Grecs III 65) haec habet: »G. Lecapeni partitiones, initio mutilae[2] 183. eiusdem(?) Homeri canonismata 237 — (pergunt ad fol. 267)», signo interrogationis interpuncto post *eiusdem* uocabulum indicans, quis

---

[1] De *τοῦ αὐτοῦ* uocabulo in inscriptionibus codicum miscellaneorum saepe acumen uirorum doctissimorum frustranti u. Krumb. Hist. Byz. Litt. p. 439 sq.

[2] Immo integrae sunt; sed uir egregius h. l. fallitur, initio Epimerismorum Formae II non cognito (uide infra quae de formis Epimerismorum dicemus).

canonismatum auctor sit, parum liquere. — Velim tamen teneas, me epimerismis uocabulo h. l. idem significasse opus, quod Labbeus sub titulo De Figuris Homericis affert; cuius operis mentionem omisit H. Omont.

Historia quoque quaedam ab origine mundi incipiens Lacapeno tribuitur. Continetur enim codice bibliothecae Vindobonensis Palatinae eo, qui inter codices Historiae Graecae est XCVIII, opusculum »de inscriptionibus monumentorum metricis et codicibus illo tempore Constantinopoli et Rhaedesti in bibliothecis Graecorum uisis», quod inter annos 1565 et 1575 compositum esse demonstrat Foersterus (Richardus Foerster: De antiquitatibus et libris mss. Constantinopolitanis commentatio, Rostochii 1877 -- ipsa uerba Foersteri h. l. secutus sum). Pars huius opusculi, quod Foersterus in fine commentationis suae edidit, catalogum quendam CLXXIV uolumina indicantem continet; inter quae *ρμή* numero (pag. 23) signatum: *ἱστορικὸν γεωργίου μοναχοῦ τοῦ λακαπηνοῦ, καὶ ἀρχίζει ἀπὸ κτίσεως κόσμου*. Illi catalogi latinitate ab Hartungio donati (Foerster o. l. pag. 8), Argentorati a. 1578 publici iuris primum facti sunt. Deinde ab Antonio Verderio in supplemento epitomes bibliothecae Gesnerianae (Lugduni 1585), quo usus est Voltzius. Sed quamquam Foersterus (l. l.) aliique uiri doctissimi, cur catalogo illi fides minus habenda esset, non uidebant, tamen et res ipsa per se paene incredibilis, cum opera diu deperditorum loco habita enumerentur, nos cautiores esse iubet; et admonet idem Carolus Krumbacher in Hist. Byz. Litt. p. 508, 509, cuius uerba haec sunt: »Sehr merkwürdig sind die zwischen 1565 und 1575 in verwahrlostem neugriechisch geschriebenen Kataloge einiger Privatbibliotheken in Konstantinopel und Rodosto (Rhaedestos). Unter vielen anderen Kostbarkeiten verzeichnen sie die Geschichtswerke des Ephoros, Theopompos, Philochoros und Eunapios, endlich gar 24 Komödien des Menander mit einem Kommentar des Psellos und die Komödien des Philemons, die ersteren sogar in zwei Exemplaren. Leider ist die Glaubwürdigkeit dieser Freudenbotschaft aus vielen und gewichtigen litterargeschichtlichen Gründen ernstlich zu bezweifeln. Wenn es mir auch nicht möglich ist, auf meine Bedenken näher einzugehen, so will ich zur Bezeichnung meines Standpunktes doch bemerken, dass ich die auf die genannten Historiker und Komödiendichter bezüglichen Angaben der Verzeichnisse für eine *absichtliche Fälschung* halte».

Hoc loco, licet ad rem uix pertineat, silentio praetermittere nolim, me in exemplari uersionis catalogi illius Hartungianae, Oxfordiae in Bibliotheca Bodleyana seruato, haec fere legisse in marg. adnotata: ad fabulas XXIV Menandri: »desunt X priores» et ad Historiam Lacapeni aliaque eodem loco chronica enumerata: »desiderātur aliquc huius totuli» [leg. tituli].

In libris typis expressis primum nomen Lacapeni titulo libri eius *περὶ συντάξεως ῥημάτων*, quem supra commemorauimus, Michaëlis Syncelli inculcatum inuenimus. Huius erroris ea causa esse uidetur, quod epimerismi Lacapeni saepe anonymi in codicibus nonnullis opus illud Syncelli proxime praecedunt uel sequuntur. Liber autem is, de quo h. l. agitur, sub hoc titulo prodiit: *Θεοδώρου γραμματικῆς εἰσαγωγῆς βιβλία δ΄. τοῦ αὐτοῦ περὶ μηνῶν. Γεωργίου λεκαπηνοῦ περὶ συντάξεως τῶν ῥημάτων.* Theodori grammatices introductionis libri quattuor. Eiusdem de mensibus. Georgii lagapeni de constructione uerborum. Ed. I Florentiae in aedibus Philippi Iuntae, 1515. II apud heredes Ph. Iuntae, Florentiae 1520. III Venetiis in aedibus Aldi et Andreae Asulani, 1525. IV Florentiae apud Iuntae heredes denuo 1526[1]. Deinde Gesnerus (Bibl. uniu. 269 b), editione Veneta usus, opus Lacapeno assignat; eumque descripserunt, qui epitomas Bibliothecae Gesnerianae fabricati sunt[2]. Leo Allatius tandem in hac re ut in multis maioris momenti exstitit ueritatis uindex. Cuius uerba haec sunt (u. o. l. De Georgiis): »Opusculum tamen hoc de constructione, ut ingenue fatear, Lecapeni non est. Scripsit sane ille de artificio grammatico, sed longe ab hoc opus diuersum, neque editum. — Quod tamen superius editum ferebamus codices — — non ita recenti nota descripti Michaeli Syncello Hierosolymitano uindicant» e. q. s. Iudicium illud Allatii non tamen impediit, quominus apud nonnullos error perdurauerit, et in catalogis uetustioribus praesertim perscrutandis cauendum est, ne nomine Lacapeni operi illi Syncelli suprascripto decipiaris[3].

---

[1] Bibliographie Hellénique III; cf. quae p. XVIII diximus. — Gesnerus et Allatius editionem aldinam a. 1526 prodiisse affirmantes falluntur.

[2] Quarum altera opera Ios. Simleri a. 1555 Tiguri prodiit: altera, per Ioh. Frisium amplificata, ibidem 1583. De Lacapeno prorsus idem proferunt ac Bibliotheca uniuersalis.

[3] Velut quis auctor sit libri illius, Lacapenus an Syncellus, dubitat Ioannes Iriarte (Regiae Bibl. Matritensis codices graeci Mss. uol. I, Matriti 1769, p. 145. — Sic, non 143 (ut apud Martinium): «Ex his intelligere demum licuit

Sed ignoscendum est iis, qui neque Lacapeno neque aliis illius aetatis grammaticis satis cognitis opera alterius alteri adscribunt. Ita Gesnerus (l. l.) eclogam, quae mihi uidetur Thomae Magistri, Lacapeni esse uult: »— ἐκλογὴ λέξεων, nescio an eiusdem Georgij; seruantur in Italia Graece, Romae nisi fallor». Quem locum Leo Allatius laudat (o. l.). Quin etiam Voltzius (o. l. p. 231, annot.) eandem habet opinionem: »Nichts anderes als die ἐπιμερισμοὶ in irgend einer Form ist auch die Ἐκλογὴ λέξεων des L., welche Gesner -- erwähnt — — dasselbe jedenfalls auch Gregorius Lecapenus De Construct.: ἰστέον ὅτι ἄλλο ἐστὶ τὸ βαρβαρίζειν, καὶ ἕτερον τὸ σολοικίζειν — — bei Meursius 419». Toto caelo tamen, quod dicunt, errat. Locus enim ex initio libri illius Syncelli sumptus est; Meursium nomen Lacapeni falso adscriptum fefellit.

III.

De Epistulis et Epimerismis.

Collectio epistularum illa, quam supra commemorauimus, in codicibus plerisque ἐπιστολαὶ τοῦ Λακαπηνοῦ (κυροῦ Γεωργίου) καὶ τοῦ Ζαρίδου (κυροῦ Ἀνδρονίκου) inscribitur. Codex Ups. gr. 28 hanc inscriptionem praebet: ἐπιστολαὶ τοῦ Λακαπηνοῦ καὶ τοῦ Ζαρίδη[1] ἀμοιβαῖαι. De inscriptione codicis Athoi 2404: Γεωργίου Λακαπηνοῦ καὶ Ἰωάννου Δούκα τοῦ Ζαρίδου ἐπιστολαὶ ἀμοιβαῖαι p. XIII mentionem fecimus. De ceteris inscriptionum formis paululum uariantibus u. descriptiones codicum singulorum. Tamen monendum est compositores catalogorum in inscriptionibus indicandis saepe parum diligenter egisse. In multis codicibus recentioris aetatis inscriptiones omnino desiderantur.

E testimoniis codicum satis apparet, epistulas XI—XX, XXII—XXVII inter A. Zaridam et Lacapenum uicissim datas esse, et ita quidem datas, ut post epistulas singulas Zaridae ep. responsoria

---

esse Georgii Lecapeni, siue, ut in mstis quibusdam codicibus, Michaelis Syngeli περὶ συντάξεως τῶν ῥημάτων libellum». — Cf. Albertus Martinius, Notices sommaires des manuscrits Grecs d'Espagne et de Portugal, p. 185 sq., ubi Ioannem Lacapenum nominat. (in Nouvelles archives des missions scientifiques, II. Paris 1892). — Hodie quoque Sp. Lampros (Cat. mss. gr. montis Athoi) inscriptiones codicum 1014 et 2327 Athoum librum περὶ συντάξεως τῶν ῥημάτων Lacapeno tribuentes tacite affert.

[1] Sic! Ζαρίδου falso legunt Foersterus et, qui eum secuti sunt, Carolus Graux et Voltzius.

Lacapeni sequatur. In unaquaque enim epistula alter uerba aliqua adhibet, quibus in epistula proxima usus est alter; uelut ep. XI haec dicit Zaridas: *καὶ δὴ κεκομισμένος τὸ γραμμάτιον καὶ ἀναγνοὺς ἐπὶ σαυτοῦ, πρὸς φλόγα κάθες, εἰ χαρίσασθαί μοι βούλει διαρκές τι δῶρον;* ad quae Lacapenus ep. XII haec respondit: *ἐπεὶ καὶ τὴν ἐπιστολήν, ἥν σὺ μὲν ἡμᾶς λαβόντας ἀφανίζειν ἠξίους* — —. Ita facile nobis persuadere possumus, omnes eas epistulas in codicibus eundem adhuc seruare ordinem, quo scriptae sunt. In duobus autem, dico cod. Vat. Reg. Suec. 157, S. XIV[1], et Laur. LVII 24, S. XV[2], epistula ea, quae uulgo n:o XXIV signatur, post ep. XXIX:am sequitur. Sed in ep. XXIV A. Zaridas Lacapeno gratias ob id agit, quod una cum ep. XXIII uersus iambicos miserit. Iustum locum ergo in ceteris codicibus etiam epistula XXIV obtinet. — Illae igitur epistulae XVI sunt re uera *ἀμοιβαῖαι*. Quam ob rem placet epistulas omnes in tres partes diuidere, quarum una epistulas I—X Lacapeni, ad uarios missas, altera epistulas mutuas, quas diximus, A. Zaridae et Lacapeni continet; quae restant, ad uarios a Lacapeno scriptae, tertiam partem efficiunt.

Etiam epp. I—X, XXI, XXVIII—XXXII eundem ordinem, quo ab initio dispositae erant, in codicibus nunc quoque seruare uidentur. In codice Upsaliensi solo epistula XXI locum mutauit; sequitur enim post VI:am. Sed epistula XXI spatium, forte nescio qua post VI:am uacuum relictum, implere uidetur. Namque epistulae XX:ae maior pars et ep. XXI tota eadem manu, ab ea, quae ceteras epistulas exarauit, diuersa, scriptae sunt. Et post ep. XX:am hoc legitur adscriptum: *ζήτει τὴν κα' ἐπιστολὴν πρόσθεν, ἤγουν ὄπισθεν.* — Lacapenum ipsum epistulas in eum ordinem redegisse, quem nunc quoque seruant, epimerismorum ordo uel optime demonstrat. Sequuntur enim epimerismi formae, quam mox dicam, secundae eadem serie qua epistulae in codicibus plerisque. — Satis multi codices epistulae VII inscriptionem *τῷ Παλαμᾷ* praeponunt, nonnulli epistulis III, VI, IX, XXI *Ἰωάννῃ τῷ Ζαρίδῃ*, epistulae X *τῷ Ζαχαρίᾳ*. Epistula XXX in cod. Coisliniano 341 *τῷ Γαβρᾷ* inscribitur, quem Gabram Michaëlem fuisse ex eo efficit Voltzius (o. l. p. 223), quod initium unius ex epistulis quinque illis, quas Michaël Gabras ad Lacapenum misit,

[1] Stevenson, Codices manuscripti Graeci Reginae Suecorum et Pii II, Romae 1888, 110.

[2] Apud Bandinium, T. II, 367.

ad initium huius epistulae alludit. Teste codice Vallicelliano 88[1] (s. XV—XVI) ep. XXIX ad Gabram scripta est. Quae si inscriptio recte se habet, epistulam XXIX Ioanni Gabrae datam esse conicio, cuius *λόγος εἰς τὴν εἴσοδον τῆς ὑπεραγίας δεσποίνης ἡμῶν θεοτόκου* hic illic laudatur (ed. J. Fr. Boissonade, Anecdota Graeca III, Parisiis 1831, p. 71—111). Admonet enim in hac epistula Lacapenus eum, ad quem epistula missa est, ut opus de matre beata conscriptum in lucem edat (*ὃν ἐπὶ τῇ μητρὶ λόγον εὐδαίμονα λαχούσῃ λῆξιν εἰργάσω, τούτου πόσος οἴει πόθος ἔχει με συγγενέσθαι;*)[2] Epistulas quae restant (sunt autem I, II, IV, V, VIII, XXVIII, XXXI, XXXII), ad quos Lacapenus scripserit, in codicibus uix ullae inscriptiones indicant. Codex Vat. Reg. Suec. 157 solus (cum quo, quod ad inscriptiones quidem attinet, omnino congruere Vaticanum 113 dicit Stevensonius) IV:am et V:am ad A. Zaridam scriptas esse indicat[3]. Omnes epistulas reliquas ad Andronicum scriptas esse affirmare uix ausim, quasdam earum ad eum missas esse (uelut XXXII) credo. Nicephorus Gregoras quoque, ut supra diximus, fortasse ad Lacapenum epistulam misit; num aliquam ad eum miserit Lacapenus, ignoramus.

Ut facile erat epistulas Lacapeni et A. Zaridae mutuas ratione temporis, quo scriptae erant, habita dispositas esse demonstrare, ita paulo difficilior de ceteris quaestio est. Epistulam XXI, etiam quod ad tempus attinet, loco iusto positam esse ex eo effici uidetur, quod Lacapenus ep. XX de epistula Ioannis Zaridae accepta mentionem iniecit. Epistula IX ante ep. XXI scripta est (uide quae p. XIII de matrimonio Ioannis Zaridae narrauimus). Ac nihil sane inuenio, quod impediat, quominus omnes epistulas collectionis Lacapenianae ad temporis rationem dispositas esse credamus.

---

[1] E. Martini, Catalogo di Manoscritti Greci, essistenti nelle biblioteche Italiane. Vol. II, Milano 1902.

[2] Quamquam fieri posse, ut Michael Gabras illum *λόγον* conscripserit, non negauerim. Scripsit enim ipse quoque de rebus diuinis. Cf. M. Treu, Matthaios, metropolit v. Ephesos, p. 40: »Uebrigens ist Gabras auch sonst litterarisch thätig gewesen. Er hat besonders gebete verfasst«.

Etiam de Nicephoro Gregora in hac re suffragia ferri possunt. Eius enim opuscula feruntur *εἰς τὴν ὑπεραγίαν θεοτόκον* et *εἰς τὴν* (!) *εὐαγγελισμὸν τῆς ὑπεραγίας θεοτόκου* inscripta. Vide o. l. p. 47.

[3] Quae tamen auctoritas num ita magni pendenda sit, dubito. Nam epistulas quoque XXIX et XXX ad Zaridam scriptas facit.

De aetate, qua epistulas scriptas esse uerisimile est, partem alteram ante mortem Planudis scriptam esse dixi, alteram post eum mortuum. Atque hoc iam loco commemorabo, omnes fere, qui nostra quidem aetate de Lacapeno scripserint, inscriptione quadam codicis Coisliniani, quem supra commemoraui, deceptos esse. Plura de hac re, cum codices describam, dicturus, nunc id solum proponam, eam partem codicis illius, qua opera Lacapeni continentur, non anno 1317 (1318) exaratam esse, sed saeculo demum decimo quinto.

Multa in his epistulis uidebuntur exilia et arida, nonnulla fortasse spinosiora, praesertim cum Lacapenus, id quod iam antea diximus (p. XIV), per ambages res et homines saepe significet[1]. Opportune igitur accidit, quod in multis et ueteribus codicibus epistulae scholiis satis copiosis illustrantur, quae, quantum equidem uidi, semper fere inter se congruunt. Atque hoc loco facere non possum, quin eorum sententiam breuiter perstringam, qui in catalogis aliisque libris scholia paene omnia recentioris aetatis ut uilissima, minimi pretii, uix memoratu digna, notare solent. Immo sunt, cum, ut persaepe fit, breui post libros conceptos textui adscripta sunt, ad ea, quae obscuris uerbis significauerunt auctores, perspicienda interdum utilissima. Ac bene mererentur de iis, qui in scriptoribus Byzantinis edendis uersantur, auctores catalogorum, si uellent, cum libros scholiis praeditos describerent, aliqua saltem scholia addere, ut id quidem perluceret, utrum ad scholia, quae eiusdem operis in aliis exstant libris, quadrarent necne.

Ergo iis omissis, quae tritae et scholasticae doctrinae elementa adscripsit glossator — scripsit enim in usum indoctorum —, editioni nostrae epistularum scholia ex omni copia selecta adiecimus ea, quae ad lectiones dubias stabiliendas, ad sententias obscuras patefaciendas nobis apta uiderentur[2].

---

[1] Atque ita quidem non solum Lacapenus egit sed epistolographi illius aetatis fere omnes. V. Krumbacherum de Nicolao Mystico agentem (Hist. Byz. Litt. p. 459). Cf. M. Treu, Matthaios von Ephesos p. 39: — — »Der wissende schreibt dem wissenden; der dritte aber mag sich allein der schönheit der darstellung erfreuen, alles sachliche kann ihm gleichgültig sein«.

[2] De scholiis in editionibus apte proferendis u. Foerster, Libanii opera, uol. III, p. VI. Cf. Dominicum Bassium, Notizie di codici greci nelle biblioteche italiane, Rivista di Filologia XXV, 1897, p. 273, ubi in annotationibus de scholiis ad epistulam XIII coll. Lacapenianae a se editam hoc modo disserit: »Gli scolii (e le glosse) interlineari mi servirono, quantunque di rado, a stabilire quella che mi parve la lezione più probabile; — —«

Omnes has XXXII epistulas a Lacapeno ipso seruatas, in corporis speciem redactas, in usum studiosorum denique foras editas esse, epimerismi indicant, quos singulis epistulis adiunxit. Quibus epimerismis significationes uerborum, ut ait L. Norrmannus, quibus in epistulis *ἀμοιβαίαις* ipse et A. Zaridas usi sunt, explicat; exemplaque addit ex auctoribus optimae graecitatis, quae quidem ei uidebatur, sumpta. Atque hos auctores primo loco laudat: Homerum, Æschylum, Sophoclem, Euripidem, Aristophanem, Thucydidem, Xenophontem, Platonem, Demosthenem, Lucianum, Aristidem, Synesium, Gregorium Theologum, Gregorium Cyprium. Ad quos secundo loco accedunt: Hesiodus, Pindarus, Herodotus, Æschines, Theocritus, Iulianus, epistulae Phalaridis, paroemiae, Planudes. Quorum elocutionem se imitasse in epistulis uocibus *καὶ ὡς ἐνταῦθα* post exempla allata additis saepissime indicat. — Ab etymis explicandis paene omnino abstinet. Cum de composito aliquo uerbo agitur, etiam cetera eiusdem uerbi composita proponit.

Ab initio igitur Lacapenus epimerismos singulas epistulas sequi iussit; ac sic dispositos eos inuenimus in codicibus ueterrimis, uelut in Meermanniano 364, Athoo 2404, Vat. Reg. Suec. 157. Lemmata uocabulorum, quae tractantur, rubricata adsunt in margine; si compositum aliquod uerbum explicatur, est in margine praepositio (in codd. autem recentioris aetatis, uelut in Coisliniano 341, praepositio in marg. non ponitur). In huiuscemodi codicibus epimerismi scriptura multo tenuiore picti sunt quam textus; uersus cuiusque paginae plures. Omnes epistulae epimerismis praeditae sunt, epistulis XVII et XIX exceptis. Hanc formam, quippe quae genuina sit operis Lacapeni, cum codices describam, formam I uocabo.

Deinde, quae II est forma, epimerismi ab epistulis seiuncti sunt et in speciem glossarii redacti, ita tamen, ut ordo, quem antea in libris formae I secuti erant epimerismi, non mutaretur. Qui liber in codicibus multis seruatus aut anepigraphus est aut uarie inscribitur, uelut in cod. Vat. 883 (secundum Allatium): *τοῦ σοφωτάτου καὶ λογιωτάτου Γεωργίου τοῦ Λεκαπηνοῦ τεχνολογία περὶ γραμματικῆς*. Monac. gr. 529: *τ. σοφ. κ. λογ. καὶ γραμματικωτάτου κυρ. Γεωργίου Λεκαπηνοῦ τέχνη γραμματικῆς*. Athoo 4199 (fragm. II): *τ. σοφ. κ. λογ. κυρ. Ἰωάννου τ. Λακαπηνοῦ*. In codice eodem de inscriptione fragmenti I aliqua ex parte deleta teste Lampro haec restant: — *λογίων κῦρ Γεωργίου τοῦ Λακαπηνοῦ*, quod sagacissimus ille uir *ἀττικισμοὶ τῶν λογίων* fuisse coniecit (in catalogi indice A'.), mea ex opinione perperam. Non enim *λογίων* sed *λογιωτάτου* (e compendio) legendum esse suspicor[1]. Ups. gr. 28: *γραμματικὴ τοῦ Λακαπηνοῦ ἣν εἰς τὰς ἐπιστολὰς ἐποίησεν.* Vat. 895: *ἐπιμερισίαι*[2] *τῶν ἐπιστολῶν κυρίου Γ. τ. Λ.* (Schöll, répertoire de littérature ancienne, Paris 1808, 414 secundum Voltzium). Laur. LVII. 49: *ἐπιμερισίαι κυροῦ Γ. τ. Λ.* Cod. Taur. 354: ***Σημαινόμη λέξεων εὐχρηστῶν τῶν ἐν ῥητορείᾳ χρησίμων μετὰ μαρτυρίαν ῥητόρων τῶν μεγίστων καὶ παλαιῶν*** (u. p. XLII)[3]. Alias inscriptiones nonnullas errori auctorum catalogorum tribuo. Sed illorum nominum quid aptissimum sit, uix est, cur disceptemus: sunt enim omnia satis recentis aetatis et tum demum facta, cum, ut supra diximus, epimerismi ab epistulis seiuncti erant, neque a Lacapeno originem ducunt. Num *ἐπιμερισμοί* denique in aliquo codice appellentur, incertum est. Nam hic quoque cauendum est, ne catalogorum testimoniis nimium confidamus; in quibus latine inscribuntur uarie et saepe minus accurate; quin etiam apud Montefalconium (B. B. 351 B.) ephemeridas dictas esse inuenio. — In multis codicibus post epimerismos haec uel similis subscriptio subest: *τέλος τῆς γραμματικῆς τοῦ Λακαπηνοῦ.* — In libris formae II lemmata (inter quae praepositiones uerborum compositorum non deprehendes) in margine rubricata sunt. Etiam epistulae, epimerismis omissis, interdum solae descriptae sunt; ita cod. Monac. gr. 50 integram epistularum collectionem continet. Atque hic illic in codicibus miscellaneis uel singulae uel binae uel plures epistulae a collectione seiunctae inueniuntur.

Tertia demum epimerismorum forma ea est, qua epimerismi in ordinem alphabeticum, qui uocatur, redacti sunt. Quamquam igitur liber epimerismorum illius formae nihil aliud est quam lexicon quoddam uocabulorum atticorum, tamen *γραμματική* inscribitur, uelut Barocc. 103: *γραμματικὴ κατὰ στοιχεῖον τοῦ Λ.* Mosq. 459

---

[1] Eo sine dubio deceptus est Lampros, quod fragmentum illud epimerismorum *ἀττικισμοὶ τῶν λογίων* (quos e codice Marciano Veneto 486 edidit Villoisonius, Anecdota graeca II. Venetiis 1781, p. 79—85) proxime antecedunt.

[2] Lacapeni *ἐπιμερισίαι* ex auctoritate Porsonii in Thesauro nominantur. *ἐπιμερισίαι* uocabulum saepius reperitur, uelut in codice Kremsiano Gollobii (de quo codice u. infra), ubi tituli loco commentatiunculis duabus grammaticis superpositum est, et in *καταλόγῳ τῶν χειρογράφων τῆς ἐθνικῆς Βιβλιοθήκης τῆς Ἑλλάδος* ed. Sakkelion, Athenis 1892, p. 195 sq. (cod. 1099).

[3] Pasini, Rivautella, Berta, codices manuscripti Bibliothecae Regii Taurinensis Athenaei I, Taurini 1749.

et Marc. Venet. 486: ἀρχὴ σὺν θεῷ τῆς γραμματικῆς κυροῦ Γ. τ. Λ. — Ordo autem uerborum ab eo, quo hodie in lexicis componendis utimur, paululo diuersus euasit: litterae enim ultimae cuiusque uocabuli, quantum equidem uidi, semper neglectae sunt. Ita in codice Barocc. 103 ratio primarum modo binarum litterarum habita est, in Mosq. 459 primae cuiusque. Hoc modo enim is egit, qui Mosquensem composuit: elegit uocabula ea, quae ab α littera inciperent primum ex epistula I, deinde ex ep. II, et eo modo per omnes epistulas facere perrexit. Postea ad uocabula a β littera incipientia describenda aggressus est, deinde ad cetera. Is autem, qui Barocc. fabricatus est, ex ep. I ea uocabula, quorum primae litterae αγ essent, primum sumpsit, tum eiusmodi uocabula ex ep. II ac III, deinde e ceteris[1].

Epimerismi igitur formae *tertiae* uarie, ut par erat, incipientes nonnullos uiros doctos adeo deceperunt, ut excerpta uaria ex opere Lacapeni libros singulos continere crediderint.

In libris formae III iis, qui accuratius parati sunt, καὶ ὡς ἐνταῦθα uocabula omissa sunt; explicationes duae, si forte eas uocabuli alicuius locis diuersis dederat Lacapenus, in unam compositae sunt, iis quae mutanda erant mutatis. In libris uero negligentius institutis καὶ ὡς ἐνταῦθα illa saepius seruantur; compositio partium diuersarum laxior est. — In libris huius speciei lemmata non scribuntur in margine.

Atque hoc loco quid de epistulis et epimerismis senserint uiri doctissimi breuiter proponam. Leo Allatius (o. l.) haec habet: »Eiusdem Lecapeni, et Andronici Zaridae Epistolae τεχνολογούμεναι, passim manuscriptae inueniuntur«[2] — τεχνολογουμένας h. l. idem atque epimerismis praeditas significare puto (an modo glossas interlineares adesse indicat?). Etiam epimerismos formae II uidit et legit Allatius, sed inscriptionum uarietate deceptus, an duo (uel plura) fuerint eiusmodi opera Lacapeni dubitat, neque epimerismos cum epistulis cohaerere intellexit. Sed Laurentius Norrmannus primus, quamquam solum codicem formae II uiderat (Upsaliensem dico), quid esset grammatica illa perspexit; de qua his uerbis usus est: — »Georgius Lacapenus in grammatica — sic inedi-

[1] De forma lexicorum componendorum apud graecos Byzantini praesertim aeui usitatis u. Fr. Ritschelius, Thomae Magistri siue Theoduli Monachi Ecloga uocum atticarum, Halis Saxonum 1832, p. XV sq.

[2] Auctoritate Gesneri nititur, apud quem (Bibl. uniu. 269 b) memorantur »Lecapeni et Zaridae Andronici epistolae technologumenae«.

tum uocum atticarum Lexicon, quibus in epistolis ἀμοιβαίαις ipse et Andronicus usi sunt, inscribit». (L. Norrmannus: Ἀριστείδου ῥήτορος λόγοι δύο, Upsalae 1688, in praefatione ad iuuentutem academicam). Montefalconius errauit, epistulas epimerismorum causa institutas esse opinatus (Bibliotheca Coisliniana, Parisiis 1751, p. 454, 455: »Inter exempla grammatica, quae adferuntur fol. 130 [lege 230] in margine τῷ Παλαμᾷ» et »Hactenus Epistolae quasi exempla grammatica cum notis interlinearibus et annotationibus adferuntur»). Montefalconii error etiam ad alios propagatus est[1]. Amadeus Peyron (notitia librorum — — Lipsiae 1820, p. 35 sq.) docte et acute demonstrat nil aliud esse grammaticam, quae uocabatur, quam lexicon uerborum ex epistulis allatorum.

Postquam epimerismi ab epistulis diuisi sunt, opuscula inde affinia sunt deriuata. Quorum unum id est, quod Hermannus sub titulo Libellus de constructione uerborum a. 1801 Lipsiae edidit e codice Augustano 499[2], ubi inscribitur: Ἀρχὴ σὺν θεῷ τῶν περὶ τῆς συντάξεως τῶν ῥημάτων πρὸς τὰ ὀνόματα, καὶ τῶν ἄλλως μετὰ προθέσεων ἐναλλασσομένων ῥημάτων[3]. Quod opus in hoc codice mutilum esse, quippe quod τείνω uocabulo explicato desinat, Herrmannum quidem non fugit (habet enim in annot. p. 391 o. l. haec: Pagina una in codice uacua est), sed opusculum Planudis κατὰ στοιχεῖον illud, quo uerba intransitiua et transitiua eorumque constructiones enumerantur, cum opere illo cohaerere sicut Hardtius credidit.[4] Opus illud περὶ συντάξεως eodem modo mutilatum et cum tractatu

---

[1] Inter quos Stevensonius senior est; u. descriptionem codicis Palat. Vat. 141, p. XXXVIII annot.

[2] Olim Subs. II. n:o 19, p. 24 sq. apud Reiserum, Index manuscriptorum Bibl. Augustanae. — Hardtius eum codicem describens, cum opusculum de constr. uocabulis φανήσομαι καὶ φανοῦμαι μέλλων finiri dicit, ea omisit, quae atramento recentiore scripta esse dicit Hermannus (o. l. p. 420 annot).

[3] Libellum de constructione cum epimerismis Lacapeni conspirare Hermannus non uidit, Peyronius intellexit. Magna autem pars eius libelli ex altero auctore deriuata Peyronium fefellit, qui hoc modo disserat (o. l. p. 35): »Quare rem omnem sic mecum reputo. Libellus de constructione uerborum nihil est, praeterquam Lexicon, in quo ad alphabeti ordinem reuocantur uocabula selecta ex Ἐπιμερισμοῖς Lecapeni, iisque propria constructio attexitur, demta formula ὡς ἐνταῦθα. Lacunae obuiae in paginis 360, 371 editionis Hermanni facile supplentur ope codicis Taurinensis».

[4] »Pag. 391 — — — Commence le traité de Maximus Planudes περὶ μεταβατικῶν τε καὶ ἀμεταβάτων ῥημάτων». (Bastius apud Peyronium l. l.).

Planudis coniunctum est in codice Kremsiae, in urbe Austriae, seruato, quem possidet Eduardus Gollob[1]. Integrum seruari uidetur in Bibl. Laurentiana (uide Bandinium T. 2, col. 389)[2].

De constructione uerborum libellus ita confectus esse uidetur, ut librarius iis, quae ad propositum suum apta uidebantur, e Lacapeno sumptis, alia e grammatico altero inseruit. Qui grammaticus quis fuerit, adhuc nescio, nisi quod Nicephorum Gregoram suspicor fuisse. Sed praeter eos auctores, quos Lacapenus laudat, praesertim Plutarchum et Philostratum adhibet.

In codice gr. 2562 (s. XIV—XV) Bibl. nat. Par. lexicon quoddam seruatur, a uocabulis *ἀγαθὸν μόνον λεγόμενον* incipiens, quod saepe a Friderico Osann in libro de Philemone grammatico laudatur[3]. Hoc lexicon non solum uerba sed etiam nomina complectitur. Et quod ad lexicorum componendorum rationem attinet, discrimen quoddam inter hoc lexicon et libellum de constructione uerborum intercedit. Etiam auctor lexici codicis 2562 Lacapeni quidem epimerismis et opere alterius grammatici cuiusdam utitur sed ea, quae e Lacapeno sumit, ad uerbum plerumque describit, neque ut auctor Libelli de constructione uerborum uocabula e Lacapeno sumpta cum uocabulis alterius auctoris in unam expositionem consarcinat[4].

Lexicon, quod uulgo dicitur, Phauorini (Romae 1523, Basileae 1538) *ἐκ πολλῶν καὶ διαφόρων βιβλίων* compositum est, quo-

---

[1] »Sammelhs. — stammt aus Ialyssi auf Rhodus, XV—XVI saec. — *Ἀρχὴ σὺν θεῷ κ. τ. λ.* (Fol. 83—112ᵛ). — — »Die hier (apud Hermannum o. l. p. 391) angedeutete Lücke hat auch die Handschrift auf dem unbeschriebenen Fol. 99«, Eduard Gollob, Verzeichniss der gr. Hss. in Österreich ausserhalb Wiens (p. 29 in Sitzungsberichte der Kais. Akad. d. Wissenschaften, Phil. Hist. Classe, Bd. CXLVI, 1902/3, Wien 1903).

[2] Desinit enim teste Bandinio hoc modo: *προωθεῖ· τὸ εἰς τὸ ἔμπροσθεν ὠθεῖ βίᾳ, αἰτιατικῇ* (cf. epimerismos Lac. p. 73,21). Quod autem Bandinius dicit, in fine subditum esse *εἴληφε τέρμα βίβλος ὀρθογραφίας*, id nullo modo ad libellum de constr. pertinere potest.

[3] Philemonis grammatici quae supersunt ed. Fridericus Osann, Berolini 1821.

[4] Bastius (apud Peyronium l. l.) lexicon codicis Par. 2562 idem opus esse ac libellum de constructione uerborum credidit. — Saepius haec opera reperiuntur, si Bastio credendum est (l. l.): »Je l'ai rencontré plusieurs fois dans les manuscrits de Paris, entre autres dans le n. 2562, où il est infiniment plus complet, que dans l'édition de M. Hermann«.

rum librorum multi opera assidua uirorum doctorum cogniti sunt[1], multi adhuc ignoti manserunt. Inesse in eo lexico glossas Lacapenianas iam Bastius perspexit; Voltzius (o. l. p. 234) collatione editionis Lacapenianae Matthaeii et Lexici Phauorini facta, glossas permultas e Lacapeno Phauorinum mutuatum esse inuenit. Equidem postquam totum epimerismorum libellum cum Phauorino contuli, Lacapeni opus unum e fontibus primariis Lexici Phauoriniani fuisse affirmare ausim; dimidiam fere partem epimerismorum Lacapeni ad uerbum descripsit Phauorinus. Et ita quidem descripsit, ut alias saepe explicationes uocabuli cuiusdam expositio Lacapeni excipiat nullo uerbo addito ad partes diuersas coniungendas; quin etiam *ὡς ἐνταῦθα* illa non deleta sunt.

Ad codicum eorum lectiones, quos litteris Cn et P significaui, ita prope accedit Phauorinus, ut nihil dubii relictum sit, quin aut uno ex illis aut codice aliquo illis quam maxime affini usus sit. Cuius affinitatis testimonia hoc loco afferre meum esse non putaui: satis erit commentariis meis indice adiecto eas explicationes significasse, quas totas uel aliqua ex parte descripsit Phauorinus.

Publici igitur iuris facta est iam per Lexicon Phauorini, Libellum de constructione Hermanni, adnotationes libri illius Osannii haud scio an maior pars epimerismorum Lacapeni. Sub ipsius autem nomine tum primum prodierunt, cum Fr. Matthaeius in libro qui inscribitur Lectiones Mosquenses (Lipsiae 1779, uol. 1 p. 55—79) e codice Bibl. synod. Mosqu. 303 (nunc 459), »excerpta ex grammatica Georgii Lecapeni» diuulgauit. Quamquam igitur per titulum satis perspicuum indicatum erat, Matthaeium in illa editione ea modo, quae sibi ad edendum apta uiderentur, ex epimerismis selegisse, fuerunt, qui crederent, Matthaeium totum epimerismorum libellum, qui in codice Mosquensi inesset, typis exprimendum curauisse. Ita Voltzius putauit »grammaticam» *κατὰ στοιχεῖον* Lacapeni (uelut Baroccianum 103, Marc. Venet. 486) excerpta diuersa ex epimerismis continere; denuo ex aliqua gram-

[1] Atque haec opera in primis de lexico Phauorini consulenda sunt: Fabricii Bibliotheca, uol. X. p. 69 sqq., K. Lehrs: Des sogenannten Philemon *λεξικὸν τεχνολογικόν* und Favorinus, 1872 (Etiam in libro, qui inscribitur Die Pindarscholien, Leipzig 1873 p. 164—190), R. Reitzenstein. Geschichte der griechischen Etymologika, Leipzig 1897, p. 219, annot.

maticarum earum excerpta praebere Mosquensem[1]. Praebent autem omnes illi epimerismorum libelli eundem prorsus textum, uerbis solis hic illic paululo mutatis (u. supra). Iis exceptis, quae Villoisonius in Anecdotis (t. II p. 79) e codice Marc. Venet. 486 descripsit, iisque, quae auctores catalogorum ex initio et fine praesertim epismerismorum protulerunt, post Matthaeium nihil ex epimerismis editum esse uidetur. Raro admodum in lexicis laudatur Lacapenus (fortasse nusquam nisi apud Meursium, qui o. l. *στρούμπα* e Lacapeni schedis grammaticis affert; accedunt Ducangius et Thesaurus, qui Meursii locum reddunt).

Frustula epistularum aliquot apud Allatium descripta inuenies. Hardtius, cod. Monac. gr. L describens, initium et finem singularum epistularum primus reddidit. Bassius tandem e codicibus Ambrosianis epistulam XIII cum annotationibus edidit. (Riv. di Filologia XXV, 273—276 u. supra).

IV.

De codicibus.

Et Epistulas et Epimerismos e codicibus nonnullis cognouerat Leo Allatius (o. l. de Georgiis). Deinde per catalogos uarios, Montefalconii et Bandinii in primis, numerus librorum cognitorum adeo accreuerat, ut Ludovicus Voltz (o. l., B. Z. 2) triginta circiter codices enumerare posset. Post Voltzii commentarios conscriptos nihil maius incrementum cognitioni nostrae operum Lacapeni attulit quam commentatiunculae eae, quas Dominicus Bassi in Rivista di Filologia, uol. XXV, imprimendas curauit, ubi V codices Bibl. Ambr. accuratissime descripsit deque eorum argumentis copiosis-

[1] Verba Peyronii (o. l. p. 36), cuius iudicio Voltzius aliique nituntur, haec sunt: »Si quod autem discrimen intercedit inter utrumque textum (dicit mosquensem et libelli de constr. Hermanni), illud oritur uel ex uariis *τῶν Ἐπιμερισμῶν* articulis, qui bis et ter de una eademque uoce referunt, uel ex amanuensibus genuinum Lecapeni textum uarie contrahentibus, atque pro ingenio multantibus. Probe ergo teneant bibliographi, genuinos Lecapeni *Ἐπιμερισμοὺς* fontem fuisse, ex quo multa lexica atque opuscula manarunt. Sic *Γεωργίου τοῦ Λεκαπηνοῦ Τεχνολογία*, quae in Vaticana seruatur, teste Allatio: tum Lecapeni *περὶ σημασίας ῥημάτων καὶ ὀνομάτων*, quod latet in bibliotheca Augustana: nec non Lecapeni *Γραμματική* a Matthaeio edita ad fidem codicis Mosquensis, omnia sunt uaria pro uario librariorum ingenio excerpta male multata magni operis *τῶν Ἐπιμερισμῶν*«.

sime egit. Multi codices opera Lacapeni continentes in ceteris ditissimis Italiae bibliothecis seruantur. Quas cum circumire non liceret neque catalogos manu scriptos adire possem, mihi id solum restabat, ut catalogos impressos quam possem diligentissime perscrutarer. In quibus studiis mihi multum profuerunt, quae his uiginti annis uiri diligentissimi iidemque doctissimi elaborauerunt. Quorum in numero ii praecipue nominandi sunt, qui in serie illa librorum, quae Studi Italiani di Filologia classica inscribitur, id negotii susceperunt, ut uiris litterarum Graecarum studiosis thesauros bibliothecarum minorum Italiae adhuc reconditos aperirent. Illorum aliorumque opera nobis demum contigit, ut de quinquaginta fere codicibus, qui opera tota aut fragmenta Lacapeni continent, aliquid saltem cognitum habeamus. Sed de bibliothecis nonnullis adhuc admodum pauca cognouimus, quarum pars catalogis impressis omnino carent, pars catalogos quidem habent, sed eos tam properanter digestos, ut quae sub titulis uariis lateant, saepe nullo modo conici possit. Atque hic illic fragmenta esse, quae me fugerint, quippe cum saepissime anepigrapha sint, suspicor. Omnes codices, in quibus opera illa Lacapeni insunt, miscellanei sunt, duobus modo exceptis (nam fragmentorum h. l. nullam rationem habeo), Laurentianum LVII 8 dico et Athoum 2404, quorum alter Epimerismos, alter Epistulas et Epimerismos continet. Epistulas Lacapeni cum epistulis aliorum eiusdem fere aetatis coniunctas saepius inuenimus, uelut cum Epistulis Planudis in cod. Monac. 50, cum Epistulis Moschopuli aliorumque in cod. Coisl. 341; in libris mss. aliquot cum collectione illa Epistularum Libanii Lacapeniana, uelut in Meerm. 364, Ups. 28. Interdum Epistulas duas uel tres inter opera aliena interpositas deprehendimus, nullam aliam ob causam, quam ut chartae parcatur.

Epimerismi semper fere cum operibus eiusdem indolis in unum uolumen intrauerunt, uelut cum operibus grammaticis Moschopuli, Thomae Magistri, Planudis, Gregorae, Ioannis Glyceos; denique cum opere de Syntaxi Michaëlis Syncelli, cui uicinitati confusio nominum in Syncello edendo illa, de qua p. XXIV egimus, deberi putatur. — Ad libros, quos aut meis oculis perlustraui aut e catalogis cognoui, describendos transgredior.

Ac ubente Leone XIII Pont. max. catalogi codicum eorum graecorum, qui ceteras partes Bibliothecae Apostolicae implent, digesti sunt; catalogum Bibl. Vaticanae (Sixtinae) etiam nunc exspectamus.

Exque Bibliotheca Bibliothecarum Montefalconii[1] aliisque libris, qui nobis praesto sunt, subsidia ea, quae accuratam notitiam suppeditent codicum eorum Lacapenum continentium, qui in Vaticana insunt, comparare haudquaquam possumus. Apud Montefalconium autem opera Lacapeni his locis enumerantur: 1 6 c: Georgii Lecapeni ars grammaticae, 1 7 c: Georgii Lecapeni Epistolae *καὶ τοῦ Ζαρίδου Ἀνδρονίκου σὺν ἐξηγήσει*, 1 8 b: Zaridae epistola ad Lecapenum contra Andronicum. Lecapeni ad Zaridam; quorum librorum qui primus est epimerismos Formae II continuisse uidetur, secundus Formae I fuisse: tertii inscriptio confuse reddita est. Quod Voltzius (p. 228, annot.) dicit, 1 8 Andronici Zaridae epistulas commemoratas esse, fallitur[2].

Krumbacherus deinde — nam ecquo in loco studiorum Byzantinorum *ὁ πάνυ* ille nos destituit? — commentariis Voltzii in usum uocatis opera Lacapeni continere docet codices Vaticanos hosce:

18 s. XV, fol. 154: Scholien zu den Briefen des Lakapenos (nach Angabe des handschriftlichen Katalogs).

92 fol. 175: Brief des Lakapenos an Andronikos Zaridas.

100 fol. 20 sq. desgl. — Etiam in his codicibus opera illa inuenerunt bibliographi:

113 s. XV, fol. 203—306 *ἐπιστολαὶ τοῦ λακαπηνοῦ κυροῦ γεωργίου καὶ τοῦ ζαρίδου κυροῦ ἀνδρονίκου*, quem codicem, quod ad Lacapenum attinet, cum codice Reg. Suec. 157 conspirare Stevensonium secuti diximus. Descripsit autem Foersterus in commentatione de Libanii ll. mss. Ups. et Linc. p. 8 et in editione operum Libanii, uol. I p. 338 sq.; e quibus descriptionibus effici uidetur, inesse in eo codice opera Lacapeni Formae I.

883 Inscr. u. supra, p. XXIX. Inc. *γράφειν ἐνεργητικὸν σημαίνει πέντε* (Bandini II. 348, Voltz p. 230). Est liber Epimerismorum Formae II.

895 fol. 116. Inscr. u. supra, p. XXX (Voltz ibidem secundum Schoellium). Epimerismos Formae II esse conicio.

Sine dubio in ea bibliotheca alia exemplaria operum Lacapeni fragmentaque eorum adhuc latent.

---

[1] Bernard de Montfaucon: Bibliotheca Bibliothecarum manuscriptorum noua, Tom. I. Parisiis 1739.

[2] Montefalconium in catalogo uetere describendo et latine uertendo multis locis minus accurate egisse demonstrat Haase »Ein altes Verzeichniss der

Bibliotheca Vaticana Reginae Suecorum in his codicibus opera Lacapeni seruat: in *cod. 156* s. XV, ff. 96: Ep. XI (fol. 93ᵘ) et XII (fol. 94ᵘ), sine epimerismis. Continentur praeterea opera Synesii uaria (etiam epistulae). — Stevenson p. 108, Voltz p. 228, annot.

In *cod. 157* s. XIV, ff. 178, fol. 1—92: Epistulae cum epimerismis (partim). Fol. 1, quod fuit, abscissum est. Deest enim Ep. I, cuius epimerismi ab hoc exemplo incipiunt: *υἱὸν ἱππέα μὲν ἐδιδάξατο* . . Sequuntur Epp. II—XX cum epimerismis (XVII et XIX exceptis nimirum; cf. p. XXIX)[1]. — Opus hucusque Formae I. Epp. II—XX glossis interlinearibus instructae sunt. Accedunt Epp. XXI—XXXII sine epimerismis. Qua de causa uerisimile uidetur codicem hunc e codice quodam, qui Epp. I—XX cum epimerismis et scholiis solas praebuerit, fluxisse. Cf. cod. Ups. 28. Postea Epp. XXI—XXXII e codice epimerismis carenti adiectas esse conicio. — Accedit Theoduli (siue Thomae) uocum Atticarum ecloga.

Bibliotheca Vaticana Palatina in codd. duobus: »(Georgii Lecapeni *τεχνολογία περὶ γραμματικῆς*), fine mutila f. 288.»

Cod. 141 s. XIV—XV, ff. 378, fine mutilus. E Stevensonii descriptione[2], quamquam satis manca atque obscura, suspicari licet, huic codici epistulas et epimerismos Formae I cum glos-

griechischen Handschriften in der Vaticana, mitgetheilt von Prof. Haase in Breslau», Serapeum XII (1851), ubi totus ille catalogus, cuius dimidia fere parte usus est Montefalconius, redditur. In quo catalogo numeris 35, 72, 95 signatos codices eos, quos secundum M. supra enumeraui, reperies; et is quidem, qui numero 95 signatus est, hoc modo inscribitur: *ἐπιστολὴ τοῦ Ζαρίδου κατὰ Ἀνδρονίκου. πρὸς τὸν Λακαπηνόν. τοῦ Λακαπηνοῦ πρὸς τὸν αὐτὸν Ζαρίδαν.* Ubi *κατὰ* pro *κυροῦ* falso scriptum esse nemo non uidebit. *κατὰ* uoc. in *contra* uertit Montefalconius. Etiam numeris 480 et 551 opera Lacapeni indicantur; et n. 480 quidem: *Ἐπιστολαὶ τοῦ Λακαπηνοῦ κυρ Γεωργίου καὶ τοῦ Ζαρίδου κυροῦ Ἀνδρονίκου. τεχνολογουμέναι* (!). Epp. Formae I esse uidentur. — Num. 551: *Ἐπιμερισίαι τῶν τοιούτων ἐπιστολῶν κυρ Γεωργίου τοῦ Λακαπηνοῦ. — — τοῦ Ζαρίδου κυροῦ Ἀνδρονίκου σὺν τεχνολογίᾳ.*

[1] Stevensonius in hoc codice describendo parum feliciter egit. Disiunxit enim epistulas Lacapeni ipsius, quas numeris I—XXIV signauit, ab epistulis a Zarida conceptis, quibus numeros XXV—XXXII adscripsit. Cuius rei meritas poenas luit, uituperatus a Voltzio, o. l. p. 226, et a Dominico Bassi, Riv. Fil. XXV p. 268, annot.

[2] Henricus Stevenson senior: Codices mss. Palatini Graeci, Romae 1885. E descriptione Stevensonii dilucet, eum sententiam peruersam amplexum esse eandem, quam in Montefalconio p. XXXII notauimus.

sis interlinearibus, »plerumque aeuo obscuratis», inesse. Praeter Lacapenum is liber opera aliqua Planudis et Manuelis Philae aliorumque poëtarum Byzantinorum continet.

Cod. Pal. 358 s. XV—XVI, f. 176—218. Post epimerismos Formae II »sequitur indiculus uocum imperfectus cum paginarum numeris». Eiusmodi indiculus imperfectus etiam in cod. Par. 2938 epimerismis adiunctus est. — Insunt in libro cum alia tum Moschopuli sylloga et Thomae ecloga.

Bibliotheca Vaticana Urbinas in his codd. Lacapenum habet:

Cod. 152 (in inuentario Urbinate 108), s. XIV, ff. 377. E descriptione Stornajoli[1] haec afferam: »Fol. 11—98. *Ἐπιστολαὶ τοῦ Λακαπηνοῦ κυρίου Γεωργίου καὶ τοῦ Ζαρίδου κυρίου Ἀνδρονίκου* (1 epist.) inc. nulli inscripta: fortasse epist. est Lecapeni ad Zaridam. *τῷ μηδὲν ἡμᾶς σοι γράφειν ἀχθόμενος.* Singulae epistulae glossis inter lineas instruuntur. Des. epist. I fol. 11ᵛ: *δυσχεράναιμι τὴν ἐπὶ τοῖς οὐ προσήκουσι γνώμην.* Epistulam sequuntur ibidem [scholia grammatica ex ipsius Lecapeni *τεχνολογίᾳ* excerpta]. Inc. in margine · *γράφειν*: et in medio, *γράφειν ἐνεργητικὸν σημαίνει πέντε.* Voces, quarum exhibetur dilucidatio, accurate in marginibus significantur». Deinde inscriptiones — adsunt autem ad epp. X—XXXII — et initia epistularum singularum earumque epimerismorum, epp. XVII et XIX omissis, descripsit. Itaque epistulae, quae post ep. XVI sequuntur, perperam numeratae sunt, ut ea, quae XXII[a] est, XX[a] inscribatur. Numerus tamen foliorum, quae inter initia epistularum XVI[ae] et XVIII[ae] interque initia epistularum XVIII[ae] et XX[ae] intercedunt, maior est quam ut epistulis XVI[a] et XVIII[a] earumque epimerismis expleri possit. Sine dubio igitur epp. XVII et XIX huic codici insunt, quod tamen Stornajolum, paululo properantius negotium suum expedientem, fugit. Hoc eo facilius fieri potuit, quod epp. illae epimerismis non praeditae sunt. Praeterea e descriptione parum liquet, utrum initium epistulae I[ae] adsit necne; uidetur mihi quidem adesse. — Opera Lacapeni huius codicis sunt nimirum Formae I. Continet liber inter alia etiam opera uaria Planudis.

Duas bibliothecas Romanas extra Vaticanam opera Lacapeni possidere uideo, Casanatensem et Vallicellianam. Et **Bibliotheca Casanatensis** quidem anonyma. Cod. autem 198 (olim G III 7)

[1] Cosimus Stornajolo: Codices Urbinates Graeci, Romae 1895.

hunc in modum a Francisco Bancalari descriptus est[1]: »1—14 fragmentum schedographiae initio ac fine mutilum cum lemmatis marginalibus (ordo foliorum ita restituendus est: 3—8. 2—1. 9—14): (3) *πρῶτον μὲν οὐχ ὅσιον· ἐπειθ᾽ ὅτι νῦν* — (14ᵘ) *πῶς ποτε ἡμῖν τὴν σαυτοῦ*». 15—110 theologica uaria. »111 Lexicalia quaedam: *Δοκῶ· νομίζω· οἶμαι· ὑπολαμβάνω· ἡγοῦμαι· ταὐτά. καὶ κατὰ σύνταξιν ἐντελῆ, πρὸς ἀπαρέμφατον ἀποδιδόμενα* — (113ᵘ) *μηνύειν λέγεται μὲν, καὶ τὸ ἀγγέλλειν ἁπλῶς* etc., quae eadem reperias in schedographia (11ᵘ—13ᵘ), 114—124 Aphthonii progymnasmata. — ff. 1—14, 111—124 s. XVI? — —» Fugit Bancalarium, quamuis accurate agentem, haec fragmenta Lacapeno adiudicanda esse. Legimus autem uocabula illa: *πρῶτον μὲν* — — in epimerismis Ep. I^ac s. u. *μέν — δέ*; *δοκῶ κ. τ. λ.*, *μηνύειν κ. τ. λ.* inter epimerismos Ep. VI^ae; *πῶς ποτε ἡμῖν τὴν σαυτοῦ* (sc. *γλῶσσαν ἔδησας*) in textu Ep. VII^ae. Fragmentum I igitur Formae I esse uidetur.

Bibliotheca Vallicelliana.

Descriptio codicis *Vallicelliani* 88 (F. 24) s. XV—XVI hoc modo apud Martinium (u. p. XXVII) incipit: »1 (1—22) index epimerismorum qui sequuntur. 2. (24—164ᵘ) *ἐπιστολαὶ τοῦ Λακαπηνοῦ καὶ Ζαρίδου.* En initia ordine digesta[2]: »— In quibus enumerandis epistulam VIII praeteriit. Spatium tamen id, quod teste Martinio ep. VII^ae concessum est, ad epistulas cum VII^am tum VIII^am capiendas satis amplum est. Itaque mihi persuasi, initium ep. VIII^ae, quod facile fieri potuit (cf. quae codicem Urbinatem 152 describentes diximus), oculos Martinii fefellisse. — Sequuntur inde a folio 108ʳ epimerismi. — Exempla psychagogiae, quae a Voltzio ex hoc codice adhibita sunt, ad glossas, quae in Coisliniano aliisque insunt, quadrant. Inscriptiones aliquot adsunt (Voltz h. l. fallitur). De inscriptione ep. XXIX^ae p. XXVII diximus. Dilucet hoc esse opus Lacapeni Formae II. Index plenus in hoc solo codice contineri uidetur. Post Lacapenum sequuntur Syncelli *περὶ συντάξεως τοῦ λόγου* aliaque minutiora.

Etiam numerus codicum, quos in ceteris Italiae bibliothecis inueniri testantur catalogi, satis magnus est. Habent autem eiusmodi codices bibliothecae hae:

[1] Franciscus Bancalari: Index codicum Graecorum bibliothecae Casanatensis (Studi Italiani di Filologia classica II, 1894, p. 168 sq.).

[2] Sequuntur initia epistularum singularum *κατὰ στοιχεῖον*; quod quam peruerse institutum sit a Martinio, uix opus est dicere.

Bibliotheca Regia Taurinensis Athenaei.

C. VII 20 (Pasinio 274) s. XVI.

Epistulae omnes cum glossis (Fol. 1—80) et epimerismis (Fol. 81—122^{r}). Est igitur opus totum Formae II. At incendio illo grauissimo, quo haec Bibliotheca olim amplissima A. D. MDCCCCIV uastata est, etiam codex noster haud leue detrimentum cepit, quo de audi Gaëtanum de Sanctis: »— conservati i ff. 7—161, intaccati ai margini dal fuoco, il quale ha talvolta asportato superiormente una piccola parte del testo. I primi fogli son poi ridotti a miseri frammenti.»[1] Folia autem illa prima incendio combusta mira fortuna quodam modo conseruata uidentur: narrat enim Maximilianus Treu in ed. sua epistularum Planudis p. 223 haec: »tres primas (epp. sc. Lacapeni) C. O. Zuretti Taurinensem ex codice Gr. Taurinensi C VII 20 meum in usum transcripsisse grato animo profiteor.»

Artissimo necessitudinis uinculo inter se conexos esse codices Taurinensem VII 20 et Vallicellianum 88, ex hoc tractatuum, quos continent, indice facile intellegitur:

Vall.	Taur.
f. 1—22 index Epim. Lac.	
24—107 Epp. XXXII Lac.	1—80 Epp. XXXII Lac.
108—164^{r} Epimerismi Lac.	81—122^{r} Epimerismi Lac.
164^{u}—207 *τοῦ ὁσίου πατρὸς ἡμῶν Μιχαὴλ τοῦ Συγκέλλου περὶ συντάξεως τοῦ λόγου.*	122^{u}—154 *Μιχαὴλ πρεσβυτέρου καὶ Συγκέλλου τοῦ ἀποστολικοῦ θρόνου τῶν Ἱεροσολύμων* e. q. s.
207—211^{u} *περὶ λέξεως τοῦ Φιλοπόνου.*	155—160(?) *περὶ λέξεως τοῦ Φιλοπόνου.*
211^{u}—220 *Τρύφωνος: I περὶ παθῶν τῆς λέξεως. II πῶς δεῖ ἡμᾶς ταῖς συντάξεσι χρῆσθαι. III τοῦ αὐτοῦ περὶ τρόπων.*	
220—265^{u} Epimerismi et regulae — quae Tryphonis tractatum sine ulla distinctione sequuntur.	161—166^{r} *Τρύφωνος γραμματικοῦ περὶ τρόπων.* Inc. *φράσις ἐστὶ λόγος κ. τ. λ.* Sequuntur (post 166^{u}) obseruationes quaedam grammaticae absque ullo titulo praetermis-
265^{u}—267 — De regularum instabilitate.	

[1] Gaëtano de Sanctis: Inventario dei codici superstiti greci e latini antichi della biblioteca nazionale di Torino (Riv. di Fil. XXXII, 1904, p. 422).

267—305ᵘ — Regulae grammaticales.

306—378 Ἀρποκρατίωνος(!) Λέξικὸν τῶν δέκα ῥητόρων.

381—398 παροιμίαι κατὰ ἀλφάβητον. Ultima (V) folia uacua.

soque auctoris nomine usque ad finem (230).

Index Epimerismorum Cod. Vall. eadem scriptus est manu, qua litterae initiales, inscriptiones, lemmata aliaque eiusmodi in libro exarata sunt. Folio 305ᵘ inscriptum est: Ἰωάννης στρατηγὸς ὁ κυθηριώτης (ὁ κυθηριώτης rubro manu II) ἔγραψε τὸ βιβλίον. — Nec Lexico Harpocrationis nec Prouerbiis spatium in Taurinensi uacat. Videmus enim folia, quae occupant opera haud dubie utrique codici communia, dico Lacapeni, Syncelli, Philoponi, Tryphonis, in Vall. numero esse 196, in Taur. numerum 165 ½ quondam compleuisse. Grammatica anonyma, quae sequuntur, in Vall. ff. 85 ½ implent, in Taur. — sine scrupulo enim eadem fuisse statuo — spatium iis uacabat 63 ½ foliorum. Ab initio ergo librum utrumque prorsus eadem continuisse concludo. Ultimo codicis Vall. folio inscripsit nomen suum librarius alter; alter perfecit opus indice conscribendo, rubricis pingendis. Addita sunt deinde in fine libri lexicon Harpocrationis et Prouerbia (quae manu prima scripta esse, ut dicit Martinius, quid obstat quo minus putemus?). — Taurinensis e Vallicelliano non uidetur descriptus esse; namque si ita esset, cur omissus esset in Taur. index ille? Vallicellianum autem ne e Taur. descriptum esse arbitremur, aetas impedire uidetur. Quae si ita sunt, idem fuit prototypum codicum amborum.

Cod. Taur. B. VII. 4 (Pas. 354) s. XV, ff. 214. Pasinius (et post eum Voltzius) haec habet:» f. 94—130. Σημαινόμη λέξεων εὐχρηστῶν τῶν ἐν ῥητορείᾳ χρησίμων μετὰ μαρτυρίαν ῥητόρων τῶν μεγίστων καὶ παλαιῶν. abest auctoris nomen. inc. autem: γράφειν τὸν συγγράφον λόγον, ἢ ἄλλην τινὰ ἱστορίαν, ὅθεν καὶ συγγραφεύς. γράφον τὸ ζωγραφεῖς, ὅθεν καὶ γραφεύς etc.» Pro σημαινόμη, quod quid sit nescio, σημειώσεις conicio. Quae emendatio conditionem miserrimam γράφειν uocabuli consideranti nimis dura non uideatur. — Videtur esse liber epimerismorum Formae II. Cetera in hoc codice sunt Planudis. Hunc quoque codicem incendium illud funestum laesit: »Gravemente danneggiato dall'acqua e dal fuoco che ha ridotti a miseri frammenti gli ultimi fogli. Mancano al tutto circa fogli 25». (Gaëtano de Sanctis o. l. p. 426).

Bibliotheca Mutinensis.

Cod. Mut. gr. 30 (III A 16) s. XV, ff. 306. E descriptione Puntonii (o. l. p. 399 sq.) haec afferam:[1]

f. 260[u] *τοῦ Λακαπηνοῦ — περὶ συντάξεων κατὰ στοιχεῖον.*[2] De quo tractatu uide quae supra diximus p. XX sq.

270—306 Lexicon graecum *(τὸ ἁ(!) δασυνόμενον, εἰ μὲν περισπασθείη, δηλοῖ τὸ ὧ(!) — ἐξ οὗ καὶ ὄσφρησις λεγόμενον καὶ ἐπὶ τοῦ ὀφραντοῦ (!) καὶ ἐπὶ τοῦ ὀσφραινομένου. ἀττικώτερον δέ ἐστι τὸ ὀσφρᾶσθαι).* — ff. 273—274+281—306[r] suppleuit recentior librarius. — Est opus Lacapeni epimerismorum Formae III eiusdem speciei ac Barocciani codicis, sed mutilum, quoniam in *ὀσφρᾶσθαι* uocabulo desinit.

Continet praeterea codex opera grammatica Moschopuli et Thomae Magistri atque minutiora quaedam.

Cod. Mut. gr. 55 (III B 3). A. 1372[3], ff. 323. Descr. Foerster, Lib. op. uol. I 341 sq., De Lib. ll. mss. Ups. et Linc. p. 8 et Puntoni (p. 420 sq.).

f. 168—252 *ἐπιστολαὶ* XXXII Lacapeni et Zaridae cum glossis interlinearibus et commentario. Est totum opus Lacapeni Formae I. Continet liber praeterea Synesii epistulas, opera quaedam Libanii (inter quae collectionem epistularum Lacapenianam), opus grammaticum Planudis atque minutiora. »Codex ex eodem fonte quo Vaticani 113 et 1558 fluxit« (Foersterus). — Adest folio 95[u] haec subscriptio: — *ιανὸς ὁ διὰ τοῦ θείου καὶ ἀγγελικοῦ σχήματος μετονομασθεὶς Θεοφάνης μοναχὸς ἐν ἔτει ,ϛωπ* [= 1372] *ἡμέρα κυριακῇ φευρ. κθ' τῆς σταυροπροσκυνήσεως.* · · · *ιανός*, qui monachus Theophanes factus est, quis fuerit, nescimus. Sed laicum nomen a littera *Θ* incipiens eum habuisse uerisimile est (cf. de nominibus monachorum quae dixit M. Treu, Epistulae Planudis p. 189). Nullum autem illius aetatis librarium inueni, cuius nomen a *Θ* lit. incipiens in *-ιανος* terminationem exeat, nisi Therianum

---

[1] Cf. Voltz, p. 231, annot. 1, atque Allen: notes on greek mss. in Italian libraries, London 1890, p. 8.

[2] Krumbacher, cum apud Voltzium e cod. Mut. III A. 16 »Georgium Lecapenum de syntaxibus iuxta alphabeti ordinem« enumerat, *συντάξεις* fol. 260—269 scriptas respexisse uidetur, non »lexicon ab *ἁ* incipiens«, quod etiam apud Puntonium anonymum remanet.

[3] A Puntonio is codex s. XV[o] attributus est (nonne errore calami?).

sacerdotem illum, qui Gardthausenio teste codicem Monac. gr. 155 saeculo XIV exarauit[1]. Quamquam hoc nihil est nisi incerta coniectura.

Graeca D. Marci Bibliotheca.

Cod. 486. Saeculi circiter XV, ff. 344.

Georgii Lacapeni Grammatica ordine alphabetico. Inc. *Ἀσχολία λέγεται ἡ πολλὴ περί τι σπουδὴ* e. q. s. (cf. cod. gr. Ambr. 295). Continet praeterea hic codex opera grammatica Moschopuli, Thomae Magistri, Planudis aliaque. Ex hoc codice Villoisonius (o. l.) frustula illa Lacapeni edidit, quae supra (p. XXXV) commemorauimus. — Epimerismi sunt nimirum Formae III.[2]

Bibliotheca Ambrosiana.

Cod. gr. 40 (A 115 Sup., olim T 231) s. XV—XVI, ff. V+508.

108r—180u Epimerismi integri Formae II sine inscriptione. Subscriptio: *τέλος τῆς γραμματικῆς τοῦ Λεκαπηνοῦ.*[3]

181r—183u Index alphabeticus epimerismorum, alia scriptus manu. Inter uaria ac permulta, quae hic codex continet, etiam sylloge uocum atticarum Moschopuli (ff. 19—107) reperitur. (Riv. XXV, p. 269).

Cod. gr. 216 (D 12 sup. olim T 237) s. XV in., ff. V+111+II membr. »Inde a 60 aliquantum humiditate foedata praesertim parte super.; 73—80 ibid. lacera et a tineis corrosa».

1—99r Epistulae omnes cum glossis interlinearibus et epimerismis Formae I. Inscr. *ἐπιστολαὶ τοῦ Λακαπινοῦ καὶ Ζαρίδου.* Quod Bassius annotauit, epp. XVIIam et XIXam epimerismis carere, nihili est, quippe cum, ut antea iam diximus, numquam ullos epimerismos habuerint. Sequuntur opera grammatica Moschopuli quaedam atque alia minuta (Riv. XXV p. 268 sq.).

Cod. gr. 295 (E 81 Sup.) s. XIV—XV, ff. I membr. + II chart. + 318. 74—103 *τοῦ σοφωτάτου καὶ λογιωτάτου κυροῦ ἰω[άνν]ου τοῦ Λακαπηνοῦ γραμματική.* Inc. *ἀσχολία.* Sequuntur inde epimerismi ordine alphabetico, primae cuiusque uocabuli litterae ra-

---

[1] V. Gardthausen, Griechische Paläographie, Leipzig 1879, p. 340.

[2] Zanetti et Bongiovanni: Graeca D. Marci Bibliotheca codicum manu scriptorum, Venetiis 1740.

[3] Dominicus Bassi in Riv. di Fil. l. l. *Λακαπήνου κ. τ. λ.* scribit. Quod uitium e ll. mss. Ambrosianis non redundat, quippe cum in catalogo eiusdem Bassii non reperiatur; qua de causa *Λακαπηνοῦ κ. τ. λ.* scripsi. Cf. Cat. Bibl. Ambr. Martinii et Bassii.

tione habita. Post ἀξιόχρεως fol. 80^{u} et 81 uacua, id quod Bassium in errorem induxit; non uidebat enim ff. 82 sqq. pergere opus Lac. inde a uoc. ἀδελφός usque ad ὠνοῦμαι. Inter fol. 80 et 82 uoc. ἀνύω — ἄνωθεν (numero XXIV) desunt. F. 103 adest subscriptio: τέλος τῆς τοῦ Λακαπηνοῦ γραμματικῆς. τέλος. τέλος. »Mox notulae grammaticae tres». Sunt eaedem, quae post epimerismos in Ups. 28 sequuntur.

Epimerismi huius codicis sunt Formae III, eiusdem fere speciei atque in Mosq. 459, Venet. 486, Athoo 4267 (Riv. XXV, p. 445 sq.); insunt codici huic praeterea opera grammatica Moschopuli, Planudis, Syncelli, epistulae Libanii aliaque uaria.

Cod. gr. 482 (L 44 sup.) s. XIV ex., ff. 197, ad finem mutilus.

175^{r}—197^{u} Epp. Lacapeni I—X et initium Ep. XI^{ne}, usque ad καὶ τοῦτ᾽ ἔννοιά τις εἰσιοῦσα. Epistulae glossis interlinearibus et epimerismis praeditae sunt. Formae I (Riv. XXV p. 269). Continet codex praeterea epistulas nonnullas, Synesii et Libanii in primis, et opera grammatica quaedam Phrynichi, Herodiani, Planudis, aliorum.

Cod. gr. 516 (M 51 sup., olim T 306) s. XV—XVI, ff. III + 430.

9—240. »(Thomae) Magistri Ecloga nominum atticorum sed cod. multo plenior est, nam exstant in singulis litteris, ab α ad ω, additamenta tum passim inserta, ut ordo non ubique idem sit atque in ed. [sc. Ritschelii], tum fini subiecta, excerpta ex Isidoro, (Georgio) Lecapeno, Manuele (Moschopulo) et (Maximo) Planude, quorum nomina hic illic comparent; non raro cuidam nominum seriei praemittitur τοῦ μαγίστρου. Accedunt in margine lemmata». Videntur esse epimerismi auctorum uariorum in formam Lexici redacti. Continet liber inter alia opera de constructione uerborum Planudis et Syncelli atque schedographiam Moschopuli; agmen claudunt συντάξεις illae, quas sub nomine Lacapeni tradit cod. Mut. 30.

Cod. gr. 772 (et 139 sup.) s. XVI, ff. I + 23 + IV »(folia exciderunt ab initio). (Grammatica et lexicalia quaedam) confuse; initio mut. (πολέμου, ὃ καὶ συμβάλλει κοινῶς γρ. κ. τ. λ. — προπέτεια λέγεται ἡ ἰταμότης κ. τ. λ. — ἀπὸ τοῦ Ἄρης, ὃ λέγεται ὁ πόλεμος κ. τ. λ.)». Fugit uiros doctissimos illa esse fragmenta epimerismorum Lacapeni. Reperies autem exemplum I inter epim. ep. VII s. u. προσβάλλει; ex. II s. u. sequenti, προπέτεια; ex. III s. u. βέλτιον, epim. ep. XX. Fragm. Formae II epimerismorum.

Cod. gr. 1071 (I 224 inf.) s. XV—XVI, ff. III + 186 + IV. Olim codex hic, decem codicibus in unum compactis, numeris decem signabatur ita, ut ea pars codicis, quae opus Lacapeni continet, numerum haberet I 214 inf. Nunc autem folia 12—28 epimerismis primarum septem epistularum ad finem mutilis implentur. Desinunt enim his uerbis: *καὶ συμπίπτει κυρίου*(!) *ἐπὶ* (u. s. u. *προσβάλλει τὸ κῦμα*). Hoc fragmentum quondam partem fuisse eiusdem libri atque illud, quod nunc numero 772 signatum est, pro certo paene ausim affirmare. Nam fragm. codicis 772 fragmentum codicis 1071 continuo excipit. Ac modulus, qui dicitur, utriusque codicis (est autem 772 mm. 220 × 165, I 214 mm. 240 × 152) si non prorsus idem est, tamen est fere congruus. Codices ergo 772 et 1071 fragmenta seruare unius libri, qui epimerismos Formae II ad epistulas I—XX continuerit, nobis persuasum sit uelim (Riv. XXV, 269 sq.).

Bibliotheca Medicea Laurentiana.

Cod. LVII 8 s. XV, ff. 47, sine inscriptione. Epimerismi Formae II. Codex unicus est, ut qui epimerismos solos contineat. (Bandini II, col. 348).

Cod. LVII 49 s. XV, ff. 154—193 (»pag.» Bandini, ut semper): *Ἐπιμερισίαι κυροῦ Γεωργίου τοῦ Λεκαπηνοῦ.* Epimerismata D. Georgii Lecapeni. — Inc. *γράφειν ἐνεργητικὸν σημαίνει πέντε.* E quibusdam uocabulis, post *κρίνω* uoc. insertis, huius codicis textum cum codice Monac. 529 quodammodo cohaerere suspicor. — Formae II.

F. 207ᵛ—208 idem prorsus textus alia exaratus manu iterum occurrit; des. autem in his verbis: *οἷον ἀναιρεῖται στέφανον, καὶ ἀναιρεῖται μετὰ χεῖρας βιβλίον* (u. epim. ad ep. III s. u. *ἀναιρεῖσθαι*).

Continet liber is praeterea grammatica uaria, Moschopuli et Thomae Magistri in primis (Bandini II, col. 429 sq.).

Cod. LVII 24 s. XV, ff. 229. »Tineis ac situ ualde corruptus».

1—26 *Τοῦ Λακαπηνοῦ ἐπιστολαί, καὶ ἐπιμερισμοὶ τοῦ αὐτοῦ, καὶ συντάξεις.* Insunt XII epistulae cum epimerismis (Formae I). Sunt autem epp. hae: I—VI (»Maxima tamen mutilatio Codicis inter pag. [lege fol.] 16 et 17, siue inter Epistolam VI et VII facta est»), XXVIII, XXIX, XXIV, XXX—XXXII. »Ultima uero ex praedictis mutila est in fine propter alium codicis defectum inter pag. 26 et 27, quare huius etiam explanatio desideratur».

»Pag. 27. Anonymi Tractatus *De constructione uerborum*, initio mutilus ob praedictum defectum». Conicio *συντάξεις* illas esse, quae in inscr. dicuntur, atque codicem nostrum Lacapenum auctorem earum indicantem cum Mutinensi 30 conspirare. — Continet praeterea codex uaria, cum grammatica tum alia.

Bibliotheca Laurentiana S. Marci.

Codex 314 s. XV. Inscr. — *στολῶν κυροῦ γεωργίου τοῦ λαικαπηνοῦ*. Quae inscriptio ad epistulas eas, quae ff. 30 sqq. insunt, pertinere uidetur. ff. 1—30 *ἀρχὴ τοῦ α΄.* Inc. *ἀγωνία κ. τ. λ.* Est liber epimerismorum Formae III, speciei paululum differentis ab ea, quam praebent Venet. 486 aliique. ff. 30—32: Epistulae tres primae sine epimerismis (u. Voltz. p. 230 et 228, annot., ubi Krumbacherus laudatur)[1].

Sequuntur Planudis et Michaëlis Syncelli opera de syntaxi.

Bibliothecae montis Athoi[2].

Cod. gr. 2404 (*Βιβλιοθήκη μονῆς Ξηροποτάμου* 71) s. XIV, ff. 142. *Γεωργίου Λακαπηνοῦ καὶ Ἰωάννου Δούκα τοῦ Ζαρίδου Ἐπιστολαὶ ἀμοιβαῖαι* (*ἀκέφ. κολοβ.*) *σῴζονται β΄—λβ΄. Ἡ δὲ πρώτη λείπει μέν, σῴζονται δ' αὐτῆς ἡ μετὰ τὸ κείμενον καὶ τὸ διάστιχον σχέδος ἑρμηνεία. Τῶν ἐπιστολῶν ἡ ζ΄ ἐπιγράφεται »τῷ Παλαμᾷ«, ἡ δὲ ι΄ »τῷ Ζαχαρίᾳ«.* Igitur adsunt epp. 2—32 cum epimerismis, Formae I. Hic codex, quantum nos quidem scimus, unicus est, ut qui epistulas Lac. cum epimerismis solas contineat. Sed utrum inscriptionem e codice descripserit Lampros, an e sua ipsius sententia finxerit, dubium.

Cod. gr. 4199 (*Βιβλιοθήκη μονῆς Ἰβήρων* 79) s. XV, ff. 105. 27—34 *λεξικὸν »τοῦ σοφωτάτου καὶ λογιωτάτου κῦρ Ἰωάννου τοῦ Λακαπηνοῦ«. Ἀρχ. γράφειν τὸ συγγράφειν λόγον ἢ ἄλλην τινὰ ἱστορίαν.* Est fragmentum epimerismorum (initium). Sequuntur ff. 35—98^r Sylloga Moschopuli, initio, ut uidetur, mutila, quam Lampros Lacapeni grammaticae partem esse credidit.

[1] E. Rostagno e N. Festa: indice dei codici greci Laurenziani non compresi nel Catalogo del Bandini (Studi Italiani di Fil. class. I, 1893 p. 182).

[2] Spyridon P. Lampros: Catalogue of the Greek Manuscripts on Mount Athos — *Κατάλογος τῶν ἐν ταῖς βιβλιοθήκαις τοῦ ἁγίου ὄρους Ἑλληνικῶν Κωδίκων. Τόμος α΄, ἐν Κανταβριγίᾳ τῆς Ἀγγλίας* 1895. *Τόμος β΄*, ibidem 1900.

14—26 »λογίων κὺρ [lege λογιωτάτου κυροῦ] Γεωργίου τοῦ Λακαπηνοῦ» : αἱ πρῶται λέξεις ἐξίτηλοι . Inc. Ἀσχολία — Des. — εἰ Περσεφόνην Πλούτων παρὰ Δήμητρος ἥρπασε (!), τίς τοῦτο οἶδεν ἄδηλον ἐστιν — uidetur esse fragm. epimerismorum Formae II, ab Ep. I incipiens, ad Ep. V pergens (an F. III? cf. Marc. Venet. 486). Continet hic codex praeterea de dialectis duos tractatus.

Cod. gr. 4267 (Βιβλ. μονῆς Ἰβήρων 147) s. XVI, ff. 273.

232—272r. Λεξικὸν κατ' ἀλφάβητον cum lemmatis marg. Inc. autem Ἀσχολία κ. τ. λ. Lampro anonymum.

Sunt Epimerismi formae III, cf. cod. Marc. Venet. 486. Continet praeterea liber grammatica uaria et alia permulta.

Cod. gr. 4285 (Βιβλ. μονῆς Ἰβήρων 165) s. XV, ff. 233.

110—145 »Ἐπιστολαὶ κυροῦ Γεωργίου τοῦ Λακαπινοῦ.» μετὰ κιρρᾶς διαστίχου ἐξηγήσεως καὶ σχολίων παρασελίδων. ἐν τῷ μεταξὺ καὶ Ἐπιστολαὶ τοῦ Ζαρίδου τῷ Λακαπηνῷ Ἀνδρονίκῳ καὶ Γεωργίῳ. Quae nimirum confusa sunt. Sunt Epistulae cum glossis interlinearibus et marginalibus (nisi forte, quod tamen uix crediderim, epimerismi in margine scripti sunt). Continet liber uaria permulta.

Qui numeris 1014, 2327 signati sunt codices, quamquam nomine Lacapeni inscribuntur, Syncelli opus de syntaxi continere arbitror, e libro quodam impresso descriptum. Sunt saeculi XVIII.

Bibliotheca monasterii Sinae.

Cod. Sin. 1207 s. XIV. Continet epistulas cum epimerismis Formae I. Gardthausenius[1] codicem hunc describens inscriptionem τοῦ Λακαπηνοῦ κ. τ. λ., initium Ep. Iae, finem epimerismorum Ep. Iae, initium Ep. IIIae eiusque epimerismorum finem, initium Ep. IVae, finem Ep. XXXIIae nobis tradidit, hoc addito: post finem scholia. Quae scholia nihil aliud esse possunt quam epimerismi Ep. XXXIIae (cf. Voltzium). Praeterea codici insunt opera Gregorii Theologi.

Bibliotheca Mosquensis Synodalis.

Cod. 459 ss. XV. XVI, ff. 508. Antea in monasterio Iberorum. Apud Matthaeium no CCCIII[2].

23—76 Γεωργίου τοῦ Λεκαπηνοῦ γραμματική.

---

[1] V. Gardthausen: Catalogus codicum Graecorum Sinaiticorum, Oxonii 1886.

[2] Accurata codd. Gr. Mss. bibliothecarum Mosq. sanct. synodi notitia et recensio, ed. Chr. Fridericus de Matthaei, Tom. I, Lipsiae 1805, p. 199.

Inc. *ἀσχολία λέγεται ἡ πολλὴ περί τι σπουδὴ καὶ σωματικὴ ἀμέλεια* (sic apud Vladimirum).

Des. *τὸ ὡς — μὴ πολιορκήσουσιν(!) αὐτήν*; post quae additum est: *ὡς, ἀνατολὴ κ. τ. λ.*, uide excerpta Matthaeii p. 79. Est liber epimerismorum Formae III.

Ex eo codice Chr. Fr. Matthaei »excerpta ex grammatica Georgii Lecapeni» edidit in libro, qui inscribitur: Lectiones Mosquenses (uol. I, Lipsiae 1779, p. 55—79). Theodorus Korschius quae ad Libanium spectant in usum Richardi Foersteri ex eodem codice descripsit (Foerster, De Lib. ll. mss. Ups. et Linc. commentatio, p. 8).

Bibliotheca Caes. Vindobonensis.

Codicem Vindobonensem gr. 282 detrimentum cepisse e descriptione Nesselii apparet (»est chartaceus, bonaeque notae, in quarto, constatque *nunc* foliis centum nonaginta sex, quo continetur Lycophronis chalcidensis Cassandris(!) cum Anonymi Commentariis»).[1] Ludouicus Bachmannus (Anecdota graeca II, Lipsiae 1828, p. 423 sqq.), quid in hoc codice insit, accuratius indicat. Post Cassandram enim sequuntur fragmenta quaedam grammaticalia, quorum tertium initium Lacapeni epimerismorum Formae II exhibet. Desinit autem iam in *ἀσχολία* uocabulo (Ep. 1)[2]. Fragmentum quartum, ipsum quoque apud Bachmannum anonymum, initium est operis illius Michaëlis Syncelli *περὶ τῆς τοῦ λόγου συντάξεως*.

Bibliotheca Uniuersitatis Basileensis.

Cod. gr. 66 (F. VI. 11) s. XVI, ff. 205; ff. 144—205: Epimerismi Formae II, sine inscriptione. Subscr.: *Τέλος τῆς γραμματικῆς τοῦ Λακαπηνοῦ.* — Continet praeterea Thomae Magistri Eclogam uocum atticarum[3].

Bibliotheca Regia Bauarica.

Cod. Monac. gr. 50 s. XVI, ff. 496.

216—248 Epistulae I—XXXII sine glossis et epimerismis. Inscr. *Ἐπιστολαὶ κυρίου ἀνδρονίκου τοῦ ζαρίδου καὶ γεωργίου*

[1] D. Nessel: Catalogus codd. mss. Bibl. Vindob. 1690.

[2] Id fragm. Lacapeno assignandum esse iam Ritschelius uidit (o. l. p. LXXI, annot.).

[3] H. Omont: Catalogue des manuscrits grecs des Bibliothèques de Suisse (Centralblatt für Bibliothekswesen, III. 9, 10. 1886).

τοῦ λακαπηνοῦ. »In fine harum epistolarum nomen scriptoris in monocondilio sic legitur: *Νικόλαος ἐξ ἄρτης καὶ αὐλώνης ἔγραψα*» (Hardtius)[1]. Una cum epistulis Planudis (ff. 118—215) epistulae nostrae ab initio unum uolumen effecerunt, Nicolai manu totum exaratum. Folia, quae illa opera praecedunt et sequuntur (dico 117 et 249), uacua sunt. Folio 117^r inscriptum est *Μιχαῆλος Ζοφιανοῦ*; 117^u *ὦ κύριε μου, δίδο* (sic) *μοι καλὴν ἀρχὴν καὶ τέλος*. Cetera, quae nunc inuolucrum unum complectitur — sunt autem Epp. Synesii (ff. 1—71), Libanii Epistulae et Declamationes (72—101)[2], Epp. Gregorii Cyprii (102—116), Epp. Isidori Pelusiotae (250—496) — eadem manus, a manu Nicolai diuersa, exarauit. Charta quoque, in qua scripta sunt ea opera, quod ad glutinum quidem attinet, quo laeuigata est, a charta libri Sophiani discedit.

Cod. Monac. gr. 529 s. XIV, ff. 256.

23—69 Liber epimerismorum Formae II. De inscr. u. supra, p. xxix. Folia 61—70 menda taeterrima foedata sunt, quae non folia reliqua omnino intacta reliquit. Extra lemmata, quae rubricata in marginem translata sunt, litteras initiales singulorum lemmatum in margine ultimo atramento pictas inuenio. Eodem modo actum est in eo opere, quod inscribitur: *τοῦ σοφ. Νικηφόρου Γρηγορᾶ τεχνολογία περὶ γραμματικῆς*, quod foliis 86—99 inest. Esse hoc uestigium operae, qua praeparabatur lexicon quoddam, ordine alphabetico instructum, suspicor (cf. p. XXXIII). De operibus ceteris uariis, quae continet hic liber, u. catalogum Hardtii et Opera Libanii ed. Foerster, uol. V, p. 185. E signis uetustis, quae hic illic remanent, librum XXXVIII quaterniones, singulas VIII foliorum, olim complexum esse puto. VIII enim lacunas non minus mihi uideor detexisse. Quas res hoc loco satis erit significasse.

Codices ambos Monacenses Upsaliae a. MDCCCCIX contuli.

Bibliotheca Parisina Nationalis.

Cod. Coisl. 341 s. XIV—XV, ff. 394.

»Epistolarum collectio, initio mutila, cum scholiis grammaticis (214) — inter quae Georgii Lecapeni et Andronici Zaridis epistolae mutuae (247^u)». Omont III, 185 sq. — Formae I.

391^r legitur haec subscriptio: *Ἐγράφη διὰ χειρὸς Καλλινίκου ἁμαρτωλοῦ μηνὶ ἀπριλίῳ ζ' ἔτους ,ςωκε' ἰνδ α' ἡλίου κύκλῳ κβ'*

[1] Cat. codicum mss. Bibl. Bauaricae. — uol. I: Codices gr. ed. Ign. Hardt, Tom. I, Monachii 1806.

[2] Cf. Opera Lib. ed. Foerster, uol. II, p. 58 sq.

σελήνης κύκλω ε´ ἡμέρα ς´ τελεσθείς. Quae subscriptio multos in errorem induxit. Velut ex ea Max. Treu (Ep. Plan. p. 210) de Epistulis Moschopuli haec concludit: »itaque epistulas illas, si quidem id quod opinor Callinici manu descriptae sunt, Moschopulus composuit ante annum aerae Christianae 1317«. Sed, id quod mox uidebimus, a Callinico non descriptae sunt, quamuis de aetate epistularum Moschopuli recte fortasse iudicauerit uir egregius. Et Ludouicus Voltz (o. l.) semel atque iterum hunc codicem uetustissimum codicum epistulas Lacapeni continentium nominat. Quod iudicium deinde Krumbacherus confirmat. — Opus Lacapeni f. 214 inc. a uoc. ἁπλοῦς, des. f. 304. Ep. 1 eiusque epimerismi primi desunt. Una cum Epistulis Moschopuli V (Treu, l. l.), Epp. Cabasilae (X, quarum una ad Cabasilam responsoria), Pauli Silentiarii Thermis unum librum effecisse testantur charta eiusdem speciei et numerus uersuum, qui in quaque pagina fere idem est. Itaque totus fere codex epistulas continebat; sed Silentiarii opus additum est scholiorum a Moschopulo factorum causa. Continebat ille liber, antequam folium 1 abscissum esset, folia 151 (nunc 214—363); exaratus est s. XV. — Praecedit Philippi Solitarii Dioptra s. XIV exarata. Sequitur ff. 364—390 libellus de Anthimo s. XV (initio mutilus). — Huic toti codici, cum partes diuersae conglutinarentur, custodiarum loco addita sunt in initio duo, in fine quattuor folia membranacea, reliquiae libri cuiusdam aliquanto uetustioris (cetera sunt nimirum chartacea), quorum foliorum a fine quarto, quod est, inscriptio laudata debetur. Haec folia ascetica quaedam Isidori Pelusiotae continent. Quae fragmenta Isidori, si quis cum foliis eiusdem opera continentibus, in multis codicibus Bibl. nat. dispersis, conferre uelit, operam fortasse non perdat.

Tamen iam Montefalconius, quo erat admirabili iudicii acumine, non totum codicem eiusdem aetatis esse animaduerterat. In Bibliotheca enim Coisliniana, (Parisiis 1715) p. 451 haec habet: »in medio sunt multa recentiore manu. — fol. 214 Excerptum ex grammatica quadam, longe posteriore manu scriptum. Init. ἁπλοῦς. Inter exempla grammatica quae adferuntur fol. 130 [leg. 230] in m. scribitur τῷ Παλαμᾷ.« — et postea: »Hactenus Epistolae quasi exempla grammatica cum notis interlinearibus et annotationibus adferuntur«. Montefalconius igitur epistulas ad grammaticam, quam uocat, illustrandam scriptas esse credidit; atque non defuerunt, qui nuper, auctoritatem eius grauissimam secuti, eiusdem opinionis participes exstarent. (Cf. quae supra diximus p. XXXII et alibi). At Montefalconio id quodam modo ignoscendum erat, quippe cum folio primo iam tum abscisso opus Lacapeni in cod. hoc Coisl. ab epimerismis Ep. I inciperet.

Cod. gr 2136 s. XVI, ff. 245. F. 188: »Georgii Lecapeni epistola». Insunt autem re uera ff. 188—200 Epp. VII et XI cum glossis interlinearibus. Priori inscriptum est *τοῦ Λακαπηνοῦ*. De ceteris, quae continet hic liber, u. H. Omont; »fragmenta grammatica», quae ille f. 242 sqq. adesse dicit, sunt *τύπτω* paradigma et figurae, quae uocantur syllogisticae, exemplis illustratae.

Cod. gr. 2508 s. XV, ff. 268. »Anonymi epistola: *Τῷ μηδὲν ἡμᾶς σοι γράφειν* . . . (260); — Georgii Lecapeni opusculum de uocum quarumdam atticarum significatione (260ᵘ)». Sunt epistolae I et II cum epimerismis, Formae I, sine inscriptione. »Ars grammatica» Planudis, quae Lacapenum sequitur, est tractatus ille de uerbis transitiuis et intransitiuis. Ante epistulas folia uacua nonnulla. Quod ad cetera attinet cf. Henricus Omont, Inventaire II, p. 274.

Cod. gr. 2938 a. 1480—1481, ff. 272. »Georgii Lecapeni partitiones, initio mutilae (183); — eiusdem(?) Homeri canonismata (237); —» De qua descriptione Omontii, aliqua ex parte minus accurata, u. p. XXII. Continet hic liber praeterea opera Demosthenis et Aristotelis.

Est liber epimerismorum Formae II.

Cod. gr. suppl. 1090 s. XVI, ff. 346. »Georgii Lecapeni epistolae XIV. (314)». Epistula autem XIV non ad finem perducta est: desinit enim in his uerbis: *τῶν συγκαθημένων ἐναγόντων ἀντὶ κορυφαίου.*

Glossis interlinearibus instructae sunt tres priores. Post fol. 340^r, quo finitur fragmentum Lacapeni, folia 6 ½ uacua relicta sunt. Codex in fine praesertim tineis corrosus est. De uariis, quae hoc libro continentur, u. descriptionem Omontii (Inventaire III 338).

Codices quinque illos a MDCCCCIX Parisiis contuli.

Bibliotheca Oxoniensis Bodleyana.

Cod. Baroccianus 103 s. XV ineuntis, ff. V+132+V: uacua sunt 8—10, 121—122, quorum Coxius cum numeros foliorum indicaret, nullam rationem habuit[1].

80—119^r (Coxio 77—115) *γραμματικὴ κατὰ στοιχεῖον τοῦ Λεκαπηνοῦ*. Adsunt epimerismi Formae IIIᵃᵉ integri. De ordine, quem sequuntur singula uocabula, supra iam dixi (p. XXX). Continet prae-

[1] Coxe: Cat. cod. msc. Bibl. Bodleyanae I, Oxoniae 1853.

terea liber haec: ff. 1—7 apophthegmata diuersorum, poëtarum scilicet, philosophorum aliorumque; 11—79 Moschopuli *συλλογή* et eiusdem *περὶ ὀνομάτων;* 119ᵘ—120ᵘ fragm. gram. Nicephori Gregorae; 123 eiusdem de Kalendis; 124—127ʳ de dialectis tractatulum; 127ᵘ—132 de uerborum syntaxi (fragmentum est: non enim ultra *α* litteram progreditur). Opera Moschopuli Lacapenique et grammatica Nicephori eadem signorum quaternionum serie inter se coniunguntur, quae a *δ* littera, folio XLI uerso imposita, incipiunt et singulae VIII folia complectentes ad *ιδ'* pergunt. Signa *α β γ*, cum liber ligamento augeretur, descissa sunt. Quae opera quae praecedunt aut sequuntur, manu ab ea, quae illa exarauit, diuersa scripta recentius agglutinata sunt.

Cod. Collegii noui 297 s. XV, ff. VI+122+III; 122 uacuum[1]. 77—121 Epimerismi Formae II. Sine inscr. Subscr: *τέλος τῆς γραμματικῆς τοῦ Λακαπηνοῦ.* Praecedit uocum atticarum Sylloga Moschopuli sine inscr. Quaternionum series altera Moschopulum complectitur, altera Lacapenum. Manus duae librum exarauerunt; altera quaterniones sex priores (folia 48) Moschopuli, altera Moschopulum ad finem perduxit, Lacapenum totum scripsit. Sed manus II charta alius generis, alio atramento utitur; idem tamen est numerus uersuum. Quare librum uetustiorem, qui Moschopulum continebat, mutilum factum esse opinor; cum qua parte mutilata deinde alia charta coniuncta est, in qua quae Moschopuli operis restabant scripta sunt et opus Lacapeni additum.

Codices illos Oxonii a MDCCCCIX contuli.

Bibliotheca Phillippsiana Cheltenhamensis [nunc Dom. Fitz-Roy Fenwickii, Thirlestaine house, Cheltenhamiae].

Cod. Meerm. 364 = Phillippsii 3087. Olim Claramontanus 364. Antea Pelicerii 152. s. XIV—XV, ff. 253. Initio mutilus (cf. R. Foerster: De Lib. ll. mss. Ups. et Linc.).

149ʳ—245ᵘ Lacapeni epp. I—XXXII cum scholiis interlinearibus et epimerismis Formae I. Operi superscriptum est: *δέσποινα θ͞κε (θεοτόκε) βοήθει μοι.* Epp. singulae litteris numeratae, omnes, I—VI, VIII, IX exceptis inscriptae, et Ep. quidem XXI: *καὶ αὕτη ἡ ἐπιστολὴ τοῦ Λακαπηνοῦ. ἔγραψεν δέ, οἶμαι, πρὸς τὸν Ζαρίδην κυροῦ* [leg. *κυρὸν*] *Ἰωάννην τὸν Δοῦκαν.* Quaternionum notarum per totum librum nusquam interrupta series. Ubi epistula aliqua paginam totam occupat, uersus sunt 27, ubi epime-

[1] Coxe: Cat. codd., qui in collegiis aulisque Oxoniensibus hodie adseruantur, Oxoniae 1852.

rismi, 40. Continet praeter opera Lacapeni collectionem epistularum Libanii Lacapenianam et paroemias Gregorii Cyprii. Duo folia in fine agglutinata sunt,, quisquiliis uariis ex Eustathii commentariis in Homerum, glossis ad Psalmos, mythologiae farragine desumptis completae. Ultima pagina nomina et inscriptiones habet, quae non plane legere potui. Leopoldus Cohn et Studemundus[1] historiam atque fata Bibl. Meermannianae praeclare enarrantes, statuere, auctione publica Gerhardo Meermanno mortuo a. 1824 hunc codicem ueniisse, nec tamen tunc a Phillippsio emptum esse. In cuius tamen possessione a. 1830 erat. Haenelius enim in catalogo suo[2] descripsit (qui catalogus illo anno prodiit). Intermisso autem tempore eum, credo, Henricus Drory possedit, cuius nomen inuolucro inscriptum est, infra quod nomen manu Phillippsii scripta haec leguntur: »I gave £ 21 for this old Gr. ms. which contains» .. (sequitur index, qui demonstrat Philippsium credidisse librum Orationes ineditas Libanii continere); et postea: »I had it wrong lettered by C. Lewis».

Cheltenhamiae a. MDCCCCIX inspexi.

Bibliotheca Uniuersitatis Upsaliensis.

Cod. gr. 28. (Benzelius 2, olim Rolambianus appellatus) s., ut uidetur, XV in.[3]; misc. chart. formae, quam dicunt, quadratae. Folia VIII+456, quorum uacua 377^u, 378^r, 402^u, 456^u; paululum lacera 1,151, 456. Ceterum codex optime conseruatus est, manibus uariis nitide scriptus. Saeculo XVII exeunte duobus ligaminibus gallicis ligatus est, quorum alterum ff. II+225+II, alterum II +231+II tegit. Partes illae litt. A et B insignitae sunt, folia numeris signata. Bis uel ter uestigia signorum quaternionum inueni, sed maximam partem signa illa in libro ligando decisa sunt. — De huius libri fatis haec comperi: Claudius Rolamb, senator nobilissimus Suecanus, in eo itinere, quod mandata Caroli X Gustaui apud

[1] Cohn et Studemund: Codices ex bibliotheca Meermanniana Phillippici (!) graeci, Berolini 1890.

[2] G. Haenel: Catalogi librorum mscr. qui in bibliothecis Galliae, Heluetiae, Belgii, Britanniae asseruantur, Lipsiae 1830.

[3] Palmroothius in praefatione editionis Epp. Lib. (u. infra) dicit Norrmanno suboluisse librum hunc Lacapeni ipsius fuisse. Deinde Celsius (Hist. Bibl. Ups. u. infra) medio decimo quarto saeculo scriptum esse putabat. Priorem saltem opinionem falsam esse demonstrat inter alia Epistula folio 151^r inscripta, ubi de Orchanis Sultani morte mentio fit; qui a. 1357 occidit. Haud scio an Vilelmus Lundström, cum librum a. fere 1400 exaratum esse dicit (Prolegomena in Eunapii uitas), uere iudicet. Foersterus s. XV adscribit.

Muhammedem IV persequens annis 1657/8 suscepit, eum accepit Constantinopoli[1]. Deinde in bibliothecam Rolambianam illatus ad Lennam, uillam Uplandiae, conseruatus est, donec Laurentius Norrmannus a. 1685 mutuo eum accepit eiusque partes quasdam foras edidit. Per iura deinde reductionis reipublicae addicta est tota illa instructissima bibliotheca et Bibliothecae Uniuersitatis Upsaliensis dono data, in quam a. 1693 intrauit[2]. Ab eo igitur anno codex noster in Bibl. Uniu. Ups. seruatur. — Descripserunt Ericus Benzelius iunior, cuius catalogus accuratissime factus in Bibl. Ups. manu scriptus seruatur, Olaus Celsius (Bibliothecae Upsaliensis Historia, auctore Olauo O. Celsio, Upsaliae 1745, pp. 123—133), Richardus Foerster (De Lib. ll. mss. Ups. et Linc. com. p. 7 sq., ubi de iis praesertim, quae ad Libanium attinent, copiosissime disserit). Carolus Graux denique Celsium et Foersterum secutus (Foersterus autem auctoritate Alexandersonii nititur) indicem satis mancum eorum dedit, quae continet liber[3]. Quare hic dabo accuratiorem:

1r *πίναξ ἀκριβὴς τοῦ παρόντος βιβλίου*, in quo id memorabile est, quod inter Synesii opus de insomniis et elogium funebre Gregorae in memoriam Metochitae habitum *ἡμέτεροι λόγοι δύο προσφωνητικοὶ καὶ ἐπιστολαὶ δέκα* memorantur. Quae si mentio uera est, satis magna lacuna est inter folia 150 et 152. Atque codicem hoc loco detrimentum cepisse demonstrat f. 151 lacerum.

— Epistula anepigrapha lectu difficilis. Inc. *τῆς μουσικῆς βιβλίον, ὅπερ ἀπέσταλκα τῇ σῇ ἱερότητι.* Des. *αἰσχύνονται δ'οἱ φθονοῦντες* — 1u De constructione participii; inc. *εὐθεῖα μετοχικὴ*

[1] De quo itinere librum a. 1658 conscripsit Rolambius, hoc titulo praeditum: Kort Beskriffning om thet som wid den Constantinopolitaniske Resan är föreluppit; qui liber a. 1679 foras editus est. Neque tamen in libro illo neque in Diario Rolambii, quod in Regia Bibliotheca Holmiensi seruatur, de codice nostro quidquam inueni.

Rolambium autem eum illo itinere accepisse uel id demonstrat quod L. Norrmannus in Praefatione libri illius, qui inscribitur *'Αριστείδου λόγοι δύο κ. τ. λ.*, codicem nostrum sex lustra annorum hospitio Rolambii fructum esse testatur. Prodiit autem liber ille a. 1688.

[2] Foersterus a. 1686 dono datum esse Academiae Upsaliensi affirmat. C. Graux uacillat inter 1686 et 1693 (cf. p. 17 et 23 o. infra l.). Sed a. 1686 quidem Bibliotheca Delagardiana huic Uniuersitati donata est, 1693 Rolambiana.

[3] Charles Graux et Albert Martin, notices sommaires des Manuscrits Grecs de Suède, Paris 1889, p. 33 sqq. (Archives des Missions scientifiques, 3e série, tome XV).

εἰς πρῶτον πρόσωπον λεγομένη. Des. εἰ δὲ τρίτον, πρώτω καὶ δευτέρω.

2—9r Ἀριστείδου ῥήτορος πρεσβευτικὸς πρὸς Ἀχιλλέα.

9u—17 eiusdem κατὰ τῶν ἐξορχουμένων, cum glossis interlinearibus et marginalibus uterque. Quas orationes ex hoc codice cum commentariis et uersione latina edidit Laur. Norrmannus (Ἀριστείδου ῥήτορος λόγοι δύο. Upsalae MDCLXXXVII).

18—75r Epistulae 154 Libanii e selectione Lacapeniana cum glossis et scholiis, quae a Lacapeno facta esse credo, passim. Cum harum epistularum XX (quarum XVII primus) ederet Ericus Benzelius iunior (Viginti Libanii rhetoris epistolae *adhuc ineditae* — Londini Gothorum a. 1735; at confer quae dixit Joh. Christ. Wolffius, editioni suae Epistularum Libanii praefatus), codice quoque Rolambiano usus est. Ex hoc demum codice omnes illas Epp. Libanii 154, suadente Norrmanno, Andreas Palmrooth a. 1691 descripserat, quas publici iuris facturus praematura morte a. 1727 abreptus est. Seruatur manuscriptus liber eius in Bibl. Ups., uersione latina et commentariis instructus. Ceterum de iis epistulis uide Foersterum o. l.

75u—76 Eunapii βίος λιβανίου σοφιστοῦ. Vide o. l. Vilelmi Lundstroemii. Cf. R. Foerster, Libanii opera uol. I p. 1—3. (Lipsiae 1903).

77—128 Synesii Epistulae CX cum glossis interlinearibus et scholiis marginalibus.

129—150r Synesii de insomniis cum commentariis Nicephori Gregorae. Accedunt glossae interlineares et scholia marginalia.

150u—151 Epistulae uel epistularum fragmenta. 1) inscr: τῶ βελτάνδρω. Inc. ἧκεν εἰς ἡμᾶς τὰ σὰ θεῖα καὶ κάλλιστα γράμματα. Videtur responsum ferre Epistulae fol. 1r scriptae. 2) inscr: τῶ βασιλεῖ παλαιολόγω κυρῶ ἰωάννη. Inc. κράτιστε · θεόστεπτε · θεοπρόβλητε. Videtur fol. 151 pergere (hoc enim folium detrimentum cepit superne). Des. καὶ δένδρεα μακρὰ τεθήλη. 3) (τῶ αὐτῶ del.) τῶ βασιλεῖ Καντακουζηνῶ. Inc. θεοδόξαστε · θεομεγάλυντε · δέσποτά μου ἅγιε βασιλεῦ. 4) initium descissum, des. autem: καὶ τῇ κατὰ θεὸν πολιτεία, ἀνέκαθεν μέχρι τοῦ παρόντος. Sequitur formula Epistulae ad patrem spiritualem mittendae. Inc. ἡ ταπεινότης ἡμῶν διὰ τοῦ παρόντος αὐτῆς γράμματος.

152—154r Nicephori Gregorae ad Theodulum Monachum (Thomam Magistrum) Epistula Theodulique Epistula responsoria. Quas ex hoc codice edidit Norrmannus cum aliis Thomae Magistri operibus, Upsalae MDCXCI[1].

154ᵘ—157ʳ Nicephori Monodia in Metochitae mortem (uide Krumb. 297, 551).

157ᵘ—159ʳ τοῦ αὐτοῦ ἀνδρονίκῳ τῷ ζαρίδῃ. Inc. καὶ Πλάτων δὲ ὁ ᾽Αρίστωνος (uide Joannis Boivini praefat., Migne CXLVIII col. 54, Voltz p. 223 o. l.).

159ʳ—161ʳ eiusdem: τῷ Λεκαπηνῷ (rec. manu inscr.). Inc. ἐγένετό τις ἀνὴρ Καρχηδόνιος, Κλεόδημος ὄνομα. Est autem eadem epistula, quam Boivinus e cod. Vat. 1086 τῷ ᾽Ακινδύνῳ inscriptam facit.

161ʳ—164ʳ inscr. τῷ πεπαγωμένῳ τοῦ αὐτοῦ. Inc. ὁπόσα τῶν λεγομένων. »Edita exstat Hist. Byz. lib. IX, c. 11» Boivinus l. l.

164ʳ—169ʳ. Eiusdem περὶ τοῦ πάσχα τῷ Καβάσιλα (!) κυρῷ Δημητρίῳ, uide M. Treu: Der Philosoph Joseph p. 62 (B. Z. 8, 1899, 1—64); eadem inscr. cod. Monac. 145, fol. 160. Boivinus e cod. Vat. 1086 πρὸς τὸν σεβασμιώτατον ᾽Ιωσήφ inscribit, u. Migne CXLVIII, 547 sqq. (Hist. Byz. lib. VIII. c. 13).

169ʳ eiusdem (?) de pascha minutiora: ἰστέον, ὅτι δύο γένη ἑβραίων ἐπίσημα — τοῦ αὐτοῦ τῷ Καβάσιλα (!). Inc. ἥκει τις ἡμῖν ἐκ βασιλέως, cf. cod. Vat. 1086 f. 178 (Boivinus l. l., 54) — τοῦ αὐτοῦ. Inc. εἰ μὲν γράφοντας ἡμᾶς, ad Josephum philosophum scriptum. Ed. Boissonade An. Gr. III (1831) p. 189; uide B. Z. 8 (1899), p. 61, M. Treu. — τοῦ μεγάλου λογοθέτου. Inc. νέμεις ὥς φασιν τὰς βίβλους τοῖς φίλοις.

169ᵘ μέθοδος εἰς τὸ εὑρίσκειν τὴν ἀπόκρεω, τὸ πάσχα καὶ τὴν νηστείαν τῶν ἁγίων ἀποστόλων.

170 Paschalia.

171—172 uersus Philae: 1) εἰς τὸν εὐαγγελισμὸν τετράστιχον, 2) εἰς τὴν εἰκόνα — Μωσέως (aliorumque multorum), 3) ἰαμβικοὶ ὡς ἀπὸ προσώπου τῆς πρωτοστρατορίσσης τῆς Γλαβαίνης εἰς τὸν παρ᾽ αὐτῆς ἀνεγερθέντα ναὸν τῇ παμμακαρίστῳ θκῳ ἐπὶ τῷ τάφῳ τοῦ πρωτοστράτορος.

173—222ʳ Moschopuli ὀνομάτων ἀττικῶν συλλογὴ — — κατὰ στοιχεῖον, cum lemmatis marginalibus.

[1] Theoduli monachi siue Thomae magistri laudatio Gregorii theologi Nazianzeni, editore ac interprete Laur. Norrmanno, Upsalae 1691, p. 226—236. [Krumb. p. 297: Einer angeblich in Opuscula Theoduli ed. L. Normann, Upsala 1693 (sic)].

222ᵘ—225 eiusdem *περὶ ὀνομάτων*. Inc. *τῶν ὀνομάτων τινὰ μὲν δηλοῦσι πάθος*, cum annotationibus graece et latine manu rec. in margine factis.

226—260 *ἐπιστολαὶ τοῦ Λακαπηνοῦ καὶ τοῦ Ζαρίδη ἀμοιβαῖαι*. Sunt Epp. I—XXI cum glossis interlinearibus. Post Epistulam XX legitur: *ζήτει τὴν κα' ἐπιστολὴν πρόσθεν, ἤγουν ὄπισθεν*. Exstat enim Ep. XXI post Ep. VI.

260ᵘ Epistula, quae inscr. *τοῦ Κυδώνη*. Inc. *τίμιε πάτερ, πολλὴν οἶδά σοι χάριν*. Des. *παρ' ἡμῶν τῶν ἀκροατῶν ἀπαιτοῦντα*. Apud Jorium *Ἰωάσαφ μοναχῷ* inscripta est et n:o 137 insignita.[1]

261—313 *γραμματικὴ τοῦ Λακαπηνοῦ, ἣν εἰς τὰς ἐπιστολὰς αὐτοῦ ἐποίησεν*, cum lemmatis marginalibus. Epim. Formae II.

313ᵘ de aduerbiis perpauca. Inc. *ἰστέον ὅτι καθ' ὁμοιότητα*. Eadem in cod. Ambros. 295 (E 81 sup.).

314—315 *ἐκ τοῦ Γρηγορᾶ τῶν τεχνολογιῶν* (Boivinus apud Migne CXLVIII, 48 »*Τεχνολογία γραμματικῆς*. Ars grammatica. Indicatur a Morello in catalogo Bibl. Vat. fol. 5«) cum lemmatis marg. Inc. *ἰστέον ὅτι πλείστας λέξεις εὕροι ἄν τις σκοπῶν*. Des. uocabulo *εὐθύ*.

316 *τοῦ κυροῦ Μαξίμου τοῦ Πλανούδη* de iisdem. Inc. a uoc. *φοινίκη*. Des. *ἀλουργὸν δὲ χρῶμα*. Lemmata marg.

317—377ʳ — *τοῦ Θεοδούλου μοναχοῦ* — — *λόγος εἰς Γρηγόριον τὸν θεολόγον* (quam or. ex hoc cod. edidit L. Norrmannus cum uersione latina et commentariis, Upsalae MDCXCI o. l. p. 1—168).

378ᵘ Forma uenditionis aedium. Inc. *ἐν ὀνόματι τοῦ πατρὸς κ. τ. λ. ἡμεῖς οἱ ἄνωθεν κ. τ. λ.* Idem est mutatis iis, quae mutanda sunt, atque is actus, qui editus exstat apud K. N. Satham, *μεσαιωνικὴ βιβλιοθήκη*, VI, Ven. et Par. 1877, p. 612 sq.

379—381ʳ *προσφωνητικός — τῷ Ἀγγέλῳ* Theoduli Ed. Norrm. o. l.

381ᵘ—384ʳ *προσφωνητικός — τῷ Μετοχίτῃ*. » Ed. Norrm. o. l.

384ʳ—386ᵘ *προσφ. — εἰς Νίφωνα*. » Ed. Norrm. o. l.

386ᵘ. Epistula anonymi. Inc. *ἀπεδεξάμην σου τὴν ἐπιστολήν, ἣν ἀπέσταλκας*. Des. *καὶ προξένει σεαυτὸν πράγματα*.

387—394 Thomae magistri Epistulae sex, quas ex hoc codice edidit L. Norrmannus (o. l. p. 202—226).

---

[1] G. Jorio, l'Epistolario di Demetrio Cidone (Studi Italiani di Filologia classica 4, 1896, p. 281).

395—396ʳ eiusdem εἰς τὸν ῥῆγα τῆς Κύπρου. Norm. o. l. p. 194—201.

396ᵛ—398 Γρηγορᾶ τῷ Καβάσιλα (!). Inc. σὲ δὲ θαυμάζειν οὐ χρή. Cui operi Ἀθανασίῳ [τῷ Παλαιολόγῳ] e cod. Vat. 1086 f. 91 inscribit Boivinus (l. l. col. 53).

398ᵛ τοῦ αὐτοῦ τῷ παρακοιμωμένῳ κυρῷ Ἀλεξίῳ τῷ Ἀποκαύκῳ. Inc. Ἀναξαγόραν, ὅτου χάριν εἰσγενέσθαι. Boivinus eius Epistulae non facit mentionem. Folia 396ᵛ—398 eadem exarata sunt manu, qua Epistulae IV anonymae foliis 150ᵛ—151 scriptae sunt.

399—402ʳ eiusdem προσφωνητικός ad regem. Titulus erasus est. Inc. ἄλλος μὲν ἄν τις, κράτιστε βασιλεῦ.

402ʳ τοῦ αὐτοῦ εἰς τὸν εὐσεβέστατον βασιλέα κυρὸν Ἰωάννην τὸν Καντακουζηνόν. Inc. ἥκομεν αὖθις τὰ σὰ θαυμασόμενοι —. Fragmentum est. Des. enim uocabulis his: ὑποζεύξῃς ζυγῷ, πῶς (402ᵛ uacuum est).

403—437ʳ eiusdem διάλογος Φλωρέντιος ἢ περὶ σοφίας, cf. A. Jahnium (Jahns Jahrb. Suppl. 10, 1844, p. 485—536 et Suppl. 11, 1845, p. 387—392), qui hunc dialogum e cod. Basil. F VIII 4 edidit.

437ʳ. De personis dialogi. Inc. ἰστέον ὅτι ὁ παρὼν διάλογος.., quae editioni Jahnii non insunt. — Inter eam personarum explicationem atque finem dialogi est inculcata epistula XXIII Epistularum magni Basilii et Libanii mutuarum. Quae epistula apud Wolffium est 1601.[1]

437ᵛ—440. Epistulae XXII mutuae Libanii et Basilii magni. Post Ep. XXII inscr.: ζήτει ἑτέραν ἐπιστολὴν ὀπίσω πρὸ τῶν δ' φύλλων.

441—448 τοῦ Φακρασῆ κυροῦ Γεωργίου τοῦ πρωτοστράτορος διήγησις — — τῆς διαλέξεως — τοῦ Παλαμᾶ καὶ Γρηγορᾶ φιλοσόφου Νικηφόρου, quam mox in lucem prodituram spero per Vilelmum Lundström. Exstat in codd. Monac. 554, Athois 3728 (v. Krumb. p. 105), 3726, 2524, 4492, 5439, aliisque.

449—452 μερικαὶ θεολογίαι. Sunt argumenta dogmatum Hesychastarum, e scriptura sacra et patribus petita. Inter quae est tractatus de natura Dei ff. 450—452, qui inc. ἐπειδὴ πολλάκις σοι παραινέσας ὅρια μὴ κινεῖν. Credo esse Palamae.

---

[1] Ea Epistula Foersterum fugit. Dicit enim o. l., p. 7. »Epistulas Libanii et Basilii ut uno uerbo persequar, in hoc codice eaedem quae in codicibus plurimis reperiuntur 22 — — desunt igitur quatuor: *1601*, 1603 usque ad 1605«.

453r πίναξ theologicarum partium, quae supra scriptae sunt. μαρτυρίαι ἁγίων, ὅτι οὐ χρὴ προσέχειν λέξεσιν, ἀλλὰ πράγμασι καὶ τὸν σκοπὸν ἐξετάζειν τοῦ γράφοντος.

453u—454 διάλεξις τοῦ Παλαμᾶ, ὅτε αἰχμάλωτος ἐγένετο περὶ πίστεως κ. τ. λ. Inscriptio ex parte erasa. Sed fol. infimo haec leguntur manu rec. adscripta: τοῦ Παλαμᾶ πρὸς τοὺς ἰσμαηλιτὰς περὶ πίστεως. Inc. ἐμοὶ οὐκ ἔδει ἀπολογηθῆναι νῦν — —.

455r ἀποφθέγματα τῶν ἑπτὰ σοφῶν et similia.

455u στίχοι τοῦ Φιλῆ εἰς τοὺς λόγους τοῦ Θεολόγου τοὺς ἀναγινωσκομένους.

456r — τὴν ρν ἐπισκόπων παρουσίαν. Inscr. e parte deleta. Inc. τὴν ἐπισκοπικὴν σεμνύνων παρουσίαν.. Des. πληγῆς πονηρᾶς ἀντιφάρμακον πόσης.

Codicem annis MDCCCCVIII—MDCCCCX perscrutatus sum et quae ad Lacapenum attinent contuli.

GEORGII LACAPENI

EPISTULAE DECEM PRIORES.

Index siglorum, quibus usus sum.

C	=	cod. Coislinianus 341.				
M	=	»	Monacensis 50.			
U	=	»	Upsaliensis 28 b.			
S	=	»	Parisinus	Bibl.	nat.	Supplementarius 1090.
Pa	=	»	»	»	»	2508 (Ep. I. II).
Pb	=	»	»	»	»	2136 (Ep. VII).

Ἐπιστολαὶ Γεωργίου τοῦ Λακαπηνοῦ.

α΄.

[Ἀνδρονίκῳ τῷ Ζαρίδῃ].

Τῷ μηδὲν ἡμᾶς σοι γράφειν ἀχθόμενος, ταὐτὰ διδάσκεις πάσχειν τοὺς οὔπω μεμψαμένους σου τὴν σιγήν. εἰ δ᾽εἰς τὴν τοῦ κατηγορεῖν ἡμῶν συνηγορίαν τὴν τοῦ μὴ διαλείψειν γράφοντας ἐπαγγελίαν προΐσχῃ, προπετῶν ἀνδρῶν ἔοικας φίλτρον θηρεύειν, ὑποσχέσεις ψεύδεσθαι βουλομένων. ἀλλ᾽ ἀπολυθήσῃ καὶ σύ γε δικαίας μέμψεως, εἰ τοὺς ἐκεῖνα ἐπινεύσαντας μὴ κυρίους νῦν αὐτῶν τυγχάνειν νομίσαις. δῆλον γάρ, ὡς εἰ δήπουθεν καὶ ἐπὶ σὲ γραφήν τις ἀπενέγκαι ῥᾳθυμίας, τὰ περιεστῶτα πράγματα αἰτιάσῃ. οὐδὲ γὰρ αὐτὸς μὲν ὑπισχνούμην τότε, σοὶ δ᾽ἐπέτρεπον τὸ σιγᾶν. οἷς οὖν ἐγκαλῶν, ἐμπίπτοις ἂν εἰς ταὐτὰ εἰκότως, ταῦτα πῶς οὐ παντελῶς ἀκίνδυνον εἰ ὑπερβαίνοις. καὶ μὴν καὶ τοῦτό σου βίαιον, εἰδέναι μὲν τοὺς φίλους ἀσχολίας εἰς τοῦθ᾽ ἥκοντας, ὡς μηδ᾽ ἁπλοϊκὰ δύνασθαι συντιθέναι, εἰς μελετώμενα μέντοι γράμματα δικαιοῦν αὐτοὺς μεταφέρειν. πρῶτον μὲν γὰρ οὐχ ὅσιον, δεῆσαν πρὸς ἄμοιρον λόγων γράφειν, οἷάπερ εἰς Πανελλήνιον ἀναγινώσκεσθαι γράφειν· ἔπειθ᾽, ὅτι νῦν οὐδ᾽ ἀφορμὴν ἡντινοῦν ἀγῶνος παρέσχες. οἶσθα δέ, ὡς οὔτε γραφικὴν ἀγαθός τις, οὔτ᾽ οἰκοδομημάτων ἐργάτης πρέπων, ἐπιλειπόντων τῇ τέχνῃ, δι᾽ ὧν ἂν φανείη. εἰ δ᾽αὐτὸς ἔτι γε ἐγκείσῃ καὶ οὐκ ἀνήσεις ἀναγκάζων τοιαῦτα, μάλιστ᾽ ἂν θαυμάσαιμι καὶ δυσχεράναιμί σου τὴν ἐπὶ τοῖς οὐ προσήκουσι γνώμην.

---

1 πάσχειν om M 4 φίλτλον U 7 αὐτῶν S cum gl. ἑαυτῶν. (idem Meerm.) 8 ἐπενέγκαι Pa 11 οὐ om Pa 12 ταῦθ᾽ pro τοῦθ᾽ Pa 19 γε om Pa 20 δυσχεραίναιμι S.

E glossis.

3 γράφοντας· ἡμᾶς πρὸς σέ 9 ἐπέτρεπον· ἐνεδίδουν, συνεχώρουν 10 ἐμπίπτοις· φαίνοιο 13 ἁπλοϊκά· κοινά 15 ἄμοιρον λόγων· οἰόσπερ εἶ σύ 16 ἀφορμήν· ὕλην, ὑπόθεσιν.

β'.

[Ἀνδρονίκῳ τῷ Ζαρίδῃ].

Ὃ πάλαι φίλτρον ἡμῖν ἐνέτηξας, τοῦτ' ἴσθι τηρούμενον. εἰ δὲ δὴ καὶ δίκας ὧν ἡμᾶς ἀπὼν δρᾷς εἰσπράττειν δεῖν κρίνοι, εἰκότως ἂν αὔξοιτο· σοὶ δὲ συμφέρει μὲν ἴσως οἷον ἀδικεῖς οὐκ εἰδέναι. βλάπτῃ δὲ ἄλλως οἷς φιλῶν ἀδικεῖς. οἱ δ' ἐν ἑταιρίᾳ, πολλὰ μὲν ἡμᾶς ἐν παρεωραμένοις βλέποντες, ἀνιῶνται. οὐκ ἔχουσι δὲ ἀμύνειν οὐδ' οὕτως. εἰ δὲ καὶ τὸ ἄλγος σε ἀποκρύπτονται, ἀπηγορευκότες καθεύδουσι. σὺ γὰρ δὴ γράμματα μὲν εἶ δεινὸς ἀπαιτεῖν, κἂν μὴ τὰ σοὶ δεδογμένα πέρας εὐθὺς ἔχῃ, καταπεφρόνησαι καὶ τῶν ἡτιμασμένων ἐν τοῖς λογισμοῖς σαυτὸν οὐδὲν ἄγεις ἀμείνω. εἰ διαφέρει δὲ καὶ τοῖς ἄλλοις πρὸς σὲ τοῦτό γε, τοῦτο δ' οὐκ ἐν ταῖς ψήφοις. ἐγὼ δ' ὁ πολλάκις ἐμαυτὸν τῆς τύχης εὐδαιμονίσας, ἀναμνῆσαι μὲν ἐβουλόμην σε τῶν προτέρων ἐκείνων, καὶ διὰ τῶν σῶν ἐλθὼν ἐν ὀλίγοις ἄξια πλείστου δεῖξαι. τὸ μέντοι νῦν δρᾶμα τῶν κολάκων οὐ πόρρω με στῆσαι δύναται. τοσοῦτον ἀντᾴδει σοι τοῖς ὡμολογημένοις τὸ πρᾶγμα, καὶ εἰς τοὺς φιλεῖν εἰδότας ἀριθμούμενος τότε, τὰ τῶν μελαγχολώντων παρὰ σοὶ νῦν ὑπυμένω· οὕτως οὐδὲν ἱερὸν τὰ ἡμέτερα πάντα τίθεσαι. ὁ δὲ Ζειανὸς καὶ καταλαμβάνων Πέργαμον καὶ τῇ Κωνσταντίνου ἐπιδημῶν, καὶ ὅποι ποτὲ δεήσειεν ἐφιστάμενος, τὴν περὶ ἡμῶν περιφέρει μνήμην. καὶ πολλὰ μὲν καὶ οὗτος τὴν σὴν σιγὴν δυσχεραίνει. ὑφ' ὧν δ' ἂν ἐψυχαγωγεῖτο, τοὺς μὲν ταὐτὰ πάσχοντας οἶδεν· εἰσὶ δὲ καὶ οὓς αἰσθάνεται συναλγοῦντας. καὶ πολλάκις μὲν ἠναγκάσθη πρὸς σέ τι φορτικὸν ἀφεῖναι. ἧς δὲ λόγος ἡττᾶσθαι πάντα, κρατήσας ταύτης σεσίγηκεν. ἣν οὖν ποθ' ἡμεῖς ἐλπίδα σεμνὴν ἐβόσκομεν, Ῥαμηνὸς νῦν καρποῦται, καὶ ὃ βέλος ἐφ' ἡμᾶς ὁ καλὸς ἔρως ἀφῆκεν, ἐπὶ τὸν δεῖνα ἠνέχθη. ἆρ' ἔχει λόγον ἡ μέμψις;

1 φίλτρον e φίλτλον corr. U 4 οὐδ' pro οἵ δ' C 6 ἀποκρύπτωνται S 8 ἔχει S 9 ἠτοιμασμένων S ἠτιμένων Pa 11 δ' οὐκεῖν S | δὲ ἐμαυτὸν, ὁ πολλάκις omisso, Pa 12 σε om C 22 μὲν om Pa 25 σεμνὴν om M

7 ἀπηγ. καθεύδουσι· τουτέστιν ἀποπεπτώκασι ῥαθυμήσαντες 9 καταπεφρόνησαι· ἀπὸ τοῦ λογισμοῦ σου 13 ἐκείνων· ἀφ' ὧν ἦλθον εἰς τὴν σὴν διάθεσιν. 22 τοὺς μὲν· ἤγουν ἡμᾶς | πάσχοντας· ὑπὸ σοῦ 24 ἧς δὲ· ἀνάγκης φημί et in marg: ἀνάγκης καὶ οἱ θεοὶ ἡττῶνται 27 ἆρα εὔλογός ἐστιν ἡ μέμψις, ἣν μεμφόμεθά σοι;

γ'.

Ἰωάννῃ τῷ Ζαρίδῃ.

Ἐμοὶ σὺ δοκεῖς, εἰ δικαίαν ἕλοιο θέσθαι ψῆφον, σαυτὸν ἂν αἰτιάσασθαι, τοσούτου χρόνου πρὸς οὓς οὐκ ἔδει σιγήσαντα, ἀλλ' οὐ ταυτηνὶ τὴν ἐπιστολὴν ὡς φαύλην ἀπώσεσθαι. ἐκεῖθεν γὰρ ἡμῖν ἐμπεσοῦσα λύπη βραδεῖαν τὴν γνώμην ἔθηκεν· εἰ δὲ καὶ τὴν γλῶτταν ταὐτὸ συνέβη παθεῖν, οὐδὲν θαυμαστόν, ἐπειδὴ καὶ λύρας οὐχ ἡρμοσμένης ὁ μουσικὸς ἂν ἔχοι τὴν αἰτίαν ὡς ἀφυής. σὺ γάρ ὅμοιόν τι πεποίηκας, φίλτρον οὕτω λαμπρὸν ἀστράψαν ἐξαίφνης σβέσας, ὥσπερ ἂν εἰ διψῶντι κύλικα δείξας ἔκρυψας. τοσοῦτο δὲ ἄρα κακὸν ἡμῖν ἀδόκητον ἔδωκας, ὥστε καὶ ὑπενεγκεῖν εἰς ἀπορίαν, εἰ τελεῖς εἰς τοὺς ὄντας. διὰ τοῦτο δὴ καὶ παρ' ὑμῶν τις ἀκριβῶς ὡρμῆσθαι λέγων οὐκ ἐπιστεύετο. καὶ πρὸ τοῦ μὲν ἐπ' ἐνίων αἴτησις γραμμάτων ἐγίνετο· διδαξάσης δὲ τῆς πείρας, μέχρι πλείστων ἐκταθείσης, περιττὸν ἐνόμισα μάτην ἐνοχλεῖν τοὺς ἀνθρώπους. κἂν ἡ λύπη διὰ τέλους ἐκράτησεν, εἰ μὴ τοὺς λογισμοὺς, ἤδη μοι πεσεῖν κινδυνεύοντας, ὁ καλὸς ἐπήγειρε Γερμανός. ἐγὼ μὲν γὰρ οὐδὲ τὴν ἀρχὴν ἠξίουν προσέχειν, μὴ ταράττειν πεπληγμένον δεόμενος, μηδ' ἐξαιρεῖν τὸ βέλος ἐπιχειροῦντα πλέον ἐπιτρίβειν τὸ τραῦμα. ὅδ' ἐν οἷς εἴης τε καὶ σπουδήν τινα σὴν περὶ αὐτοῦ διηγεῖτο. καὶ μεταστὰς εἰς τὰ περὶ ἡμῶν, οὐδ' ἂν εἰπεῖν ἔχοιμι τὰς ἐπῳδάς, αἷς με γοητεύσας ῥᾴω κατέστησε, λύσας ἐγκλήματα πάντα τὰ κατὰ σοῦ τῷ τὰ βελτίω μηνῦσαι. ἔφη γάρ, ἐπῆν δὲ καὶ ὅρκος· ἐκεῖνον, ὦ βέλτιστε, σὺ τοσοῦτον ἐξέπληξας καὶ οὕτως εἷλες αἰχμάλωτον, ὡς πρόσθεν ἂν αὐτὸν πρὸς αὐτὸν μάχην ἄρασθαι, ἢ τῇ πρὸς σὲ φιλίᾳ πολεμοῦσαν τὴν γνώμην κτήσασθαι. μένοντί τε γὰρ κατὰ χώραν τοὐπὶ τῇ μνήμῃ σύνει, καὶ ὅποι ποτ' ἀφίκοιτο, τῇ διανοίᾳ σε περιφέρει. καὶ πολλάκις δὲ γινομένων λόγων ἐν ὁμίλῳ κοινῷ, σὺ τὸ καλὸν προοίμιον καὶ τῶν ἐπαινουμένων ὁ κολοφών. πλέκει δὲ τὸν στέφανον οὐχ ὁ κρότος μόνον τῶν εὐφημούντων, ἀλλὰ καὶ

3 ἀπώσασθαι C ἀπέσεσθαι S 9 τοσούτω C τοσούτω e τοσοῦτο corr U | δέδωκας U 19 περὶ αὐτόν U M 24 πρὸς αὐτὸν C S 25 τοὐπὲ S τοῦ πί M 28 κολαφών M

2 αἰτιάσασθαι · μέμψασθαι 3 ἀπώσεσθαι · ἀποπέμψειν | ἐκεῖθεν · ἀπὸ τῆς σιωπῆς 22 in marg.: ὁρκῶ σε καὶ ὁρκίζω σε, φησὶ Δημοσθένης, ὡς τὸ ἐμποδῶ σε καὶ παρὰ Δημοσθένει καὶ παρὰ Ἰουλιανῷ 24 πρὸς αὐτόν · καθ' ἑαυτοῦ.

φθονερῶν τὰ πρόσωπα πίπτοντα. ἡ μὲν οὖν ἐγκαθημένη πειθὼ τοῖς χείλεσι καὶ ἡ τῆς μορφῆς ἴυγξ ἐκπεμπομένη καὶ πρὸ τούτων γε τοῦ τρόπου τὸ μέτριον δεινόν τινα θέλξαι τὸν ἄνδρα δείκνυσι. — πῶς δ'οὐκ ἂν ὅντινα δήποτε σείσαι τοιούτῳ συζῶν ἀθλητὴς ἀλείπτῃ, οἷόν σε ῥώμη τε φύσεως λόγοι τε συνελθόντες ἤσκησαν; καὶ προσέρχοιτό σοι μετὰ χρόνου τουτὶ τὸ σθένος ἐνανθοῦν ψυχῇ χρηστοτάτῃ. ἐκεῖνα μὲν οὖν τοῦ Γερμανοῦ τὰ τῶν φαρμάκων ἔοικε δύνασθαι καὶ δὴ καὶ τὰς ἐμὰς φρένας πάνυ πεπονηκυίας ὤρθωσεν. ὃ δὲ τὸ σκάφος ἐφ' ὅρμον ἐκ κυμάτων μόλις φερόμενον ὑπολαβὸν ἐκεῖθεν ἐπαφῆκεν αὖθις τῷ ῥεύματι, πολλοῦ μὲν ἂν ἐδέησα φράσαι, δεῖν οἰόμενος τὰ μὲν ἡδέα κοινὰ ποιεῖσθαι, τῶν δ'οὐ τοιούτων τὸν καρπὸν αὐτὸς μόνος ἔχειν. ἀλλ' οὔτε τὸν ἑταῖρον τοῦτ' οἶδα σιγῇ καθέξοντα, καὶ σύ με τάχα δοξάσεις ἄτοπον, εἰ δηλῶσαί τι δέον ὢν προσεδόκησας, τουτὶ τὸ μέρος ἄφωνος ἔσομαι. ἴσθι τοίνυν σοι τὴν καλὴν ἐπιστολήν, τὴν διὰ χρόνου πρὸς ἡμᾶς πεμπομένην — τοῦτο δὲ μέμψις — ἀπολωλυῖαν πρὶν ἐνεχθῆναι. οὕτως οὐδὲν ἄμικτον τῷ βίῳ συγκεκλήρωται τῶν ἀνθρώπων, ἀλλὰ καὶ ὑγείαν ἐκκρούει νόσος καὶ ἡδονὴ λύπῃ λύεται. ἣν γοῦν ἀπὸ τῆς αὐτοῦ δεινότητος ἀνὴρ τέρψιν ἤνεγκε, ταύτην ἐκεῖνο μικροῦ διέφθειρεν. ἀλλ' ἐγώ σε μάλα πιστεύων καὶ αὐτὸν πληγήσεσθαι τῷ μηνύματι, τὸ καὶ σπουδάσειν ἄλλα συνθεῖναι παραπλήσια γράμματα μάλα πιστεύω. εἰ μὲν γὰρ τὰ πρότερα δέδοτο, σχολῇ γ'ἂν ἐλπίδα παρέστησας, ὡς οὐκ εἰς τὰ λοιπὰ ῥᾳθυμήσεις. ἡ δὲ τῶν ἤδη κομιζομένων ἀπώλεια τὴν ἀνίαν βουλομένη παραμυθήσασθαι, ἐφ' ἕτερα χωρῆσαί σε πείσει. εὔξασθαι δέ σοι ταῦτα δημιουργηθῆναι σὺν κάλλει περιττὸν ἡγησάμην. ἀρκεῖ γάρ μοι βλέπειν εἰς τἀπὶ τῶν χρόνων ἐκείνων ἥκοντα.

---

2 τῶν τωνγε pro τούτωνγε C 4 σεῖσαι C S M 5 ἤσκεσαν C 21 καὶ ante σπουδάσειν om S 23 πρότερον S 24 ῥαθυμήσῃς S

---

1 πίπτοντα· σκυθρωπάζοντα 4 σείσαι· εἰς θαῦμα κινήσειεν 10 ὑπολαβὸν· ὑποσπᾶσαν 13 τὸν ἑταῖρον· τὸν Γερμανόν 16 διὰ χρόνου· μόλις 16 τοῦτο· τὸ διὰ χρόνου πέμπειν σε πρὸς ἡμᾶς 17 ἄμικτον· ὃ καὶ ἀμιγὲς γρ. et in marg.: γνώμη (atr).

δ'.

[Ἀνδρονίκῳ τῷ Ζαρίδῃ].

Ἀπειρηκότα ἤδη με τοῖς τῶν συμφορῶν πυκνοῖς κύμασι καὶ μικροῦ γνώμην ἅπασαν ἀπολωλεκότα καὶ τοιοῦτόν τι παθόντα, οἷον οἵ σφοδρῷ κτύπῳ καταπλαγέντες τὴν αἴσθησιν, ἀνέρρωσέ σου τὰ γράμματα. γλυκερὸν μὲν οὖν φάος καὶ ταῦτα· πῶς δ' οὔ, παρὰ ψυχῆς οὕτω μοι φιλτάτης κεκομισμένα; γλυκερώτερον δὲ σὺ ὁ Τηλέμαχος, οὗ τοσοῦτον ἄρα χρόνον στερόμενος, ἀντὶ τῆς ζώσης εἰκόνος ἔσχον τὸν χαρακτῆρα. ἀλλὰ καὶ τῶν λόγων ὅμως ἧττον ἐφ' ἑκάστοις δυναμένων τῆς ἀφ' ἧς δήπου μορφῆς προΐασιν, οἵ σοὶ συχνοὺς πείθουσιν ἀντὶ τοῦ παντὸς δοκεῖν ἀποχρῆν. φύει δὲ ταύτην τὴν δόξαν ἡ ῥώμη, κεκραμένη τῷ ἤθει προσηνεῖ τε καὶ ποικίλῳ. νοῦ μὲν γὰρ βάρος ἀκριβῶς διὰ πάσης ὑποθέσεως ἥκει σοι δημιουργουμένης· πειθὼ δ' αὖ ἀττικὴ τὸν ἴσον τρόπον ἐπιπολάζουσα, τὰς σειρῆνας ἥττους τῆς παρ' ἑαυτῆς ἀνάγκης ἐλέγχει. οὐκ ἄρα μάτην τοῖς τὰ σὰ σὺν ἐπιστήμῃ μετιοῦσιν ἔπεισι καὶ τεθηπέναι καὶ γάννυσθαι καὶ ποταμοῖς εἰκάζειν ἀφθόνοις μὲν καὶ βαθέσιν, ἥσυχον δὲ μάλα καὶ καθεστηκὸς τὸ ῥεῦμα προβαλλομένοις. καὶ χάρις γε τῷ τῶν μουσῶν σοι θεράποντι καὶ τὴν Ἡρακλέους τέχνην ἐζηλωκότι. ὃ γὰρ ἐκείνῳ τὸ τόξον τε καὶ τὸ ῥόπαλον, σοὶ τὰ γράμματα δύναται, οἷς εἴ τί που τῶν λυπούντων ἐνοικῆσαν τύχοι, τοῖς φίλοις εὐθὺς εἴκει καὶ οἴχεται. μηδὲ γὰρ εἶναί τι τούτων οὕτως ἄμαχον καὶ ἀλλόκοτον, ὥστε σου τὸ βέλος ἐπ' αὐτὸ φερόμενον ὑποστῆναι. τοιοῦτόν τι φάρμακον ἐξεῦρεν ἡ σὴ καλοκαγαθία μετὰ συνέσεως, οὐ λαθικηδὲς μόνον, οἷον Ὅμηρος τὸ Αἰγύπτιον πλάττει, ἀλλὰ καὶ χαρὰν καὶ τέρψιν καὶ εὐθυμίαν καὶ ὅτι τις εἴποι τῶν ἡδέων τοῖς ἐκ τοῦ ἐναντίου πρότερον κεκρατημένοις ἀντεπεισάγον. ταύτην δέ σου τὴν λαμπροτάτην ψῆφον, ἣν ἀμοιβὴν ἐμοὶ τοῦ φίλτρου καλοῦντι πάντως

---

1 *με* om C M 2 *ἀπολελωκότα* C | *τοιοῦτό τι* U S 5 *κεκοσμιμένα* C | *γλυκερόντερον* M 12 *δημιουργημένης* U 15 *γάννυσθαι*, *ν* altero suprascripto, C 16 *προβαλλομένοις* e *προβαλλόμενος* corr S 20 *τύχοις* S 22 *ὑποστῆσαι* C | *τοιοῦτόν τοι* M.

---

4 *καὶ Ὅμηρος· ἤλυθες, Τηλέμαχε, γλυκερὸν φάος.* 5 *κεκομισμένα· ἐλθόντα* 13 *ἐλέγχει· εἰς τὸ μηδὲν εἶναι ποιεῖ* 20 *μηδὲ γὰρ εἶναι· οὐδὲ γὰρ ἂν εἴη* 22 *ὑποστῆναι· ὑπομεῖναι* 24 *τὸ Αἰγύπτιον· ὃ μῶλυ παρ' Ὁμήρῳ καλεῖται* 25 *ἐκ τοῦ ἐναντίου· ἐκ τοῦ ἀντικειμένου. λέγω δὴ τοῦ λυποῦντος* 27 *τοῦ φίλτρου· τοῦ ἐξ ἐμοῦ.*

οὐ μέμψῃ, κυρωθῆναι βουλόμεθα, καὶ ὥσπέρ τινα νόμον ἄλλον καθήκοντα παρὰ σοὶ δέξασθαι χώραν ἄλυτον. θαρρεῖν δέ μοι δίδωσιν ἥ τε βεβαιότης τῶν τρόπων, ἀμύθητα ἀεὶ τοῦ αὐτὸν εἶναι ἐκφέρουσα δείγματα, καὶ τὸ τῶν βρόχων ἤδη τοὺς πλείους, σὺν θεῷ δ᾽εἰρήσθω, διαφυγόντα, τοῦ βαράθρου Θρᾴκην ἀλλάξασθαι. οὗ συνέσῃ μὲν ἀνδράσι πεπαιδευμένοις, πεῖραν δὲ πλείστην τῆς μεγαλοφροσύνης παρέξεις. ὅθεν καὶ γράψεις μὲν ἡμῖν εἰς ἑσπέραν, ὁσάκις ἂν δοκιμάσῃς. τεύξῃ δ᾽ αὖθις τῶν ἴσων, τῆς μεγάλης πόλεως τοὺς οἰκείους ἐπιστρεφούσης· ἣν πρὸς τοῖς λοιποῖς, οἷς βρύει βελτίστοις, καὶ τοῦτ᾽ ἔχειν ἡγοῦμαι, εὐπορεῖν ἑκάστοτε τῶν εἰσαφικνουμένων. ὥστ᾽ εἰ καὶ σοί που φίλον, ὥσπερ οὖν ἐστίν, ἡμᾶς τοιούτοις παραμυθεῖσθαι, καὶ ἡμῖν πανήγυρις αὐτό τε τοῦτο καὶ σὲ μιμουμένοις φαίνεσθαι. σχολῇ γ᾽ἂν ἑκάτερος ὧν ἐρῶμεν σφαλείημεν· εἴη δὲ μὴ ἁμαρτεῖν μηδ᾽ ὧν ἐρῶμεν διαφερόντως. καὶ ἐλπίζω γε τὸν φίλιον, ἐφ᾽ οἷς ὀρθῶς φρονοῦντες αὐτὸν καλοῦμεν, εὐμενῆ καθιστάμενον οὐκ εἰς μικρὰν ἀπολαῦσαι δώσειν. ἀνθ᾽ ὅτων νῦν γράμμασι τὰς ἡμῶν αὐτῶν κουφίζομεν διανοίας. ταῦτα δ᾽ ἐστίν, ἀλλήλους τε ἰδεῖν καὶ συμμῖξαι καὶ τὰς τῶν κρότων ἀφορμὰς παρὰ τῶν συνόδων καρπώσασθαι. τότε δὴ τῶν ἔμπροσθεν οὔτ᾽ αὐτὸς σὺν ὀλοφύρσει μεμνήσῃ καὶ ἡμῖν ἐξέσται πάντως ὥσπέρ τινα τῶν ὀνειράτων ἄλλως διεξελθεῖν παραπλήσια.

ε΄.

[Ἀνδρονίκῳ τῷ Ζαρίδῃ].

Εἰ πρὸς τὸν ἔχοντα μὲν ἕρπει ὁ φθόνος, σὺ δ᾽ὁμολογεῖς μηδὲ τῶν σῶν ἀπέχεσθαι τοῦτον, ἆρ᾽ ἂν ἔχοις ἔτι συνειπεῖν μοι σαφέστερον ψηφιζομένῳ περὶ τῶν ὑμετέρων, ἃ δή σοι σύνοιδα πρὸ τοῦ, τἀναντία λέγων; οὐκ οἶμαί γε. γράφων δὴ τοιαῦτα, οὔ ποτέ με ψεύστην ἀποφανεῖς· εἰ δὲ δὴ καὶ σχολαίτερον, ἡμεῖς μὲν ἀλγήσομεν ἁμαρτάνοντος, σὺ δὲ τὴν παροιμίαν τοῦ ὀστράκου φυλάττου, καὶ τῶν ἐπ᾽ ἄλλους ἐγκλημάτων, ἃ πυκνὰ πέμ-

5 ἀλλάξαι S 7 ἡμῖν om U S 10 ἀπορεῖν M 11 οὖνστιν pro οὖν ἐστίν C 14 ἐρῶ μὲν pro ἐρῶμεν S 15 τὸν φίλον S 24 ἀπέχεσθαι τούτων U S 27 δὴ σχολαιότερον, καὶ om, S 28 ἀλλαγήσομεν S.

2 χώραν ἄλυτον· τόπον ἀσάλευτον 5 τοῦ βαράθρου· σφαλεροῦ χωρίου 6 οὗ· ὅπου, κατὰ τὴν Θρᾴκην 7 εἰς ἑσπέραν· εἰς δύσιν καθημένοις 8 τῶν ἴσων· τοῦ δέχεσθαι παρ᾽ ἐμοῦ γράμματα 9 ἐπιστρεφούσης· ἀνακαλούσης εἰς ἑαυτήν 16 ἀπολαῦσαι· τρυφῆσαι ἀλλήλων 26 τἀναντία λέγων· ἐναντιούμενος πρὸς τοὺς λέγους (!), οὓς ἔλεγον πρὸς σέ 26 τοιαῦτα· οἷα νῦν ἡμῖν ἐπέστειλας.

πεις σιγώντων, ὅπως αὐτὸς ἔξω στήσῃ, μελέτα. ἡμεῖς δ' ἀεὶ δή τινι παλαίομεν κύματι· καὶ νῦν μὲν τὸ τῆς κεφαλῆς κακὸν δέδιμεν, ἐπιτεινόμενον πολλαχόθεν, οὐχ ἧττον Ὀλύμπου βάρος ἀνέχειν ἡγούμενοι. καὶ τὸν ὑπὲρ κεφαλῆς τέλλοντα πέτρον οὔπω μὲν ὁρῶμεν, αἰσθανόμεθα δὲ φερόμενον· νῦν δ' ἐπὶ τὴν ὕδραν ἐξιέναι τὴν μέλαιναν καὶ διάστροφον ὁρῶσαν ἀναγκαζόμεθα. οἶσθά που τουτὶ τὸ θηρίον, ὅ δίκην ἀσταχύων ἀνατέλλουσαι κεφαλαὶ τοῦ παρὰ τοῖς μυθολόγοις ἐκείνου φοβερώτερον καθιστᾶσι· κἂν δυνηθῇ τεμεῖν τις τὴν κεφαλὴν, ἑτέραν προΐσχεται καὶ μάλα ἄλλην. δεῖ δὲ τῶν ὑπερσχησόντων, Ἡρακλέων συχνῶν τινων καὶ Ἰολέων. ἔστι γὰρ αὐτῇ που καὶ καρκίνος, ἐκείνου τοῦ καρκίνου μεῖζον ἰσχύων. τὸν Πολεμιανίτην πάντων ἄριστον ἄγων, ὀρθῶς φρονεῖς· ὃς ἡμῖν ἀντὶ πάντων ὅτε σύνεστι γίνεται κἂν πατέρας ἀποκρύψαι τῇ περὶ τοὺς φίλους χρηστότητι. καὶ δὴ καὶ τοῖς τολμῶσιν ἅπαντα τούτοις πολλάκις μὲν ὑπὲρ ἡμῶν συνεπλάκη. δεδύνηται δὲ οὐ μέγα· ἐπειδὰν γὰρ ἐφῶσι τῷ ῥεύματι, πάντα ἐπικλύζει. καὶ οὐκ ἔστιν ὅτι τὰς ἀδικωτάτας ἐπίσχοι γλώττας. ἀλλὰ σοίγε κάμνουσι καὶ ταλαιπωρουμένοις ἐπικουρεῖν ἔνι σθένος. ἔτι δὲ μέγιστον ἀπὸ τῶν εὐχῶν, αἳ μυρίων ὅπλων τοῖς κοσμουμένοις ὧδε μᾶλλον ἀμύνειν ἔχουσιν. ἀκούων δὲ μὴ κάμνειν, ὑπομιμνήσκου καὶ τῆς ψυχῆς καὶ ὅπως ἂν αὐτῆς ὠφελημένης αἴσθωμαι πρᾶττε. καὶ τὸν σαφῆ δὲ φίλον ἡμῖν δυσχερείας ἄγευστον παρὰ τοῦ Σωτῆρος αἴτει κατᾶραι. μὴν γὰρ οὑτοσὶ δεύτερος, ἀφ' οὗ βασιλικῷ προστάγματι τῆς τῶν Δορέων ἐπέβη.

ς'.

Ἰωάννῃ τῷ Ζαρίδῃ.

τὸ σιγᾶν εἴ τις αἱροῖτο πρὸς οὓς οὐ δίκαιον, πράγματα μὲν οὐ δοκεῖ παρέχειν. εἰ δ' ὁ τοιοῦτος τὴν πρέπουσαν μέμψιν λάβοι, τὸ τὴν αἰτίαν οἷς ἔδει λύειν ὑπερβάς, ἐπὶ τὸ ἀντεγκαλεῖν ἔρχεται

---

3 ἐπιτεινόμενοι πανταχόθεν S 7 που τί τὸ θηρίον S | κεφαλὰς S 8 τὸ π. τ. μυθολόγοις C 9 τις τεμεῖν U S 11 αὕτη που S 12 μείζων U M 14 τοῦ φίλου C 17 γλῶσσας, ττ lit. suprascriptis, C 25 αἱρεῖτο S 26 οὐδ' ὁ τοιοῦτος C | λάβοιτο pro λάβοι τὸ C

---

3 πολλαχόθεν · ἐκ πολλῶν τρόπων 15 συνεπλάκη· ἀντηγωνίσατο 20 κάμνειν· νοσεῖν 21 τῆς ψυχῆς· τῆς ἐμῆς 22 φίλον· τὸν Πολεμιανίτην 23 κατᾶραι· καταχθῆναι πρὸς ἡμᾶς 26 παρέχειν· οὐκ ἔοικε ἑαυτὸν προξενεῖν.

ἄλλως. καὶ σὲ δὴ πείσεσθαι μὲν ἡγούμεθα τοῦτο· οὐ θαῦμα δέ, ἢν γελάσωμεν, τοιούτων ἀμελοῦντες σκωμμάτων. ἡμεῖς ἐπὶ τῶν ἐλπίδων ἐκείνων ὄντες, ἠρεμοῦντες ἐκαθήμεθα, καὶ λόγος ἦν οὐδείς, ὡς ἡ περὶ τοὺς φιλτάτους σοι μνήμη καθεύδει· νῦν δ' ἔγνωμεν, ὡς παρεωράμεθα. καὶ τὸ φίλτρον, ὃ λάμψειν ἐπὶ μέγα ἔλεγες, ἐσβέσθη. ὥσπερ γὰρ εἰ πυκνὰς ἐπιστολὰς ἔπεμπες, σημεῖον ἂν ἦν οὐ φαῦλον τοῦ πρὸς ἡμᾶς ἔρωτος, οὕτως, ἐπειδὴ τοσοῦτον χρόνον σιγᾷς, ὡς ἀμνημονεῖς μαντεύεσθαι δίδως. εἶτα λόγον οἴει σοι τῶν ἐξαμαρτανομένων ὑπολείπεσθαι; ποῖον, ὦ θαυμάσιε, τὸ ἐπιστέλλειν ὄχλον ποιεῖ. τί δὲ τῶν πραγμάτων ἀφαιρεῖται ταύτῃ τὸ πέρας; καὶ μήν, εἰ τὸ τῶν αὐτοῦ καταμελεῖν ζημιοῦν αὐτόν ἐστιν, ἤ που τοὺς ἐν τάξει φίλων ῥαθυμεῖσθαι ζημίας ἔσχατα. ἀπορεῖν δὲ λέγων οἷς μέτεστι τῶν Ἑρμοῦ πτερῶν, ἔοικας βεβαιοῦν τὸν περὶ τῆς δίψης Ταντάλου μῦθον. ἐμοὶ δὲ πάνυ χάριεν εἶναι φαίνεται, εἰ κυβερνᾶν τις μαθὼν ἔπειτα τὴν τέχνην ὡς ἀπειροθάλαττος φεύγει. καὶ σὺ διδάσκειν ἔχων, οἷος τοῖς εἰδόσιν οἱ λόγοι στέφανος, ὡς οὐ τὴν ἐκ τούτων δόξαν περιτεθειμένος ἀγανακτεῖς. σὺ μὲν οὖν ἀδικεῖν ἐθέλων εἰρωνεύου, καὶ λέγειν ἔχων ἄριστα προσποιοῦ μηδὲν ἔχειν· ἡμεῖς δέ σε τῶν παρόντων γραφομένων πειρώμεθα μὲν ἀπολογεῖσθαι· εἰ δὲ τὴν πεῖραν οἷόντε τῶν ἐγκλημάτων περιεῖναι, αὐτὸς ἂν ψηφίζοιο. ὃ δέ με μάλιστα μὲν ἐτάραξεν, — ἔτι δ' οὖν εἰμι τῶν ἱσταμένων πρὸς τὰ τοιαῦτα κύματα· πρῴην τινὶ παρεκαθήμην ὤν ἂν τὴν ὕβριν ἐν ἴσῳ ταῖς πρὸς σὲ βλασφημίαις ἤγαγες. εὐφημίαν μὲν οὖν καὶ βοὴν καὶ κρότον, περὶ σοῦ γὰρ ἐμνήσθημεν, οὐκ ἦν ἀπεῖναι. ἓν δέ μου μόνον τὸ μηδὲν ἡμῖν ἐκεῖθεν ἥκειν γράμμα θαυμάσαντος, ἐνταῦθα ἐδυσχέρανε καὶ παλινῳδίαν ᾖσε. καὶ πολλὰ μὲν καὶ ἄλλα διεξῆλθε, μνημονεύειν οὐκ οἶα, προσέθηκε δὲ καὶ ὡς περιφρονοίης. ἑτέροις γὰρ ἔφη σε προσέχειν τὸν νοῦν, τἀμὰ δὲ οὔτ' ἐν λόγῳ τίθεσθαι, οὔτ' ἐν ἀριθμῷ· ἀλλὰ καὶ προσδοκῶντά με

---

4 σου μνήμη S 6 ἐσβέθη U 7 οὕτω πιδὴ pro οὕτως ἐπειδὴ S 11 αὐτοῦ U S 12 αὐτόν S 14 τοῦ pro τὸν S 15 εἶναι om C 16 φεύγοι S 17 οὐ λόγοι pro οἱ λόγοι S 18 τὸν pro τὴν S 23 τὰ om S 24 ἂν om S 28 καὶ ante ἄλλα om C

---

3 λόγος· ὑποψία παρ' ἡμῖν 9 λόγον· ἀπολογίαν, πρόφασιν 11 τὸ πέρας· τὴν ἐκπλήρωσιν τὴν ἑαυτοῦ 14 οἷς μέτεστι Ἑρμοῦ πτερῶν· ἤτοι λόγων 20 τῶν παρόντων γραφομένων· τῶν παρατυγχανόντων μεμφομένων 25 πρὸς σὲ· κατὰ σοῦ, in marg: Ἀριστείδης πρὸς Πλάτωνα, ἀντὶ τοῦ κατὰ Πλάτωνος 28 παλινῳδίαν ᾖσε· ἐπὶ τοὐναντίον ἐτράπη 30 ἔφη· ἐκεῖνος, ᾧ παρεκαθήμην.

γράμματα τὸ τῶν ἐν τοῖς ὀνείροις εὐδαιμονούντων πάσχειν. εἰ γὰρ διὰ τοῦ φθινοπώρου παντὸς ἐλθὼν ὡς ὑπὸ γῆς ὢν διήγαγες, σχολῇ γ᾽ἂν ὁ χειμών σε κινῆσαι τὴν χεῖρα πείσειε. τί ποτ᾽ οὖν ἐχρῆν με ποιεῖν πρὸς ταῦτα; ἀνεφοινίχθην, ὁμολογῶ, καὶ τῶν ἐξηπατημένων οὐ πόρρω τυγχάνειν ἔφην. ὁρᾷς, ἡ σαυτοῦ τρυφὴ τῶν ἐγκωμίων περικόπτει σοι τὸ κεφάλαιον, καὶ παιδιὰν τὴν σιγὴν ποιούμενος, ὑποψίας δίκτυον πλέκεις. τὸ γὰρ τὸν ἀντὶ πάντων ἡμῖν εἶναι φάσκοντα καὶ διατριβῶν κεκοινωνηκότα πλείστων, πολλοῖς δὲ παρεσχηκότα τὴν αὐτοῦ φιλίαν μιμήσασθαι, ἀεὶ δὲ προσθήσειν τῷ φιλεῖν πιστευόμενον, τοῦτον εἰς τοσοῦτον ὑπεροψίας ἥκειν, ὡς μηδὲ ἐν οἷς ἐστι μηνύειν ἐθέλειν, πῶς οὐχὶ τελεῖν εἰς αἴνιγμα κίνδυνος; ἀλλ᾽ ἐγὼ μὲν καὶ ὑβρισμένος οὕτως, ὅμως ἐπέσταλκα καὶ τὰς ἐλπίδας ἔτ᾽ ἔχω δήπουθεν ἐν τοῖς γράμμασι· σὺ δ᾽ ἀντεπιστείλας μὲν ἀπολύσῃ τὰ αἰτιάματα, μείναντι δ᾽ἐπὶ τῶν αὐτῶν ἡ κατὰ τῆς ὕβρεως κυρωθήσεται ψῆφος. καὶ σύ ποτ᾽ ἐπαινέσας, ἃ νῦν ἡμεῖς, ὅτι οὐ σαυτοῦ κατηγορήσεις οὐχ ἕξεις.

ζ′.

τῷ Παλαμᾷ.

Ἰού, ἰού, καὶ σοφὸς ἡμῖν ἐξαίφνης ὁ μηδὲ πρὸ μακροῦ πλούσιος ἀναπέφηνας. ἐγὼ δ᾽ὁ τῇ εὐδαιμονίᾳ τῇ νέᾳ ταύτῃ τὴν πρὸς ἡμᾶς ὑπεροψίαν πρῴην ἀνατιθείς, νῦν ἤδη κινδυνεύω καὶ πλείοσιν αἱρεῖν σε ταῖς ψήφοις καὶ τοσούτῳ δήπουθεν ἔχειν ἐγκαλεῖν ἀκριβέστερον, ὅσῳ τότε μὲν εἰς ἀπολογίαν ἡντινοῦν ἴσως ἐλείπετο τοῦτ᾽ αὐτὸ τρυφὴν εἶναι τὴν ἐπισκοτοῦσαν τῇ γνώμῃ, νῦν δὲ καὶ ἣν ὡς ἡμᾶς ἐκπλήξων καὶ σείσων ἰσχὺν λόγων ἐπήνεγκας μετὰ τοῦ ἀδοκήτου, καὶ ταῦτα πρὸς ἅπαν τοὐναντίον περιετράπη σοι. καὶ σκόπει γε εἰς ὅσα σεαυτὸν ἐμβαλὼν ἠγνόησας πράγματα, δέον τὴν ἀρχὴν ἃ ἐξήμαρτες ὁμολογήσαντα ἀπηλλάχθαι. πρῶτον μέν, ποῦ τῶν εὐπροσώπων τὸν ἐν τοῖς ἀρίστοις

---

3 ποιήσειε pro πείσειε C 4 ἀνεφοινίχθην M 8 βάσκοντα pro φάσκοντα C 11 ἐθέλει U S 13 δήποθεν U S 14 ἐπιστείλας S 15 ὁ — ψῆφος S 19 ἀναπέφηνας om S | ταύτην Pb 23 τὴν γνώμην M 25 τοὐναντίου S | περιτράπη C 28 τὴν pro τὸν U S τιν (?) νῶν ἐν τοῖς ἀρ. Pb

---

1 εἰ γὰρ — ἐλθὼν· ἀττικῶς, ἀντὶ τοῦ διελθὼν πᾶν τό φθινόπωρον 3 πείσειε· ἀνα 7 πλέκεις· κατὰ σοῦ 19 τῇ εὐδαιμονίᾳ· τῇ σῇ δεινότητι.

τῶν ἑταίρων ἀριθμεῖσθαι σπουδάσαντα, μόνον τῶν ἁπάντων, ὅπου γῆς εἴημεν, μὴ σαφῶς εἰδέναι διϊσχυρίζεσθαι; ἔπειτα, πῶς οὐκ ἀτοπίας γέμον καὶ σφόδρα ἄωρον, ἐπὶ τῆς οἰκίας ἡμᾶς μένειν οἰόμενον, τοσούτου χρόνου σιγὴν ἀσπάσασθαι καὶ μηδὲ ψιλῷ προσρήματι μηδ᾽ ἅπαξ οἷα δὴ πρὸς ἐρώμενον χρήσασθαι, μηδ᾽ ἐνθυμηθῆναι παρασχεῖν σαυτῷ χώραν, ὡς εἰ ὁδοῦ μῆκος ἡμερησίας ἀπέχων; πρὸς γὰρ τὴν δόξαν ταύτην ἔτι φημί· τὰ πρὸς ἡμᾶς ἕτερος ἢ ὡς ὑγιῶς πράττειν ἔδοξας. κομιδῇ γε ἂν ἦν παγγέλοιον ἄχρι Θετταλίας, ἣν νῦν οἰκοῦμεν, ἐν ἐλπίσιν ἄγειν ἥξειν σὰ γράμματα, ἐπεὶ τοῦτό σου προσόμοιον, ὥσπερ ἂν εἴ τις αὐτὸς μὲν ἐκάλει σε παρ᾽ αὐτὸν οὐ μάλα ἐγγύθεν, ἐν βελτίστῳ καὶ ἀμφοῖν τὸν δρόμον ἐπαγγελλόμενος κείσεσθαι, σὺ δ᾽ ἐκκρούειν ἐθέλων τοῦ βαδίζειν ὀκνεῖν, ῃτιῶ τὸ μὴ πόρρω που πιστεύειν ἀλλ᾽ αὐτοῦ πλησίον διατρίβειν τὸν χρῄζοντα. τούτῳ μὲν οὖν τηλικοῦτος ἔνεστιν ἔλεγχος, ὥσθ᾽ ἅμα τε ἱκανὴν ἀπόδειξιν ἔχειν μάτην ἂν ἀναπλάττειν, εἴ τῳ προσδοκᾶν ἐπιστολὴν σὴν παρέστη, καὶ δὴ καὶ τρόπον καινότερον ἡδονῆς γέ τι προσβάλλειν, εἴπερ ἀπορίαν καὶ φροντίδα, πῶς ποτε ἡμῖν τὴν σαυτοῦ γλῶσσαν ἔδησας, ἐμαυτοῦ λῦσαι βουλοίμην. καὶ μὴν καὶ τὸ ἐπιέναι σοι γελᾶν τῶν ἐμῶν ἀκούοντι γραμμάτων, ὡς ἔφησθα — μὴ γὰρ ἐν καιρῷ τὰ κατὰ σοῦ γενέσθαι μοι σκώμματα καὶ διὰ τοῦτο δὴ μηδὲ δεινὰ τρῶσαι φανῆναι — καὶ τοῦτο τοίνυν, πῶς μὲν οὐχ ὑπερβάλλει τῷ τύφῳ; πῶς δ᾽ οὐχὶ καὶ πλείστην κατηγορεῖ σου προπέτειαν, εἰ τὴν ἐπιστολὴν ἐκείνην παρακαλοῦσαν δεξάμενος, οὐδ᾽ οὕτω συνιδεῖν ἔσχες τὰ δέοντα, ἀλλὰ κατόπιν ἅπασαν ῥίψας νέμεσιν, ὑπὸ συχνοῖς ἐγκλήμασι θεῖναι σεαυτὸν ὥσπερ ἐφιλονείκησας; ὁρᾷς ὡς ἐκεῖνα πάντα τὰ πρότερα, τοῖς γὰρ αὐτοῖς σε πλήξω καὶ νῦν, φενακισμὸς καὶ σκηνὴ καὶ δρᾶμα; τὸ τῆς φωνῆς μέτρον λέγω καὶ τὸν τῆς βαδίσεως ῥυθμὸν καὶ τὴν ἐπιφαινομένην τοῖς ἤθεσιν ἡμερότητα. ἰδοὺ γέ τοι καὶ γραμματισταὶ μέν, φαῦλόν τι χρῆμα πρὸς τὸ πρέπειν σοι τελεῖν εἰς ὑπογραφέας, καίτοι εἴ γε ἄλλο ἄλλῃ τέχνῃ πέφυ-

---

1 ἑτέρων C S ἑτέρων in ἑταίρων corr U ἑταίρων e corr. M 5 ῥήματι pro προσρήματι S 6 παρασχεῖ M 8 ἑτέρους M 10 τοῦ τοσούτου pro τοῦτό σου S 11 ἐγκάλει M 17 τὸν τρόπον Pb 22 δὴ om U S Pb

---

2 ὅπου γῆς· ὡς πανταχοῦ τῆς πόλεως 6 χώραν· τόπον προσήκοντα 7 ἡμερησίας· ὥστε διαβῆναι αὐτὸν ἐν ἡμέρᾳ μιᾷ 13 ῃτιῶ· πρόφασιν καὶ αἰτίαν προεβάλλου 18 πῶς ποτε —· διὰ τί οὐκ ἀπέστειλας ἡμῖν 24 παρακαλοῦσαν· κινοῦσαν καὶ διεγείρουσαν 30 ἐπιφαινομένην· ἐπανθοῦσαν.

κεν ἁρμόττειν λειτούργημα, καὶ τοῦτ᾽ οἶμαι, δηλονότι τὸ γράφειν, οἰκειότατόν ἐστι τούτῳ τῷ γένει. ἀλλ᾽ ὅμως σοι καὶ ὁ ἐπὶ τῷ χορῷ τούτῳ νόμος συγκέχυται. ἄνδρας δὲ δημιουργοὺς χρηστῶν συγγραμμάτων εἰς τὴν οὐδαμῇ καθήκουσαν ταύτην τάξιν φέρων ἀντικατέστησας, οἳ δ᾽ οὐχ ὅπως ἀηδὲς ἄρα τίθενται τῶν σῶν ἐπιταγμάτων ἠρτῆσθαι, ἀλλὰ καὶ προσθέοντες ὁρῶνται καὶ κολακεύουσιν ἐμοὶ δοκεῖν τῆς πιμελῆς ὀσφραινόμενοι, οἷς τί τις ἂν καταρασάμενος ἕτερον τὸν θυμὸν ἐμπλῆσαι νομίσειε, πλὴν τοῦθ᾽ ὃ πάσχοντες ἥδονται. ἀλλὰ τῶν μὲν ἄλλων, ὅσοι τῷ τῆς σῆς εὐκληρίας ἑαλώκεσαν ἔρωτι, οὐδ᾽ ἂν ἕνα λόγον ἐποιησάμην· — τί γὰρ ἂν μέλοι συμφορῶν ἀλλοτρίων τῷ γε ταῖς ἰδίαις ἤδη κατειργασμένῳ, ἐπεὶ καὶ ταῦθ᾽ ἃ δήπουθεν ἐν τῷ παρόντι παρέφθεγμαι, τοῦ μὴ δοκεῖν ἀναίσθητος ἐφ᾽ οἷς ἀλγεῖν δεῖ διαγίνεσθαι — τὸ δὲ καὶ τὸν γενναίοις μὲν τρόποις συζῆν μαρτυρούμενον, ἡμᾶς δὲ τούτοις ὁποῖα φίλτροις ἀναδησάμενον, πολλὰ δ᾽ ἐξενεγκόντα τοῦ τὸν αὐτὸν ἀεὶ μένειν δείγματα, καὶ τοῦτον δ᾽ ὥσπερ εἴ τινος μεταπεσόντος ὀστράκου, τὴν τῶν γινομένων ἅπαντα τούτων μοῖραν θαυμάσαι, πῶς οὐ πᾶν ἀπέκρυψεν αἴνιγμα; καὶ ὁ δεξιὸς γὰρ δὴ ποιητὴς ἄλλους μὲν τινάς φησιν εἰς μορφὴν ἀλλόκοτον ὑπὸ τῆς Κίρκης ἀμεῖψαι, τὸν Ὀδυσσέα δ᾽ ἡττηθῆναι τῶν φαρμάκων οὔκουν ἠξίωσεν. ὡς ἐκείνων μέν, ὅτιπερ ἀπέκλιναν τῇ διαίτῃ, πρὸς θρέμματα ἐπιτηδείων φανέντων ἐξανθρωπισθῆναι κἂν πλάσμασι· τοῦ δ᾽, ἐπεὶ τῆς φύσεως τὸ σχῆμα διὰ πάντων ἐφύλαξε, κληρωσαμένου καὶ τὰ ἔπη κήρυκας ἀξιόχρεως. καὶ τοίνυν αὐτὸν τὸν παρ᾽ ὑμῖν καὶ πάλαι δὴ βέλτιστον οὐκ ἦν μὲν ὅστις οὐκ ἐκρότει πρὸ τοῦ καὶ ἀφορμὴν ᾀσμάτων προὐβάλλετο, τά τ᾽ ἄλλα ὑμνῶν καὶ ὡς οὐ τὸ τῆς ψυχῆς αὐτῷ σεμνὸν ἀνέχοιτο σμικροπρεπείᾳ λυμαίνεσθαι, νῦν γε μὴν ὑπερφυῶς ἐξελήλεκται, κόπτων μὲν ὑμῶν τῶν δυναμένων τὰς θύρας, ἀποπνιγόμενος δέ, ὡς ἔοικεν, εἴ τις τουτωνὶ τῶν παρασίτων πλείους ἔχοι κύκλους θω-

2 οὐπὶ C 4 τὴν pro ταύτην S 5 ἀντεκατέστησας S 7 κολακεύουσι S 10 σῆς om S 12 ἰδέαις S 14 τὸν δὲ καὶ τοῖς γενναίοις M 18 ἅπαν pro ἅπαντα S 23 πλάσμασιν S 27 καὶ om S | προὔβαλλε Pb ‖ 30 δυνάμεων pro δυναμένων S 31 ἔχει S

9 ὃ πάσχοντες ἥδονται· τὸ κολακεύειν σε 13 τοῦ μὴ δοκεῖν· ἕνεκα ἐκείνου νομίζεσθαι 15 μαρτυρούμενον· φαινόμενον ἐν πολλοῖς 19 ὁ δεξιὸς ποιητής· ὁ Ὅμηρος 20 μορφὴν· ἐπὶ προσώπου ἡ μορφή 23 κἂν πλάσμασι· ἐν μύθοις 26 βέλτιστον, in marg: ἄριστος ἐπὶ σώματος, βέλτιστος ἐπὶ ψυχῆς 30 δυναμένων· πλουσίων 31 κύκλους· στροφάς, ποικιλίας.

πευμάτων ἐπίστασθαι, πρὸς δὲ καὶ ἑαυτὸν ἀναπείθων, ὡς εἰ τοὺς ἀρχαίους φίλους μὴ τῆς μνήμης ὑπερορίσειε, δέος ἀπολέσθαι τὴν καλὴν αὐτῷ τέχνην. οὕτω δὲ λαμπρῶς τὴν ὁδὸν ταύτην μέτεισιν, ὥστ᾽ ἔλαθεν ἤδη παρενεγκόντος τοῦ πόθου τὴν μεταβολὴν ἡμῖν ἐμφανίσας καὶ οἴκοθεν μικρῷ πρότερον ἐπιχειρῶν τοὐναντίον. ἐπιστεῖλαι γὰρ πρὸς μὲ τὰ κομψὰ ἐκεῖνά σοι δοκιμάσαντι τὴν δεξιὰν ἄσμενος ἔχρησε. καὶ ὁ ἐπ᾽ ἔσχατα προνοίας ἥκων, οὐκ ἐπὶ νοῦν ἠδυνήθη στρέψαι, οὔθ᾽ ὡς οὐκ ἀγνοήσοιμι τὴν ἀγεννῆ θεραπείαν, οὔτε ὡς φωράσας ἡγησοίμην τε πάνδεινον καὶ οἷον ἐπιδείξασθαι τὴν τραγῳδίαν κινῆσαι. ἀλλ᾽ ἐγὼ μὲν τούτων ἀποχρῶσαν λήψομαι δίκην, κεκραγὼς ἀεὶ καὶ ἀπαγγέλλων πρὸς ἑτέρους τὰ τῶν εὐρίπων ὑμῶν σοφίσματα. καίτοι οἶδα μὲν πάντως οὐδ᾽ ὁτιοῦν ἐπανορθωσόμενος, πλὴν ἐμὴ παραμυθία καὶ τὸ ἐμαυτὸν σαφῆ καταστῆσαι τῶν πραγμάτων τοῖς τοιούτοις ἐχθρῶς ἔχοντα. ὑμεῖς δὲ πρὸς τοῖς ἄλλοις καὶ τοῦθ᾽ ὑμῶν αὐτῶν ἄξιον δράσετε, ἂν ταυτὶ τὰ γράμματα πολλὰ χλευάσαντες καὶ προπηλακίσαντες ἀπορρίψητε.

η΄.

[Ἀνδρονίκῳ τῷ Ζαρίδῃ].

Ἐμοὶ πολλὰ μὲν τὸ θαρρεῖν σοι δίκαια, ὄκνου δὲ καὶ ὑποψίας αἴτιον οὐδέν. οὔκουν σύγε εἰς ταύτην τὴν ἡμέραν τοιαύτην ἡμῖν σαυτοῦ πεῖραν ἔδωκας. τοῦ δ᾽ οὕτω περὶ σὲ τοὺς ὧδ᾽ ἔχοντας διακεῖσθαι πεπεῖσθαι ἴσως μὲν ἂν ἔχοι τις καὶ ἄλλας αἰτίας ἀριθμεῖν· ἐγὼ δὲ ἓν τοῦτ᾽ οἶδα πάλαι ᾐσθημένος, ὅτι τινὰς ἑτέρους, χρείας μὲν ἔξω τά γε ἄλλα δοκοῦντας ὡντινωνοῦν ἡττῆσθαι, ἐπὶ δὲ τῶν ὄντως ἀπαιτούντων φίλου γνώμην ἐλεγχομένους, οὐκ ἔσθ᾽ ὅτε πέπαυσαι τῶν πλασμάτων κακίζων. ἤδη δὲ καὶ ὡς ἄν τις σχετλιάζων ἐβόησας ἐν μέσοις· εἰ συνθήκας ἄνθρωποι τῶν παρὰ θηρίοις ἀπιστοτέρας ἁλίσκονται ποιούμενοι — · τὰ μέν γε,

8 ἐδυνήθη U Pb | οὐκ ante ἀγνοήσοιμι om C 13 ἐπανορθωσάμενος M 14 τὸ ἐμαυτοῦ S 16 ἀντὶ pro ἂν S | χλευβάσαντες C 20 τοῦτο δ᾽ οὕτω περὶ σὲ διακεῖσθαι τοὺς ὧδε ἔχοντας C 23 ὡστινωνοῦν S 24 γνώμη M | ἐλεγχόμενος C S 25 πέπλασαι pro πέπαυσαι S

5 οἴκοθεν· παρ᾽ ἑαυτῷ 9 φωράσας· κατανοήσας 10 τραγῳδίαν· ἀγανάκτησιν 12 εὐρίπων· κοθόρνων, ἀστάτων, εὐμεταβόλων 13 πλὴν ἐμὴ παραμυθία· ὅμως δ᾽ ἦν παραψυχή 20 ὧδ᾽ ἔχοντας · τὴν γνώμην ὥσπερ ἡμεῖς 24 γνώμην· τρόπον | ἐλεγχομένους· ὡς φαύλους 25 πλασμάτων· παραπετασμάτων 27 τὰ μέν γε· ἐβόησας ἀπὸ κοινοῦ.

ὅπως ἂν ἡ φύσις ἕκαστον περὶ τὸ γένος διατιθῇ, καὶ τὰς φανερὰς ὁρμὰς οὑτωσὶ παρέχεσθαι, κἂν ἄλλοθέν ποθεν ἐναντίωμά τι προπέσῃ· τὰ δέ, οἷς ἐστι πρὸς ἄλληλα στοργή, παρεῖναι ἐν καιρῷ καὶ ἀμύνειν καὶ τὴν πρὸ τοῦ συνήθειαν οὐκ ἀρνεῖσθαι μηδὲ διατριβὰς ἐκείνας προδιδόναι. τουτωνὶ δὲ δήπουθεν τοὺς πλείστους, ὅσῳπερ ἐκείνων τοῖς λογισμοῖς περίεισι, τοσῷδε μᾶλλον τὰς προαιρέσεις λείπεσθαι. — τὸν οὖν οὕτω μὲν περὶ τῶν πραγμάτων ἔχοντα, βεβαιοῦντα δὲ ἑκάστοτε τὴν γνώμην ἔργοις ἐν τοῖς αὐτοῦ, πῶς οὐχ ὁμοῦ τε ἔμελλον ἐπὶ τῆς ψυχῆς περιφέρειν καί τινα καὶ αὐτὸς ἄν ποτε ταύτης ἀξιῶν κομίζεσθαι καθάπερ γενναίου δένδρου καρπὸν ἐμαυτῷ συνήδεσθαι τῆς ἀξιώσεως καὶ μετὰ τοῦ πάνυ γε θαρρεῖν τοῦτο πράττειν; ἡ τοίνυν ἡμῖν αἴτησις παρίστησι μὲν ἐκ τῶν σῶν τρόπων χρηστὰς ἐλπίδας, ἔχοι δ' ἄν τις εἰκότως τοῦ μὴ παροφθῆναι ἂν πίστιν καὶ καθ' αὐτήν, εἰ δὴ τῷ δικαίῳ τὸ εἰκὸς ἁπανταχοῦ μέλλει σῴζεσθαι. ἀλλ' ἥτις ποθ' ἥδε λέγοιμ' ἂν ἀνύσας, ὡς σοῦγε πάντως ἡδέως ἀκουσομένου. **Προκόπιος** οὑτοσὶ συχνῶν μὲν ἐτῶν τετέλεκεν ἐν τοῖς βασιλεῖ κομίζουσιν ἀγγελίας. τῶν δ' ἐπὶ τοῦτο τεταγμένων οὐδενὸς πώποτε, ὁπόσα δὴ σεμνύνει τοὺς τοιούτους, δεύτερος ἀναπέφηνε. γνωναί τε γὰρ ὀξὺς καὶ μνήμων ἐν τοῖς μάλιστα· ἡ δ' ἐπὶ τῆς γλώττης ἀρετὴ καὶ φήμην ἤδη κέκτηται. ἠθῶν γε μὴν ἕνεκα καὶ τοῦ περὶ τὸν βίον κόσμου τοσοῦτον ἂν ἔχοι τις εἰπεῖν, ὡς οὗτος ἀνὴρ ἄριστος δεικνύμενος, ἀφ' ὧν γε καὶ αὐτὸν ἐπεσπάσατο νῦν μάρτυρα. ἐντεῦθέν γε οὐχ ἥκιστα ὥσπερ ἐξαίρετον αὐτοῦ καὶ τοὔνομα κεκλήρωται. τί γάρ τοι τοὺς προσαγορεύοντας ἔθει τινὶ γλυκὺν αὐτὸν ἀποκαλεῖν, ὁπόσον τι τὸ μέλι τὸ κατὰ τὸν τρόπον κηρύττει. ἀλλὰ γὰρ ἔοικεν, ὦ δαιμόνιε, τοῖς δεξιοῖς ὁμοίως ἀνθρώποις τε καὶ πράγμασιν ἐπηρεάζειν ἀεί τις φθόνος καὶ παρακολουθεῖν ἀκριβῶς, ὥσπερ οἱ τοὺς ἐν τοῖς δρόμοις ὑποσκελίζων, ὅτε καὶ τούτῳ κινδυνεύει βλάβος ἀπαντᾶν ἐπὶ τοῖς πλεονεκτήμασιν. ἔτος μὲν γὰρ ἐξήκει ἤδη δέκατον τουτί, τῷ δὲ τὸ τοῦ χρόνου μῆκος εἰς κοινὰς μὲν ἀνήλωται λειτουργίας. ἡ δ' οἰκία

---

2 πουθεν pro ποθεν M | ἐναντιώματι S 5 δήποθεν C 19 σεμνύνειν C 21 φήμη, ν lit. suprascripta, C 22 σκόμου pro κόσμου C 24 γε om S 25 τοὔνουμα M 26 αὐτὸν om C 29 τοῖς ἐν δρόμοις S 30 ἀπατᾶν C

---

2 ἐναντίωμα· ἐναντιώτης 5 τουτωνὶ· τῶν ἀνθρώπων 7 τὰς προαιρέσεις· τοὺς τρόπους 20 ἡ δ' ἐπὶ τῆς γλώττης ἀρετή· εὐδοκίμησις, ἤγουν ἐξαγγελία 23 ἀφ' ὧν γε καὶ αὐτὸν· ἀπ' ἐκείνων τῶν πραγμάτων, ἀφ' ὧν καὶ ἐμὲ 29 οἱ τοὺς ἐν τοῖς δρόμοις· ὑποσκελίζοντες 31 τῷ δὲ· τῷ Προκοπίῳ.

στέρεται τοῦ ἐπιμελησομένου. καὶ μυρίους μὲν ὑπερόριος ἀμείβει τόπους. ἣν δὲ γῆν ἐπάτησε πρώτην, παρ' ἧς αὐτὸν καὶ πᾶν ἕτερον χωρίον ἐδέξατο καὶ ἔγνω, ταύτης ἀποστατεῖ. καὶ οὔπω τοσοῦτον τὸ δεινόν, καίπερ τοσοῦτον ὄν· ἀλλ' ὅτι καὶ παίδων ἔνδον καταλέλειπται χορός, οὗ τὸ πλέον κόραι, πάλαι δὴ νυμφίων ἔνιαι δεόμεναι. πρὸς ταῦτα ἐνθυμήθητι, οἵας μὲν αὐτὸν ἀνάγκη κυκλεῖν φροντίδας, οἵας δ' αὖ τὴν αἰδοῦς τε γέμουσαν καὶ ἐμμελείας γυναῖκα, μᾶλλόν τι ποθοῦσαν καὶ ταῖς ἐξ αὐτῆς ἧς αὐτῇ μεμέληκε σωφροσύνης τηρῆσαι τύπον ἢ χρῆμα προικὸς ὑπέρογκον. καίτοι δι' ὅντινά μοι ταυτὶ τὰ γράμματα, τὸ πλουτεῖν καὶ οὗτος διωθεῖται, ἔχων γέ πως ἐν τῇ φύσει τὸ περὶ τὰ τοιαῦτα ἐλευθέριον. ἢν οὖν ὁ μὲν οἶκος οὕτω μακρὰν ἀπόλειψιν τοῦ κηδεμόνος οὐκέτ' ἀνέχηται, καὶ μάλιστ' ἐφ' οἷς αὐτὸς ἤδη δίειμι, ὃ δ' ἀεὶ μέλλῃ, ὅποί ποτε τὸ πρᾶγμα χωρῆσαι δέος, οὐ δήπου τοῦ διδάξοντος δέῃ. σὸν τοίνυν τοῦ λυσιτελέσι πᾶσι καὶ δικαίοις ἑτοίμως ἐπινεύοντος ἀπαλλάξαι τὸν ἄνδρα μερίμνης οὕτω δυσκόλου κἂν τοῖς ὑπὲρ αὐτοῦ τὸν φιλανθρωπότατον βασιλέα πεῖσαι τοιαῦτα τοῖς ἀρχομένοις συγχωρεῖν, ἐξ ὧν ἂν αὐτῷ πλέον ὠφελοῖτο τὸ σχῆμα τῶν ἕκαστα ταῖς ἐπιμελείαις συνεχομένων. εἰ δὲ τῇ βοηθείᾳ προσέσται τῇδε τὸ καὶ ἑτέραν ἡντινοῦν εὐεργεσίαν ἐκεῖθεν αὐτῷ μνηστεῦσαι, τῆς τε ἄλλης εὐαρμοστίας ἀμοιβήν, καὶ δὴ καὶ ὅτι τοιοῦτος ὢν ἔπειτα πένης ἄπεισιν ἀπὸ τῆς διακονίας, οὐκ ἂν ἀπαλλάξας οὕτως εἰς τοὺς ἄλλους ἐζήλωσεν, ὅσας γέ σοι τὰς χάριτας ἀνάψομεν ἁπάντων, ὧν ἂν σὺ σαυτὸν καταστήσῃς αἴτιον.

---

5 *χορεία* [e *χορός* corr?] U 6 *ἔνιαι* om C 13 *ἤδη* om C 14 *μέλει* S *μέλει*, *λ* altero suprascripto, U *μέλλῃ* e corr M 13 *μάλιστα* U S 15 *διδάξαντος* M | *πᾶσιν* S 17 *δοσκόλου* M

---

8 *ταῖς ἐξ αὐτῆς· γεννηθείσαις* 10 *ὑπέρογκον*, in marg: *ὑπέρογκον ἐρεῖς τράπεζαν καὶ ὑπέρογκον ἐσθῆτα* 17 *κἂν τοῖς ὑπὲρ αὐτοῦ· εἰρημένοις παρὰ σοῦ* 19 *τὸ σχῆμα· τὸ τῆς ἀρχῆς* 21 *ἐκεῖθεν αὐτῷ· παρὰ τοῦ βασιλέως τῷ Προκοπίῳ.* 23 *οὕτως· πενόμενος δηλονότι* 24 *ἄλλους· συντρόφους.*

θʹ.

Ἰωάννῃ τῷ Ζαρίδῃ.

Ἠ που σὺ τρυφᾷς ἐν Ἀσίᾳ καθήμενος· καὶ νῦν μὲν θήραις τέρπῃ καὶ λειμῶσι καὶ δένδρεσι, νῦν δ' ἃ τούτων ἀμείνω, ποιητῶν τε βίβλοις καὶ λογογράφων τόκοις καὶ σοφιστῶν τεχνήμασιν. ἡμᾶς δ' εἰ μὲν ἃ καὶ πρότερον ᾔδειμεν οὐχ ἡγῇ λανθάνειν, αὐτά φημι ταῦτα δοξάζεις μὲν τὰ ὄντα. τῷ δὲ πάλαι σε τὴν τάξιν ταύτην ἑλέσθαι καινὸν οὐδὲν καὶ ἡμᾶς οἴεσθαι συνεπίστασθαι. εἰ δὲ καὶ ἃ νῦν προστεθεικὼς εὖ πεποίηκας, οὐδ' ἡμᾶς ἀγνοεῖν νομίζεις, τῶν ἐπαινετῶν δὴ τοῦτο καὶ ἀκριβῶς ἀνδρὸς αὐτοῦ τε φιλίας νόμους εἰδότος καὶ οἷς αὐτοῦ τι φίλτρον ἐνέτηξε, κἀκείνους τοῖς αὐτοῖς ἐμμένειν λογιζομένου. εἰ γὰρ ἀποστατεῖ μέν τις τῇ τύχῃ, τῶν δὲ παρόντων οὐ μεῖον οἶδε τὰ δρώμενα, πῶς οὐκ αὐτὸς μὲν ἐρᾷ τῷ πυνθάνεσθαι, ὁ δὲ παρ' ἐκείνῳ στρεφόμενος τῷ ποθεῖν αὐτὸν ἐν φροντίδι γίνεσθαι; ἃ τοίνυν ἐμὲ μὲν περὶ σοῦ χρῆν ἐξετάζειν, σοὶ δ' αὖ ἐπ' ἐμοὶ καλῶς εἶχεν εἰκάζειν, ἀκούοις ἄν, ὦ βέλτιστε, καὶ συγχαίροις. συχνὸν ἐγὼ χρόνον τῶν σῶν διάγων ἀνήκοος καὶ μήτε σὰ τῆς φίλης κεφαλῆς δεχόμενος γράμματα, μήτ' αὐτὸ τοῦτο τὸ βραχὺ μανθάνειν ἔχων, ὡς ἔρρωσαι, μεστὸς ἦν ἀθυμίας καὶ ἐμαυτὸν ἠρίθμουν εἰς οὓς οὐκ ἂν ποτ' ηὐξάμην. καὶ δὴ καὶ συνεχῶς εἰς νοῦν ἐβαλλόμην, ὡς οὗπερ ἂν ὁ ἔρως πολὺς ῥυῇ, τύραννον ἡδὺν ὁ τετρωμένος ἐδέξατο. καὶ τῶν παιδικῶν ἀφεστηκὼς οὔτε λήθην λαμβάνει καὶ πρόσγε δάκνεται καὶ σθένει, μὴ ψυχαγωγεῖν ἰσχύων τὸ πάθος. τοιαῦτά μοι πολλάκις ἀναπολοῦντι καὶ μηδ' ὁπωσοῦν τοῖς λογισμοῖς ἠρεμεῖν ἐπιτρέποντι μηνυμάτων εἰ καὶ μόλις ἀλλ' ἀγαθῶν ἀγγε-

---

1 ὦ που S | νῶ pro νῦν S 5 τί δὲ C 8 αὐτούς τε C 9 κἀκείνου C 12 τῷ ante πυνθάνεσθαι om S 14 ἐκάζειν S

---

1 ἦ που· ὄντως 4 αὐτά φημι ταῦτα· καθ' ἃ τέρπῃ 9 φιλίας νόμους· καὶ Σοφοκλῆς· ὀρθῷ νόμῳ μέλλοντες τὸ τῆς φιλίας 11 δρώμενα· ὑπὸ τοῦ φίλτρου γινόμενα 12 αὐτὸς· ἐγὼ δηλονότι 18 εἰς οὓς οὐκ ἂν ποτ' ηὐξάμην· εἰς ἐκείνους τοὺς δυστυχοῦντας δηλονότι 24 μόλις· μετὰ χρόνον πολὺν | ἀγαθῶν· μηνυμάτων.

λος ἧκεν ἀνήρ, λόγων μὲν γενναίων ἐργάτης, κριτὴς δὲ τοιούτων τε καὶ οἷοι γ'ἂν εἰκότως ψεχθεῖεν εἴπερ τις ἄριστος. καὶ τὸ δὴ κεφάλαιον, ἠθῶν εὖ ἥκων, καὶ ὅσοις ἂν συγγένηται χαρίτων ἴυγξιν ἀναρτώμενος καὶ νοῦν ἔχων ὅσον ἀποχρῆν εἰς εὐδαιμονίαν τῷ κεκτημένῳ. συνουσίας μὲν οὖν καὶ διαλέξεις, ὅσαι πρὸς ἀλλήλους ὑμῖν ἐγίνοντο, καὶ τοὺς χωροῦντας κρότους καὶ θορύβους ἐπὶ τοῖς λόγοις οὐκ ἂν μαθεῖν ἐδεήθην, τήν τε φύσιν ὑμῶν εἰδὼς καὶ τὴν εὔνοιαν, ὧν δ' ἐκ πολλοῦ μὲν αὐτὸς ἐπεθύμουν, οὗτος δὲ σὺν τῷ σκιρτᾶν ἤγγειλεν· εὐωχίαι καὶ αὐλοὶ καὶ ᾠδαὶ καὶ τέρψεις καὶ στέφανοι τελουμένων τῶν γάμων· καὶ ταῦτα δὴ τὰ μάλιστα τοὺς γάμους ἀγάλλοντα, κῆδός τε ὅλον σῶφρον καὶ νύμφη πρέπουσα πρᾴῳ καὶ φρονίμῳ καὶ ἐνδόξῳ νυμφίῳ, κοσμῆσαι μὲν οἰκίαν δυναμένη τοῖς τρόποις, τὸ δ' ἐναντίον κἂν ἐγηγερμένον στορέσαι· καὶ τῷ γένει μὲν αὐξῆσαι τὴν εὔκλειαν, ἐγκωμιασθῆναι δὲ καὶ παρὰ τῶν οὐκ εὔνων. τοιοῦτόν ἐστι ψυχὴ γνώμην βέβαιος ἀρεταῖς προσκεῖσθαι σπουδάσασα, ἣν οὐ λίθων αἴγλη καὶ χρυσίων αὐγὴ καὶ ἐσθήτων ἄνθος φαιδροτέραν καθίστησι. τὴν γὰρ ἀθανάτῳ κάλλει τετιμημένην, πῶς ἂν ἀποφῆναι τὰ καταρρέοντα λαμπροτέραν; ἀλλ' ἣν αἰδοῦς μὲν μελέτη σεμνύνει, συνοικοῦσα δὲ μετριότης διὰ παντὸς ἀσκεῖ καθάπερ τι ἄγαλμα. καὶ χάρις γε τῷ τῶν ἑταίρων ἄκρῳ, τοιαῦθ' ἡμῖν ἀσμένοις ἀσμένως φράσαντι καὶ κεκμηκότας ἤδη πρὸς τὰ παρὰ τῆς δαίμονος ἀνορθώσαντι. οἷα γὰρ ἡ βάσκανος ἐπεβούλευσεν, ἀφελομένη μὲν ἡμᾶς σὲ τὸν ἐρώμενον πάλαι, μὴ φεισαμένη δ' ὕστερον μηδὲ τῆς λοιπῆς εὐφροσύνης. ἀπενηνέγμεθα γὰρ δὴ μετὰ τῆς καλῆς καὶ μεγάλης πόλεως καὶ τῶν ἐλλογίμων τοῦ δεινοτάτου καὶ τῶν μὲν φρενῶν ἀξίου πάνυ θαυμάζεσθαι, τῆς χρηστότητος δ' οὐχ ἥκιστα μακαρίζεσθαι. Θετταλίαν δ' ἣν ὥσπέρ τινας καὶ καταρράκτας ἢ στήλας ἠκούομεν, νῦν ὁρῶμεν καὶ οἰκοῦμεν καὶ ἐπερχόμεθα. καὶ οὔπω μέν τι τῇδε δεινότερον εὐμενείᾳ θεοῦ

5 ὅσοι S 6 ἡμῖν codd. 19 μὲν om C 21 ἑτέρων S 25 μὲν γὰρ δὴ C M 26 καλῆς καὶ om C M 28 δ' om C 30 μέντοι pro μέν τι S

5 τῷ κεκτημένῳ· ἤγουν τῷ μηνυτῇ 6 — — ὑμῖν ἐγίνοντο· ἃς μετ' ἀλλήλων ἐποιεῖτε 10 γάμων· ἀττικὸν ἐκφέρειν πληθυντικῶς 11 κῆδος· ἐπιγαμβρία 12 — — νυμφίῳ· οἷος εἶ σύ 13 τὸ δ' ἐναντίον· ἤτοι τὴν ἀκοσμίαν καὶ ἀταξίαν 16 βέβαιος· ἀττικῶς ἀντὶ τοῦ βεβαία, ὡς παρὰ Θουκυδίδῃ 19 καταρρέοντα· φθειρόμενα, ἐπίκηρα 22 τῆς δαίμονος· τῆς τύχης 26 πόλεως· τῆς Κωνσταντίνου πόλεως | τοῦ δεινοτάτου· αἰνίττεται τῷ κυρῷ Μαξίμῳ τῷ Πλανούδῃ 29 καταρράκτας· τὰς ἐν τῷ Νείλῳ | στήλας· τὰς τοῦ Ἡρακλέους | ἠκούομεν· ἐν μύθοις.

πεπόνθαμεν. φήμη γε μὴν κατέχει, δυσχερῆ τοῖς ἀπείροις τὰ παρὰ τοῦ χώρου συμβαίνειν. καθαροῦ μὲν γὰρ ἀέρος τὸ παράπαν ἄμοιρον εἶναι. μάλιστα δὲ θέρους ἠργμένου τὰ αὐτοῦ πράττειν τὸ πνῖγος, ὡς μηδὲ τοῖς αὐτοῦ τεθραμμένοις ὑπ᾽ ὀροφαῖς εἶναι καθεύδειν. τοῦτο δ᾽ ἔξω τῆς ὥρας ὑπερβάλλον καὶ τὸ φθινόπωρον ἐς αὐτὸν ἀπαντᾶν χειμῶνα. ἐξ ἐκείνου δ᾽ αὖ αἰρόμενα πνεύματα, Θράκια τούτοις ὄνομα, τοὺς ὁπουδήποτε κεκλεῖσθαι καταναγκάζειν, τοσοῦτόν γε ξηρότητος καὶ ψύχους μετέχειν. ἐν οὖν τηλικούτων κακῶν περιόδῳ, τὰ βελτίω μὲν οὐκ ἂν προσδοκήσαι τις. πλὴν οὗ περιεστᾶσιν ἄφυκτοι κίνδυνοι, τὸ θεῖον ἐκεῖ φασι παριστάμενον χεῖρα σῴζουσαν ὑπερέχειν. καὶ πειθόμενος ἐγὼ τοῦθ᾽ οὕτως ἔχειν, ἀφροντίστως τὰ πολλὰ διαγίνομαι. παραμυθεῖται δέ με καὶ ὁ καλὸς Φιλάρετος, ἐγγὺς ὢν καὶ συμμιγνὺς ἑκάστοτε καὶ τῷ τῆς γλώττης ἡδίστῳ ῥεύματι καταγοητεύων καὶ ἀεὶ μέν τι σὸν διηγούμενος, ἀεὶ δ᾽ εὐφραίνων, οἷς ἂν διεξίῃ. ἓν ἐκεῖνο μόνον συγγινώσκειν ἔχω τἀνθρώπῳ, ὅτι δέον με τὸν οὕτω σε φιλοῦντα μὴ διῳκίσθαι, τῶν σῶν ὑπομιμνήσκων ἀνανεοῦται τὴν λύπην μᾶλλον ἢ σβέννυσιν.

ι΄.

τῷ Ζαχαρίᾳ.

Ὀρθῶς ἄρα εἴκαζες τὰ παρὰ τῆς ὑμετέρας εὐνοίας σκώμματα μετρίως ἡμᾶς οἴσειν προλέγων καὶ τοῦτο διατεινόμενος παραστῆναί σοι τὸ πεῖσαν τοῖς ἐπεσταλμένοις συχνῶν ἐπιφωρῆσαι τῶν μέμψεων, ὡς ἡμῶν ἠδικηκότων σε τῇ μέχρι τοῦδε σιγῇ· ἐμοὶ γὰρ οὕτως οὐκ ἀηδῆ συνέπεσε τὰ παρὰ τῶν σῶν γραμμάτων, ὥστε καὶ τὰ μέγιστα χαρίσασθαί σε φημὶ τῇ τοιᾷδε μάστιγι, δεῖν κρίναντα κινῆσαι τὸν ἑταῖρον ἀναπεσόντα. πλὴν εἰ καὶ τὸ πρόσθεν ἡμᾶς ἡ γλῶττα μετὰ τῶν καθευδόντων ἔταττεν, ἐλλείπουσα τὰ παρ᾽ ἑαυτῆς, ἀλλ᾽ ἡ γνώμη πάλαι πληγεῖσα οὐκ

---

5 *εἶναι* om U S 13 *με* om M | *ἐγγὺς καὶ ὢν* M 15 *μέντοι* pro *μέν τι* U S | *καθ᾽ ἓν ἐκεῖνο* S 22 *τῇδε* pro *τοῦδε* U S 23 *περὶ* pro *παρὰ* U S

---

5 *τοῦτο· τὸ πνῖγος* 15 *ἕν· καθ᾽ —* 17 *διῳκίσθαι· κεχωρίσθαι, σοῦ δηλονότι* 21 *ἐπιφωρῆσαι· ἐπαντλῆσαι, ἐπιδαψιλεύσασθαι* 22 *τῶν μέμψεων· τινάς* 23 *τὰ — —· σκώμματα* 27 *πληγεῖσα· τρωθεῖσα ὑπὸ τοῦ σοῦ φίλτρου.*

εἶχεν ὅπως ἀργοίῃ. ἤπειγε δ' αὐτὴν τῶν τε συνουσιῶν ἐκείνων ἡ μνήμη τῶν πυκνῶν καὶ πρὸ γ' ἐκείνων αἱ τῶν σῶν ἠθῶν ἴυγγες, ὅτῳπερ ἂν εἰς λόγους ἔλθῃς ἐπάγεσθαι τέχνην ἔχουσαι. ἐμὲ δὲ διαφερόντως ἀνήψαντο μᾶλλον ἑταίρων, ἐρωτικόν τινα καὶ τὰ τοιαῦτά γε ἥττονα. εἶναι δέ με τοιοῦτον καὶ σὺ δὴ τοῖς γράμμασιν ἐβεβαίωσας. ὅτε γὰρ οὐ τὴν ἐμὴν ὑπελογίσω ῥᾳθυμίαν, οὐδ' ὤκνησας μὴ μάταιον ἐκβῇ σοι τὸ ἐπιστεῖλαι, ἀλλ' ἀπὸ διανοίας μάλα θαρρούσης ἐπὶ τοῦτο ἀφίκου, πῶς οὐχὶ καὶ σὲ τοῦθ' ἡμῖν ψηφίσασθαι παρέσχες λογίζεσθαι; εἴπερ οὖν ἔστι σοι βουλομένῳ, ὥσπερ καὶ αὐτὸς δῆτα πέπεισμαι, ῥᾳστώνην ἡμᾶς συλλέγειν ἑορτῆς ἁπάσης ἄλλης ἡδίω, συνεχέσιν ἀλλήλους ἀμειβώμεθα γράμμασιν. ἐγώ τε γὰρ ὡς οὐδὲ τοῦ λοιποῦ σὺ δεήσῃ τοῦ ἐπεγείροντος, ἤδη σαφὲς ἔχω σύμβολον τὴν ἄρξασαν βελτίστην ἐπιστολήν. σὺ δ' αὖ ἐμοῦ πειραθείης ἂν οὐχ οἵου λαβεῖν αἰτίαν εἰς τὴν ἑξῆς ὀρῶν προθυμίαν. εἰ δὲ παραβάντα λάβοις μέ ποτε τὰ συντεθειμένα, τότ' ἤδη θυμοῦσθαι, λοιδορεῖσθαι, ταῖς βοαῖς ἄνω καὶ κάτω κυκᾶν ἅπαντα, μηδ' ὁτουοῦν δάκνειν πεφυκότος ἀφίστασθαι. δῆλον γάρ, ὡς οὐχ ἧπερ ἔμπροσθεν τὰ δεινὰ ταῦτα ἀνέξομαι. οὐδὲ γὰρ εἰς λόγον μέμψεως παραπλήσιον οὑτωσί τι τῶν δεόντων ὅντινα δὴ παραλείπειν καὶ μήθ' ὁμολογιῶν ἀνάγκην ταυτὰ ἐξαμαρτάνοντα φαίνεσθαι. ὅπερ οὖν ἔφην· μιμείσθωσαν αἱ πρὸς ἡμᾶς ἐπιστολαὶ νιφάδας· τὰ δὲ παρ' ἡμῶν αὖθις, αὐτό φασι δείξει.

ἐπεὶ δ' ἡμᾶς καὶ συμβούλους περὶ τῶν λυσιτελούντων σοι αἱρῇ καὶ προστίθῃς τι τοῦ ἔπους, ἀγαθὴν εἶναι τὴν ἑταίρου παραίφασιν, καὶ ἐν τούτῳ γε ἀξίως σαυτοῦ φρονεῖς καὶ συνῳδὰ τοῖς ἄλλοις, ἀφ' ὧν ἔνι σοι στεφανοῦσθαι. σὺ μὲν οὖν ἄχρι τίνος ἐνταυθοῖ καθεδεῖσθαι τεκμαιρόμεθα, τοῦτ' αὐτὸ μόνον ἁπλῶς μαθεῖν ἀξιοῖς. συμβαίνει δὲ μὴ δηλουμένης ἂν τῆς αἰτίας ἀμφισβητεῖν ἔχειν εἴ τις ἐθέλοι. ἅμα δὲ καὶ ὡς ὑμᾶς

---

1 *αὖ τὴν* pro *αὐτὴν* C 4 *ἑτέρων* M S 9 *παρηφίσασθαι* C 10 *ἔστη* pro *ἔστι* S 12 *λοποῦ* C 13 *ἔχων* pro *ἔχω* M 14 *πειρ[ασ]θείης* S 20 *τῶνδε τὸν* pro *τῶν δεόντων* S 21 *ταυτὰ* om S 24 *συμβόλους* M 26 *παρέμφασιν* S | *γε* om M 30 *ἡμᾶς* C

---

4 *ἑταίρων· φίλων | ἐρωτικόν τινα· περὶ τοὺς ἔρωτας διακείμενον ἐμέ* 5 *εἶναι δέ με τοιοῦτον· τουτέστι, ὅτι ἐπισπᾶταί με φιλία ἐλλογίμου* 11 *ἑορτή· ἀπὸ τοῦ ἓ καὶ ἑαυτὸν διεγείρειν τινά* 16 *θυμοῦσθαι· Σημ. τὰ ἀπαρέμφατα ἀντὶ προστακτικῶν ἀττικῶς* 20 *παραλείπειν· παραλιμπάνειν, καταφρονεῖν* 23 *αὐτό φασι δείξει· ὡς οἱ παροιμιαζόμενοί φασιν, ἤγουν τοιαῦτα γενήσεται* 29 *δηλουμένης· ὑπ' ἐμοῦ.*

οὐ χαλεπῶς ἂν ἡ περὶ τοῦ χρόνου φήμη φοιτῴη, μὴ ἀλλ' ἄττα κομίζουσα, παρ' ἃ ἡμῖν δίδωσι τοῖς ὡς εἰκὸς αὐτὴν ἔχουσιν ἐγγυτέρω. ἐγὼ δ' ὅθεν συμβάλοι τις ἡμῶν τι ἀκριβέστερον καὶ τ' ἀληθοῦς οὐ πάνυ τι πόρρω διέξειμί σοι. πολλὰ δὴ περὶ ἡμᾶς ἐρρύηκε πράγματα, ἃ πρὶν καταστήσασθαι καὶ ὡς ἂν ἄριστα σχοίη θέσθαι, τῶν ἀμηχάνων προλιπόντας ἐντεῦθεν ἀπᾶραι. τουτὶ γὰρ ἂν σαφῶς εἴη συναπᾶραι καὶ τῶν πραγμάτων. λείπεται τοίνυν τοὺς κεκυκλωμένους ὄχλῳ τοσῷδε μηδ' ἐπιχειμάσειν πιστεύειν ἄλλοθι. καὶ γὰρ δὴ καὶ τὰ ἐπιτήδεια, τὰ μὲν εὐτρέπισται, τὰ δὲ καὶ παρασκευάζεται. ταῦτα μὲν οὖν εἰ πεισθείης καὶ οὐκ ἄλλο τι διδάξας ἄλλος νικήσειε, ἴσθι μὴ ἐξηπατημένος. τῆς ὥρας δὲ πέρι, ἣ δικαίως ἂν ἔχοι λαχοῦσα τήνδε τὴν πρόσρησιν ὥσπερ ἄλλο τι τῶν ἐπισήμων, τοσοῦτος ἐν τῷ παρόντι λόγος, ὅσος γε καὶ ὧν οὐδεὶς οὐδέποτ' ἔννοιαν ἔλαβε. ποῦ γὰρ εἰκὸς διανοεῖσθαι νῦν ἐπάνοδον ἐπ' ἐκείνης, τῆς μὲν ἔτ' ἀπούσης, τῶν περιεστηκότων δ' αὖ ἤδη τοιούτων ἐπιστρέφεσθαι μὴ ἐπιτρεπόντων; ἐπὶ δὴ τούτοις, εἰ μὲν αἰσθάνῃ σεαυτὸν ἢ μηδενὸς ἐλλείποντα τῶν, ὅσαπερ ἂν οὐκ ἐπαχθῆ τὴν ἐπὶ Θετταλίας στείλασθαί σε ποιήσειεν, ἢ κομιδῇ βραχέων, ὑφ' ἡγεμόνι τύχῃ ἀγαθῇ δεῦρο ἧκε. εἰ δ', ὃ πικρὸν τοῖς βελτίστοις, ἀπορία καὶ σὲ πιέζει, νοῦν ἂν ἔχοντος δράσαις, ἐπιζημίου πορείας ἀπράγμονα μονὴν ἀνθελόμενος. ἐνθυμήθητι γάρ, ὡς νῦν μὲν οἴκοι διάγων, πρῶτον μὲν οὓς ἂν ὁρῷν ἄγοις παραμυθίαν· τήν τε μητέρα τά τε λοιπὰ τίμια συνόντας ἔχεις. ἔπειθ', ἣν τέχνην οὐ κεκτημένος κάλλιστ' ἂν ηὖξω γενέσθαι σοι, ταύτῃ τὴν γνώμην ἐφ' ἑκάστης ἐν τῷ φροντιστηρίῳ γυμνάζων ἀστειοτέραν ἀπεργάζῃ. πρὸς δὲ τούτοις, εἰ καὶ τὰ ὄντα σοι μικρά, τοῦ γοῦν ὀφείλειν ὡς καὶ τοῦ πλουτεῖν ἴσον ἀπέχεις. ἢν δὲ χαίρειν ἐάσας ἅπαντα τὴν ἐν ἀλλοδαπῇ ποθήσῃς διατριβήν, σεαυτὸν ἐμβιβάσεις εἰς τὸν περὶ τῶν ἐσχάτων ἀγῶνα, σπάνει μὲν τῶν ἀναγ-

---

3 συμβάλλοι S 9 εὐπρέπισται C 11 νικήσειν U S M νικήσοι (rasura) C 12 δὴ pro δὲ U S | πρόρρησιν, σ lit. suprascripta, U 15 ἐπάνο M ἐπάναδον C 17 ἐπειδὴ pro ἐπὶ δὴ S 18 θαλαττίας M 22 μὲν γάρ C 23 ἄγεις M 24 ἔχοις S M 29 ποθήσεις U 30 τῶν om S

---

6 τῶν ἀμηχάνων· ἀμήχανόν ἐστι 9 τὰ ἐπιτήδεια· τὰ ἐφόδια τὰ ἐν τῇ ὁδῷ 12 τῆς ὥρας· τῆς τοῦ ἀέρος | τήνδε τ. πρόσρησιν· τὸ εἶναι ὥρα μόνη 15 ἐπ' ἐκείνης· ἤγουν ἐπ' ἐκείνην τὴν ὥραν 19 βραχέων· αἰσθάνῃ σεαυτὸν ἐλλείποντα 24 τέχνην· ἰατρικήν 25 ταύτῃ· διὰ ταύτης τῆς τέχνης 26 ἐν τῷ φροντιστηρίῳ· ἐν τῷ ξενῶνι 27 τὰ ὄντα· τὰ κτήματα.

καίων ἐπιτριβείς, πονηροὺς δὲ χρήστας ἐπὶ σαυτὸν ἀτεχνῶς τινων κεφαλὰς Γοργόνων ἀσκήσας, κέρδος γε μὴν οὐδέν, τοσούτων παλαισμάτων ἆθλον, ἀπενεγκάμενος · διὰ γὰρ ἁπάντων πίπτων χωρήσεις. καὶ τὸ δὴ πέρα δεινῶν, οὐδὲ τοὐπιτήδευμα εὐπρεπῶς ἕξει σοι. πρὸς αὐτῷ γὰρ ἤδη τῷ κολοφῶνι γενόμενος, εἶτα μὴ ὑπερσχὼν ἀποστερήσῃ τῶν κηρυγμάτων. ἀπειπὼν δέ ποθ' ὕστερον, μνησθεὶς νόστοιο, πτερῶν ἴσως ἐπιθυμήσεις. ἐγὼ μὲν οὖν, ἃ κράτιστα εἶναι ἥγημαι, εἰσηγησάμην δή σοι τῷ φιλουμένῳ. πρέποι δ' ἂν ἐν Ἱπποκράτους τετελεσμένῳ τῶν ὀργίων ἐκείνου μηδὲ περὶ ταῦτα ἀναξίῳ δειχθῆναι. αἰσχρὸν γὰρ ἀφανῆ παθήματα καὶ κρίνειν καὶ ἰᾶσθαι πεπιστευμένον οὕτω φανερῶν μὴ στοχάζεσθαι δύνασθαι.

---

1 ἐπιτρίβεις S   8 εἶναι om C M   10 ἀναξίους C

---

2 ἀσκήσας · κατασκευάσας   4 τοὐπιτήδευμα · ἡ ἰατρική   5 ἕξει · ἐκβήσεται.

GEORGII LACAPENI IN EPISTULAS X PRIORES EPIMERISMI.

Index librorum manu scriptorum.

B = cod. Baroccianus Bibl. Oxoniensis Bodleyanae 103.
C = » Coislinianus Bibl. nationalis Paris. 341.
Cn = » Collegii noui Bibl. Bodl. 297.
M = » Monacensis gr. 529.
Mosq = » Bibl. Mosquensis synodalis 459 (ex ed. Matthaeii.)
P = » Bibl. nat. Paris. 2938.
Pa = » » » » 2508.
U = » Upsaliensis gr. 28 b.

Τῆς Α̅ ἐπιστολῆς.

γράφειν.

γράφειν· τὸ συγγράφειν λόγον ἢ ἄλλην τινὰ ἱστορίαν, ὅθεν καὶ συγγραφεύς. γράφειν· τὸ ζωγραφεῖν, ὅθεν καὶ γραφεύς. γράφειν· τὸ ἐπιστέλλειν. γράφειν· τὸ διὰ δόνακος γράφειν. καὶ γράφειν· τὸ νύσσειν ποιητικῶς, ὡς παρ' Ὁμήρῳ· γράψε ταρσὸν δεξιτεροῖο ποδός. γράφομαι δὲ παθητικῶς ἐκφερόμενον, ὁμοίως καὶ προσγράφομαι καὶ ἐγγράφομαι, λαμβάνεται ἀντὶ τοῦ τίθεμαι καὶ κατατάττομαι. καὶ γράφομαι ἀντὶ τοῦ κατηγορῶ, παθητικῶς μὲν ἐκφερόμενον, ἐνεργητικὴν δὲ σημασίαν ἔχον, συντασσόμενον αἰτιατικῇ, ὡς καὶ Δημοσθένης· οὐ γὰρ δήπου Κτησιφῶντα μὲν δύναται διώκειν δι' ἐμέ. ἐμὲ δ' εἴπερ ἐξελέγχειν αὐτὸν ἐνόμιζεν, αὐτὸν οὐκ ἂν ἐγράψατο. καὶ γράφομαί σε γραφὴν ἀσεβείας, ὡς παρὰ Πλάτωνι· οὐκ ἐννοῶ, ὦ Σώκρατες, ἀλλὰ δή τινα γραφήν σε γέγραπται;

διδάσκω.

διδάσκω καὶ διδάσκομαι διαφέρει. διδάσκω μὲν τὸ ἐκπονῶ ἄλλον περί τι, ἤτοι παιδεύω καὶ ἐνάγω. διδάσκομαι δὲ καὶ κατὰ τὴν ἰδίαν παθητικὴν σημασίαν προφερόμενον λαμβάνεται, σημαίνει δὲ τοὐτ' αὐτὸ καὶ ἐνέργειαν, ἀντὶ τοῦ εἰς διδασκάλου πέμπω διδαχθησόμενον, ὡς καὶ Ἀριστοφάνης· ἐδιδαξάμην μὲν σ' ὦ μέλεε. καὶ παρὰ Λουκιανῷ· ὁ δὲ πατὴρ ἐσκοπεῖτο μετὰ τῶν φίλων, ὅτι με καὶ διδάξαιτο. ὁμοίως δὲ καὶ παρὰ Πλάτωνι ἐν Μένωνι· ἢ οὐκ ἀκούεις, ὅτι Θεμιστοκλῆς τὸν υἱὸν ἱππέα μὲν ἐδιδάξατο ἀγαθόν, ἀντὶ τοῦ δι' ἑτέρου ἐπαίδευσεν.

---

1 *γράφειν ἐνεργητικὸν σημαίνει πέντε* M idem P, recenti manu adscr. *γρ. ἐνεργητικῶς σημ. π.* B *γράφειν τὸ* ante *συγγράφειν* om B 2 post *συγγραφεὺς* uoc. sequitur: *γράφειν τὸ διὰ δόνακος γράφειν* in Cn P, *γράφειν τὸ ἐπιστέλλειν* in M 4 *γράφειν καὶ τὸ νύσσειν* B 6 *λαμβάνεται-γράφομαι* (l. 7) om U B 7 *τιθέμενον* pro *τίθεμαι* P idem, lit. *αι* superscriptis, Cn *ἀ. τ. κατατίθεμαι* M 11 *αὐτὸν* ante *ἐνόμιζεν* om M *αὐτὸν* ante *οὐκ* om B 15 *καὶ* ante *κατὰ* om Cn P 17 *διδάσκαλον* ex *διδασκάλου*, ut videtur, factum in U 18 *μὲν* ante *σ' ὦ* om B Mosq, del U, adscr. M 20 *ἐδιδάξαιτο* P.

μέμφομαι.

ὅτι τὸ μέμφομαι συντάσσεται ἀττικῶς μὲν δοτικῇ, κοινῶς δὲ αἰτιατικῇ.

σιγή.

σιγὴ καὶ σιωπὴ τὸ αὐτό, πλὴν τὸ μὲν σιγὴ παρὰ τοῖς ποιηταῖς τὸ σι μακρόν, σιωπὴ δὲ ἀεὶ βραχύ.

προέχω.

προέχω ἀντὶ τοῦ πρὸ τῶν χειρῶν ὡς πρόβλημά τι ἔχω, ἐξ οὗ καὶ προΐσχω. προέχω καὶ τὸ ὑπερέχω καὶ ὑπέρτερός εἰμι, συντασσόμενον γενικῇ.

ἔοικε.

τὸ ἔοικε λαμβάνεται ποτὲ μὲν ἀντὶ τοῦ φαίνεται, ποτὲ δὲ ἀντὶ τοῦ ὅμοιός ἐστι. καὶ ὅτε μὲν ἀντὶ τοῦ φαίνεται, συντάσσεται ἀπαρεμφάτῳ, ὡς τὸ ἔοικεν εἰληφέναι δῶρα παρὰ Φιλίππου. ὅτε δὲ ἀντὶ τοῦ ὅμοιός ἐστι, συντάσσεται δοτικῇ, ὡς βασιλῆϊ γὰρ ἀνδρὶ ἔοικας. ἔστι καὶ ἔοικεν ἀντὶ τοῦ πρέπει ποιητικῶς ἐναπόλυτον, ὡς παρ' Ὁμήρῳ· ἐπεὶ οὐδὲ ἔοικεν.

θηρᾶν.

θηρᾶν καὶ θηρᾶσθαι τὸ αὐτό, ὡς τὸ διερευνᾶν καὶ διερευνᾶσθαι, ἐκ δὲ τοῦ θηρᾶν γίνεται τὸ θηρεύειν.

ψεύδομαι.

ψεύδομαι ἀμετάβατον καὶ ψεύδομαι μεταβατικόν, συντασσόμενον αἰτιατικῇ, ὡς Ἀριστείδης· ἐψεύσω τὴν μητέρα, ἀντὶ τοῦ ψευδεῖς ὑποσχέσεις ὑπεσχέθης. ψεύδομαι καὶ τὸ ἀπατῶμαι καὶ ἀποτυγχάνω, συντασσόμενον γενικῇ, ὡς παρὰ Σοφοκλεῖ ἐν Αἴαντι· ἦ ῥα κλυτῶν ἐνάρων ψευσθεῖσα δώρων, ἀντὶ τοῦ ἀποτυχοῦσα. καταψεύδομαι δὲ τοῦ δεῖνος, ἀντὶ τοῦ ψευδεῖς συκοφαντίας πλάττω κατὰ τοῦ δεῖνος.

κατα-

δή.

δὴ καὶ δήπουθεν καὶ δῆτα. τὸ μὲν δῆτα καὶ δήπουθεν ἔστι μὲν καὶ ἀργά. λαμβάνεται δὲ παρ' ἀττικοῖς καὶ ἀντὶ τοῦ ὡς ἀληθῶς καὶ φανερῶς. τὸ δὲ δὴ λαμβάνεται καὶ ἀργόν. κυρίως δὲ

---

1 ἔτι pro ὅτι Cn | μὲν ἀττικῶς Cn P ἀ ἀττικῶς U | δ' αἰτιατικῇ U | μέμφομαι uocabulo huius formae carent B et Mosq, sed simile atque plenius ex epimerismis Ep. XIV afferunt. 5 ἔχω τι ὡς π. M 6 καὶ ante τὸ ὑπερέχω om M 10 Φιλίππω U Par 2508 11 ὅτε μὲν U | ὡς τὸ B 12 γὰρ om M 13 post ἐναπόλυτον in U lacuna signo quodam indicata. textus denuo inc. a uoc. ὡς τὸ διερευνᾶν (l. 14). τὸ pro παρ' Ὁμήρω B lemma θηρᾶν om U θηρᾶν uoc. om B M 18 ὑποσχέθης Mosq ὑποσχέθης ὑποσχέσεις M 19 τὸ ἀποτυγχάνω M 21 καὶ καταψεύδομαι Cn P 22 κατά τινος Mosq. 23 τὸ δὴ δήπουθεν δῆτα M δὴ καὶ δήπουθεν δῆτα Cn δὴ κ. δήπουθεν κ. δήπου κ. δῆτα B τὸ μὲν δήπουθεν καὶ δῆτα M | ἔστιν P 24 μὲν ante καὶ ἀργά om M | ὡς om M Par 2508 25 μὲν καὶ ἀργόν Mosq.

καὶ ἀντὶ τοῦ ἰδού, ὡς παρ' Ἀριστοφάνει· καὶ δὴ βαδίζω, τουτὶ δὲ τὸ κρεάδιον.

προτρέπω.

προτρέπω· τὸ ἐνάγω καὶ διεγείρω τινὰ ἄκοντα, ἤτοι παροξύνω. ἐπιτρέπω δὲ τὸ συγχωρῶ προθυμουμένῳ, ὡς ἐνταῦθα.

ἐμπίπτω.

ἐμπίπτω λέγεται καὶ τὸ περιπίπτω, ἤτοι τὸ εἰς πράγματα καλινδοῦμαι. λέγεται ἐμπίπτω καὶ τὸ ἐπιτίθεμαι ἐπὶ κακῷ τινι, ὡς παρὰ Σοφοκλεῖ· τί δῆτα ποίμναις τήνδ' ἐμπίπτει βάσιν;

ἀσχολία.

ἀσχολία· ἡ πολλὴ περί τι σπουδὴ καὶ συνεχὴς ἐπιμέλεια. καὶ ἀσχολοῦμαι ῥῆμα. καὶ ἄσχολος ὄνομα, ἀρσενικῶς καὶ θηλυκῶς ἐκφερόμενον. σχολάζω δὲ τὸ ἐμαυτὸν ἀπάγω τοῦ πράγματος, τουτέστιν ἡσυχίαν ἄγω καὶ τοῦ θορύβου ἐμαυτὸν ἀφιστῶ, καὶ ἀπὸ τούτου σχολή· ἡ ἄδεια.

ἁπλοῦς.

ἁπλοῦς νοῦς καὶ ἁπλᾶ νοήματα. ἁπλοϊκὰ δὲ τὰ συντιθέμενα γράμματα καὶ δηλοῦντα τὰ νοήματα.

μεταφέρειν.

μεταφέρειν λέγεται τὸ μετακινεῖν καὶ μεθιστᾶν καὶ μετάγειν καὶ μετατρέπειν, καὶ Ξενοφῶν ἐν τῷ τῆς Κύρου ἀναβάσεως· καὶ ὁ Χειρίσοφος τὸ πλέον τοῦ στρατεύματος ὑπὸ τὸν λόφον μεταφέρων, ἐξαπίνης οὐ καιρίαν τιτρώσκεται. μεταφέρειν λέγεται καὶ τὸ μετὰ χεῖράς τι ἔχειν, τὸ αὐτὸ συντεῖνον τῷ ἀναιρεῖσθαι, ὅπερ κοινῶς λέγεται τὸ κρατεῖν.

σημείωσαι περὶ τοῦ μὲν καὶ τοῦ δὲ συνδέσμου.

ἔστι παρὰ τοῖς ἀττικοῖς σύνηθες μὴ ἐπάγειν ἀεὶ πρὸς τὸν μερικὸν μὲν σύνδεσμον τὸν δέ, λαμβάνειν δ' ἕτερόν τι, τοῦ δὲ συνδέσμου δύναμιν ἔχον, οἷον ἢ ἔπειτα ἢ εἰ γοῦν ἐν διηγήσει ἢ καὶ νῦν, ὡς ἐνταῦθα· πρῶτον μὲν οὐχ ὅσιον, ἔπειθ' ὅτι νῦν — ἰδοὺ γὰρ τὸ πρῶτον μετὰ τοῦ μὲν εἰπών, οὐκ ἐπήνεγκεν ἐφεξῆς τὸν δέ, ἀλλὰ τὸ ἔπειτα, τὴν τοῦ δὲ συνδέσμου δύναμιν

---

1 ὡς καὶ παρ' Ἀρ. UB προτρέπω uoc. om M 4 τινὶ προθ. B Cn προμηθουμένῳ U | ὡς ἐνταῦθα om B 5 περίπτω M 7 ἐπεμπίπτει U B 8 πολλὴ et συνεχὴς om M ἐπιμέλεια συνεχὴς U 9 ἄσχολης (ras.) U 10 ἐπάγω Cn P 13 συντεθειμένα M — ab ἁπλοῦς uoc. inc. C 14 δηλοῦν τὰ ν. M 15 μεθιστᾶν καὶ μετακινεῖν C 16 ὡς καὶ Ξενοφῶν B 17 Χειρόσοφος P Cn | ὑπὸ τῶν λόφων C 18 ἐξ ἀπινίας M 19 ταυτὸν συντ. P Cn Mosq. C | τὸ ἀναιρεῖσθαι P 2508 U C 21 τὸ μερικὸν Cn P 22 | δὲ ἕτερον B C δ' ἕτερον ἀντὶ τ. δὲ M 23 ἢ ante ἔπειτα om P ἤγουν ἢ ἔπειτα P 2508 οἷον ἔπειτα ἢ ἢ γοῦν M 25 ὡς τὸ πρῶτον B. 26 τὸν ἔπειτα C τοῦ ἐπ. M.

ἐμφαῖνον, ὥστε οὐκ ἐξ ἀνάγκης τὸν δὲ σύνδεσμον ἀεὶ πρὸς τὸν μὲν ἐπιφέρειν, ὡς Αἰσχύλος· πρῶτον μὲν θεοὺς αἰτῶ τῶνδ' ἀπαλλαγὴν πόνων, φρουρᾶς ἐτείας. καὶ Εὐριπίδης· πολλὴ μὲν ἐν βροτοῖσι κοὐκ ἀνώνυμος θεὰ κέκλημαι Κύπρις. ἰδοὺ γὰρ ἀμφότεροι τὸν μὲν προτάξαντες, οὐκ ἐπήγαγον τὸν δέ. ὁμοίως δὲ καὶ Σοφοκλῆς καὶ Δημοσθένης ποιοῦσιν, ὁ μὲν πρὸς τὸν ἔπειτα τὸν μὲν σύνδεσμον ἀποδιδούς, ὁ δὲ πρὸς τὸ καὶ νῦν. ὁ μὲν οὖν Δημοσθένης φησί· πρῶτον μέν, ὦ ἄνδρες Ἀθηναῖοι, τοῖς θεοῖς εὔχομαι πᾶσι καὶ πάσαις, ἔπειθ' ὅπερ ἐστὶ μάλισθ' ὑπὲρ ὑμῶν. Σοφοκλῆς δὲ· ἀεὶ μέν, ὦ παῖ Λαρτίου, δέδορκά σε, καὶ νῦν ἐπὶ σκηναῖς σε ναυτικαῖς ὁρῶ. καὶ σχεδὸν οὕτω πως ἀεὶ τιθέμενον εὑρήσεις.

ἐγκεῖσθαι.

ἐγκεῖσθαι λέγεται τὸ ἐν ἄλλῳ τινὶ ἄλλο ἁπλῶς κεῖσθαι. καὶ ἔγκειται τῷ βιβλίῳ τὰ γράμματα. ἐγκεῖσθαι λέγεται καὶ τὸ βαρέως ἐπιτίθεσθαι.

γνώμη.

γνώμη· ὁ σκοπὸς καὶ ὁ νοῦς, ἤτοι ἡ διάνοια, ὡς καὶ Ἀριστοφάνης· ὡς ὀξὺς τὴν γνώμην, ὦ Ζεῦ, ἤτοι τὰς φρένας καὶ τὴν διάνοιαν. γνώμη καὶ ἡ εἰσήγησις, ὡς τὸ δίδωμί σοι γνώμην, ἤτοι παραίνεσιν καὶ συμβουλήν. γνώμη καὶ ἡ θέλησις καὶ ἡ βούλησις ἑνὸς ἑκάστου.

τῆς Β ἐπιστολῆς.

πάλαι.

τὸ πάλαι ἀντιδιαστέλλεται πρὸς τὸ νῦν, ἤτοι ποτὲ ἢ πρὸ πολλοῦ, ὡς τὸ πάλαι μοί ἐστι φίλος ὁ δεῖνα.

φίλτρα.

φίλτρα κυρίως μὲν λέγεται τὰ ἐπὶ μαγγανείᾳ γινόμενα φάρμακα ἢ γοητεύματα ἐπὶ τὸ ἐφελκύσασθαι ἁπλῶς καὶ τὰ ζῷα, ὅθεν γίνονται τῶν ἡδονῶν ἀπολαύσεις, ὡς παρὰ Θεοκρίτῳ· πᾶ δὲ

---

1 ἐξενάγκης M 2 ὡς Αἰσχ. om M | θεοὺς αἰτεῖν M 3 pro ἐτείας αἰτίας U B αἰτείας C lac. P 2508 4 βροντοῖσι U 5 προστάξαντες U | τὸν ante δὲ om P Cn 7 τὸ ἔπειτα U B 8 ὁ μέν Δημ., οὖν om, M ὦ ἄνδρες ὦ Ἀθ. M 9 καὶ πᾶσι καί πάσαις M 10 δ' ἀεί U | Cn pergit post δέδορκά σε, πεῖραν τιν' ἐχθρῶν ἁρπάσαι θηρώμενον et post ὁρῶ Αἴαντος adiicit. ἐγκεῖσθαι uoc. om M. 13 ἐγκεῖσθαι ex συγκεῖσθαι corr. B | καὶ τὸ ἐν ἄλλω P 2508. 17 ὡς ὀξὺς εἰ τήν γνώμην B τὴν γνώμην om C | ὦ Ζεύς P 2508 19 παραίνεσιν uoc. rasurae superscriptum habet U | καὶ βούλησις B, qui addit ἤτοι ἡ προαίρεσις. κ. ἡ βούλησις om M uoc. πάλαι om M 23 κοινῶς pro κυρίως M Mosq. | λέγεται om B 24 ἐπί τῷ ἐφελκύσασθαι B Cn Mosq.

τὰ φίλτρα, ὡς ἂν τὸν ἐμὸν βαρυνεῦντα καταθύσωμαι ἄνδρα; λέγεται δὲ φίλτρα καὶ ἡ ἁπλῶς γινομένη τισὶν ἐκ ψυχῆς ἀγάπη.

ἐντήκειν.

ἐντήκειν λέγεται κυρίως τὸ ἐμποιεῖν μνήμην ἀδιάλειπτον καὶ διηνεκῆ καὶ ὅτι δή ποτε μόνιμον. εἴρηται δὲ μεταφορικῶς ἀπὸ τῶν ἐν κηροῖς γινομένων.

τηρῶ.

ὅτι τηρῶ σημαίνει δύο· τὸ παραφυλάττω, ἤτοι τὸ κοινῶς λεγόμενον παρακάθημαι, ὡς καὶ Λιβάνιος· καὶ τηρήσας ἀφιέντα δίσκον, ἀντὶ τοῦ παραφυλάξας. καὶ τηρῶ νυκτὸς φυλακήν, ἀντὶ τοῦ φοβούμενος φυλάττω.

εἰσπράττω.

εἰσπράττω ἐνεργητικῶς καὶ πράττομαι παθητικῶς μὲν ἐκφερόμενον, ἐνεργητικὴν δὲ σημασίαν ἔχον, ἐπὶ τοῦ αὐτοῦ σημαινομένου λαμβάνεται ἀμφότερα ἀντὶ τοῦ ἀπαιτῶ, κυρίως ἐπὶ δίκης καὶ χρυσίου ἀπαίτησιν ἀττικῶς λεγόμενα. εἰσπράττομαι δὲ μετὰ προθέσεως σπάνιον καὶ οὐκ ἀττικόν, ὥσπερ δὴ καὶ τὸ πράττω δίχα προθέσεως, ὡς παρὰ Συνεσίῳ εὑρίσκεται· ἐφ' ᾧ γε πράξαντας τὸ χρυσίον.

κρίνω.

κρίνω· τὸ δοκιμάζω καὶ βασανίζω, ἐξ οὗ καὶ κριτικός. κρίνω· τὸ δικάζω, ἐξ οὗ καὶ κριτής. κρίνω· τὸ νομίζω καὶ ἡγοῦμαι, ὡς ἐνταῦθα. κρίνω· τὸ διαχωρίζω, ἀεὶ μετὰ προθέσεως ἐκφερόμενον, ὡς καὶ Λιβάνιος· σὺ δ' ἀπέκρινες τὰ νόθα τῶν γνησίων.

συμφέρομαι.

συμφέρομαι παθητικῶς τοῖς πολλοῖς, ἀντὶ τοῦ μετὰ τῶν πολλῶν γίνομαι ἐπὶ χυδαιότητι, ὅθεν καὶ συνηνέχθην. συμφέρει μοι δὲ ἀντὶ τοῦ λυσιτελεῖ ἐνεργητικῶς, συντασσόμενον ἢ ἀπαρεμφάτῳ, ἐφελκομένῳ τὴν δοτικὴν αὖθις, ἢ εὐθείᾳ, οἷον· συμφέρει μοι ποιῆσαι εἰρήνην τὰ δίκαια σκοποῦντι. καὶ συμφέρει μοι ἡ εἰρήνη, ἀντὶ τοῦ ὠφελεῖ καὶ λυσιτελεῖ.

---

1 πᾶ δὲ φίλτρα U | βαρονεῦντα C | καταθήσομαι B καταθύσωμαι ex καταθήσωμαι corr U 2 δὲ om M. | ἐκ ψυχῆς φιλία C 3 ἐντείνειν legit in Mosq. Matthaei, coni. ἐντήκειν add. ἀδιάληπτον U uoc. ἐντήκειν om M 6 ὅτι om B 13 λεγομένην Cn λεγόμενα, ν post α lit. deleto C. | εἰσπρ. δὲ δίχα (sic) προθέσεως B εἰσπρ. δὲ παθητικῶς μετὰ τῆς προθ. M 15 ὡς π. Σ εὑρίσκεται om U εὑρίσκεται om M C δίχα προθέσεως, ὡς π. Σ εὑρ. δίχα προθέσεως, uoc. δίχα προθέσεως iteratis, Cn C 16 εἰσπράξαντες pro πράξαντας M. 17 κρίνω· τὸ δοκιμάζω, ἐξ οὗ κ. κριτής C U B 19 ὡς ἐνταῦθα om B 20 ἀπέκρινας B Cn 22 ἐν χυδαιότητι M 23 λυσιτελεῖν U συντασσόμενον ἀπαρεμφάτῳ Cn 24 ἡ εὐθεῖα M

παρορῶ.

παρορῶ, περιορῶ, ὑπερορῶ τὸ αὐτό, πλὴν τὸ μὲν παρορῶ καὶ περιορῶ αἰτιατικῇ, ὑπερορῶ δὲ παρὰ μὲν τοῖς κοινοῖς γενικῇ, παρὰ δὲ τοῖς ἀττικοῖς καὶ αὐτὸ αἰτιατικῇ, ὡς καὶ Συνέσιος· πνεῦμα θεῖον ὑπερορᾷ, σμικρολογίαν συγγραφικήν.

ἔχω.

ἔχω· τὸ κέκτημαι, ὡς τὸ ἔχω ἀγρὸν ἢ οὐσίαν ἢ ἄλλο τοιοῦτον. ἔχω· τὸ κατοικῶ, ὡς τὸ Ὀλύμπια δώματ᾽ ἔχοντες. καὶ παρ᾽ Ἀριστοφάνει ἐν νεφέλαις· εἴτ᾽ ἄρα σκόπελον νιφόεντα Μίμαντος ἔχετε. ἔχω· τὸ ἀνέχω καὶ περιέχω, ὡς ὁ αὐτὸς ἐν νεφέλαις· ὦ δέσποτ᾽ ἄναξ, ἀμέτρητ᾽ ἀήρ, ὃς ἔχεις τὴν γῆν μετέωρον. ἔχω· τὸ δύναμαι, εἰς ἀπαρέμφατον ἔχον τὴν ἀπόδοσιν. ἔχω· τὸ περιβέβλημαι, ὡς Ἀριστοφάνης· τὸ δὲ μὴ κυνῆν οἴκοθεν ἐλθεῖν ἐμὲ τὸν κακοδαίμον᾽ ἔχοντα. ἔχω· τὸ ἐπέχω καὶ κατέχω ἀμετάβατον, ἐμαυτὸν δηλονότι, ὡς καὶ Ἀριστοφάνης· ἔχε δὴ καὶ σκόπει. ἔχομαι δὲ ἀντὶ τοῦ ἅπτομαι, παθητικῶς μὲν προφερόμενον, ἐνεργητικὴν δὲ σημασίαν ἔχον. καὶ ἔχομαι παθητικῶς, ἀντὶ τοῦ κρατοῦμαι.

ἀμύνειν.

ἀμύνειν ἐνεργητικῶς μὲν δηλοῖ τὸ ἀποσοβεῖν τοὺς πολεμίους, ἤτοι τὸ βοηθεῖν τοῖς πολεμουμένοις, συντασσόμενον αἰτιατικῇ, ὡς τὸ ἀπὸ λοιγὸν ἀμῦναι, καὶ τὸν πολὺν ἤμυνε τῷ σώματι κίνδυνον. παθητικῶς δὲ ἀμύνομαι τὸ παθὼν ἔκ τινος δεινά, ἀντιδίδωμι τὰ ἴσα, ἤτοι τιμωροῦμαι.

κρύπτω.

κρύπτω καὶ ἀποκρύπτομαι τὸ αὐτό, συντασσόμενα καὶ ἀμφότερα αἰτιατικῇ, πλὴν τὸ παθητικὸν ἀεὶ μετὰ προθέσεως ἐνέργειαν παριστῶν. ἔστι δὲ καὶ κρύπτομαι δίχα προθέσεως, ἀντὶ τοῦ συσκιάζομαι, πάθος ἀεὶ δηλοῦν.

ἀπαγορεύω.

ἀπαγορεύω· τὸ ἀρνοῦμαι, ὡς τὸ ἀπαγορεύω σε τὴν πρὸς ἐμὲ εἴσοδον, ἤτοι ἀποκλείω. ἀπαγορεύω καὶ τὸ ἀποκάμνω καὶ ἐξα-

---

3 ὡς Συνέσιος Cn 4 πᾶν ἄθεῖον pro πνεῦμα θεῖον C | συγγαφικὴν U 5 ἢ ἄλλο τοιοῦτον om M 8 ὡς om M 9 ἀμέτρατ᾽, η lit superscripta, C | ἔχει M 10 σύνταξιν pro ἀπόδοσιν M 11 μηκυνῆν U μὴ κυνὴν B C M τὸ δὲ μὴ κυνὴν τὴν ἀπόδοσιν ἐλθεῖν ἐμὲ τὸν κακοδαίμονα οἴκοθεν ἔχοντα M. 13 ἑαυτὸν pro ἐμαυτὸν C | ὡς Ἀριστοφάνης, καὶ om, Cn | ἔχει δὴ κ. σκ. Cn 14 μὲν om M — inter uocabula, quae sunt ἔχω et ἀμύνειν, est ἀπαγορεύω in M 18 ἤτοι βοηθεῖν, τὸ om, U B 19 ὡς ἀπὸ λ. ἀμ., τό om, C | λοιμὸν pro λοιγὸν M | τὸ πολὺν ἤμυνε τῷ σώματι τὸν κίνδυνον M. 20 τὸ ante παθὼν om Cn 21 τὰ τὰ ἴσα C | ἀντὶ τοῦ δίδωμι pro ἀντιδίδωμι M 23 πλὴν τὸ μὲν παθ. M 24 ἐνέργειαν παριστᾷ Cn | ἀντὶ τοῦ σκιάζομαι M 26 σε om C 27 ἤτοι ἀποκλείω om M

πορῶ, ὡς ἐνταῦθα καὶ παρὰ Θουκυδίδῃ· ἀπαγορεύοντες τὸν πρὸς Σικελίαν ἀπόπλουν.

ἀτιμάζω.

ἀτιμάζω καὶ ἀτιμῶ διαφέρει. ἀτιμάζω μὲν τὸ περιφρονῶ καὶ μηδὲν ἄγω, τουτέστιν οὐ φροντίζω τινός. ἀτιμῶ δὲ τὸ ἀτίμως ποιῶ τί τινα δι' ἔργου, ἤτοι τὸ ἐκπομπεύω ἐπ' ἀτιμίᾳ, ὡς καὶ Δημοσθένης κατ' Αἰσχίνου· παύσῃ δὲ οὐδέποτε, εἰ μή σε νῦν οὗτοι παύσουσιν, ἀτιμώσαντες τήμερον περὶ τὸ βῆμα. σημειῶσαι δὲ καὶ ὅτι παρὰ τοῖς ἀττικοῖς τὸ ἀτιμάζω λέγεται ἐπὶ ἀψύχων, ἀτιμῶ δὲ ἐπὶ ἐμψύχων.

ἄγειν.

ἄγειν· τὸ διεξάγειν στράτευμα, ὅθεν καὶ ἀγὸς ποιητικὸν ὁ ἡγεμών. καὶ τοσαῦτα πράγματα ἄγει τις, ἤτοι διευθετεῖ. ἄγειν· τὸ νομίζειν καὶ τίθεσθαι καὶ ἡγεῖσθαι, ὡς ἐνταῦθα καὶ παρὰ Συνεσίῳ· ἡμέρα μὲν οὖν ἦν, ἥντιν' ἄγουσιν οἱ Ἰουδαῖοι παρασκευήν. ἄγειν καὶ τὸ φέρειν ἐπὶ ἐμψύχου, ὡς τὸ ἄγει τὸν νέον εἰς διδασκαλεῖον.

διαφέρει.

διαφέρει ἀντὶ τοῦ διέστηκε καὶ διαλλάττει, ὡς τὸ μέλαν διαφέρει πρὸς τὸ λευκὸν τυχὸν ἢ ἕτερον χρῶμα. καὶ διαφέρει τόδε τοῦδε, ἤγουν διάφορόν ἐστιν, ἀφ' οὗ διάφορος· ὁ ἐχθρός. καὶ ἀδιάφορον· τὸ μὴ διαφοράν τινα ἔχον, συντασσόμενον ἀπὸ γενικῆς εἰς δοτικήν, οἷον· διαφέρω σου τῇ χρηστότητι, καὶ διαφέρει ὁ Ἀχιλλεὺς τοῦ Ἕκτορος τῇ ταχύτητι. διαφέρει καὶ τὸ ὑπερέχει, οἷον· διαφέρει ὁ Ὅμηρος τῶν ποιητῶν. διαφέρει καὶ τὸ διὰ πολλοῦ χρόνου φέρει, ἤτοι ὑπομένει. ἡ γὰρ διὰ παράτασιν δηλοῖ, ὡς τὸ διαφέρει τις μακροὺς ἄθλους τε καὶ κινδύνους τοῦ στρατοπέδου, ἤτοι ὑπομένει καὶ καρτερεῖ. διαφέρει καὶ τὸ ἐπιβάλλει, ὡς τὸ διαφέρει μοι τόδε τὸ κτῆμα πατρόθεν, ἤγουν ἁρμόττει καὶ ἐπιβάλλει. καὶ διαφέρει μοι ὁ

---

1 ἐνταῦθα καὶ om B Mosq. | τὴν πρὸς Σικελίας ἀπόπλουν M. ἀποπλοῦς Mosq. 3 ἀεὶ διαφέρει M. 5 τι om M | ἐκπομπεύω ex ἐκπομπέμβω factum esse videtur in M. 6 κατὰ Αἰσχύνου U 7 ἀτιμάσαντες U. B. Cn | σημαίνει pro σημειῶσαι M. 8 παρ' ἀττικοῖς B | ἀτιμάζω, τὸ om, M. 9 τὸ δὲ ἀτιμῶ Mosq. 10 ποιητικοῖς M | ὁ στρατηγὸς ἡγεμών Cn 11 ἤγουν pro ἤτοι U. 12 καὶ ἡγεῖσθαι om C | ὡς ἐνταῦθα om B ἐνταῦθα om M 13 οὖν ἦν om M. | οἱ ante Ἰουδαῖοι om C οἱ Οὐδαῖοι M. 14 ἐμψύχων M | ἄγει τις τ. ν. B. διαφέρει uoc. om M. 17 ἢ ἄλλο χρῶμα C post χρῶμα in Cn additamentum. 21 ταχύτητι ex ταχυτῆτι corr. U ταχυτῆτι ceteri. | τοὺς Ἕκτορος C. 22 ὁ ante Ὅμηρος om C.

δεῖνα, ἤγουν ἐπιτήδειός ἐστιν ἐμοὶ καὶ προσήκει μοι, ἀφ' οὗ ἀδιάφορος· ὁ μὴ προσήκων μηδὲ οἰκειότητά τινα ἔχων, ὡς Ἀριστοφάνης, Σφηξίν· οἴμοι, τουτὶ τί ἦν; ἀδιάφορός μοι φαίνεται ὁδί.

τύχη.

τύχη λέγεται καὶ ἡ εὐτυχία, ὡς ὁ Δημοσθένης· ἀλλὰ καὶ τῆς ὑμετέρας τύχης ὑπολαμβάνω πολλὰ τῶν δεόντων ἐκ τοῦ παραχρῆμα ἐνίοις ἂν ἐπελθεῖν εἰπεῖν. λέγεται τύχη καὶ τὸ ἐναντίον ταύτῃ, τουτέστιν ἡ δυστυχία. ἐπαμφοτερίζει γάρ.

πρότερον.

ὅτι τὸ πρότερον τοῦ πρῴην διαφέρει. τὸ μὲν γὰρ πρῴην ἐπὶ σημασίας παρεληλυθότος χρόνου πολλοῦ, τουτέστιν ὑπερσυντελίκου, λαμβάνεται. ἔστι γὰρ χρόνος ὑπερσυντέλικος ὁ παλαί ποτε τελεσθείς. τὸ δὲ πρότερον ἐπ' ὀλίγου, ἤτοι χθὲς ἢ πρὸ τῆς χθές.

δύναμαι.

δύναμαι ἀπαρεμφάτῳ συντάσσεται, ὑποφαίνοντι ποτὲ μὲν εὐθεῖαν οἰκείου προσώπου, οἷον· δύναμαι χρηστὸς γενέσθαι. ποτὲ δὲ συντάσσεται ἀπαρεμφάτῳ, ἐφελκομένῳ αἰτιατικὴν τοῦ ῥήματος, οἷον· δύναμαι ἐργάσασθαι καλὰ τὸν νεανίσκον. ἐργάζομαί σε γὰρ δεινὰ λέγεις. ἔστι δὲ καὶ ἐναπόλυτον, ὡς ἐν τοῖς οὖσιν ἐν ἀρχαῖς καὶ ἐν τέλει, συντασσόμενον αἰτιατικῇ, οἷον· μεγάλα παρὰ τῷ βασιλεῖ δύναται.

μελαγχολᾶν.

μελαγχολᾶν, παραπαίειν, παραφρονεῖν, ἐξεστηκέναι, μαίνεσθαι ταὐτόν. ὁμοίως δὲ καὶ τὸ παρακινεῖν ἀμεταβάτως ἀντὶ τοῦ μαίνεσθαι. παρακινεῖν δὲ μεταβατικῶς δηλοῖ τὸ προτρέπειν.

ἱερόν.

ἱερὸν λέγεται μὲν τὸ σεπτὸν καὶ σεβάσμιον. λέγεται δὲ καὶ τὸ σεμνὸν καὶ μέγα, ὡς τὸ ἱερὰ νόσος. καὶ ἱερὰν ἄγκυραν, οὐ τὴν σεβασμίαν, ἀλλὰ τὴν σεμνὴν καὶ μεγάλην.

---

2 καὶ ἀδιάφορος Cn 3 σφηξίν om C uoc. τύχη om M 5 ὡς καὶ Δημ. B 6 ἡμετέρας UB | ὑπολαμβάνω ἐκ τοῦ δεόντων C 7 εἰπεῖν om Cn 8 ταύτη, η correctura facto, U 9 ὅτι om B | τὸ ante πρότερον om M 10 ὑπερσυντελικός C 12 ἤτοι χθὲς ἤτοι τὴν προχθές M πρὸ τὴν χθές B U C πρὸ τῆς χθές Cn δύναμαι uoc. om B 14 ὑπεμφαίνοντι U 16 ἐφελκομένου U. 18 ἀναπόλυτον Cn 21 ἐξεστηκέναι, παραφρονεῖν M | μαίνεσθαι om M 22 ταυτό M 23 πρέπειν pro προτρέπειν U 25 σεπτὸν pro σεμνὸν C 26 μεγάλην καὶ σεμνήν M

ἐνδημῶ.

ἐνδημῶ καὶ ἐπιδημῶ, τὸ αὐτό. καὶ δηλοῖ τὸ ἀφικνοῦμαι καὶ πάρειμι. οἷς ἐναντίον τὸ ἀποδημῶ καὶ ἐκδημῶ. καὶ ἀπὸ τούτων ὀνόματα· ἔνδημος καὶ ἐπίδημος, ἔκδημος καὶ ἀπόδημος. καὶ τὸ πρᾶγμα· ἐνδημία καὶ ἀποδημία.

ψυχαγωγεῖν.

ψυχαγωγεῖν ἔστιν ὅτε τὸ τὴν ψυχὴν ἐκλείπουσαν καὶ ἐκλελυμένην αὖθίς τινα ἐπανάγειν, ταὐτὸ συντεῖνον τῷ παραμυθεῖσθαι καὶ τὴν ψυχὴν ἀνακαλεῖσθαι αὖθις εἰς εὐθυμίαν, ᾧ ἐναντίον τὸ ἀθυμεῖν καὶ λειποψυχεῖν, ἤτοι δυσθυμεῖν.

οἶδα.

οἶδα· γινώσκω, καὶ ἴσθι καὶ εἰς μετοχὴν καὶ εἰς ἀπαρέμφατον ἀποδίδονται, οἷον· οἶδά σε δεινὰ πεποιηκότα καὶ οἶδα ποιεῖν τόδε. πλὴν ὅτε εἰς ἀπαρέμφατον ἀποδίδοται, τὸ οἶδα λαμβάνεται ἀντὶ τοῦ ἐπίσταμαι. ὁμοίως δὲ καὶ τὸ ἴσθι.

αἰσθάνομαι.

αἰσθάνομαι συντάσσεται καὶ γενικῇ καὶ αἰτιατικῇ. γενικῇ μέν, ὡς παρὰ Θουκυδίδῃ· ἔτυχε γὰρ πρεσβεία πρότερον περὶ ἄλλων παροῦσα. καὶ ὡς ᾔσθοντο τῶν λόγων, ἔδοξεν αὐτοῖς παριτητέα εἶναι. αἰτιατικῇ δέ, ὡς ἐνταῦθα καὶ παρὰ Ξενοφῶντι· αἰσθόμενοι δὲ οἱ τὴν Κερασοῦντα οἰκοῦντες τὴν ἔφοδον τοῦ στρατοῦ, σὺν τοῖς ὅπλοις ἀπήντων.

κρατῶ.

κρατῶ συντάσσεται μὲν καὶ γενικῇ ὡς ἐπὶ τὸ πλεῖστον· συντάσσεται δὲ καὶ αἰτιατικῇ, ὡς παρὰ Θουκυδίδῃ· καὶ κρατήσας τὸν πολέμιον, ἦγεν ἐπὶ τὸ τεῖχος. ὅτε μὲν γὰρ ἀντὶ τοῦ ἄρχω καὶ ἐν ἐξουσίᾳ εἰμί, μετὰ γενικῆς· ὅτε δὲ λαμβάνεται ἀντὶ τοῦ ταῖς χερσί τι φέρω καὶ βεβαίως κατέχω, τοῦτ᾽ αὐτὸ πάντως αἰτιατικῇ.

---

1 ταυτό M | καὶ πάρειμι om C 2 τούτων scripsi, M secutus. ceteri τούτου habent 3 ἔνδημος ἔκδημος ἐπίδημος καὶ ἀπόδημος M ἔκδημος καὶ ἐπίδημος. ἔκδημος καὶ ἀπόδημος [ἔκδημος bis] C ἔκδημος et ἐπίδημος om U B 4 ἐκδημία pro ἐνδημία B 5 ἔστι ὅτε M | ὅτε om B | τὴν ante ψυχὴν om M | καὶ ante ἐκλελυμ. om M 6 τινὰ αὖθις ἐπανελθεῖν M | ταυτὸν C Mosq | τὸ παραμυθεῖσθαι Mosq 7 τὸ ante ἀθυμεῖν om Cn ἀθυμεῖν κ. εἰς ἑαυτὸν μὴ οἷός τ᾽ εἶναι ἐπανέρχεσθαι, ταυτὸ συντεῖνον τὸ κοινῶς λεγομένῳ λειποθυμεῖν ἤτοι δυσθυμεῖν M 10 οἶδας pro οἶδά σε M 12 δὲ om M 13 τὸ αἰσθ. B | καὶ ante γενικῇ om M 15 παριοῦσα C | τὸν λόγον M | παραιτητέα Mosq B περιτητέα C U 16 ἐνταῦθα καὶ om B Mosq | Θουκυδίδῃ pro Ξεν. Mosq | αἰσθανόμενοι C 17 δὲ post αἰσθόμενοι om M 19 τὸ κρατῶ B | καὶ ante γενικῇ om Cn M | δὲ συντ. καὶ αἰτ. M 20 τὸν πόλεμον B 21 ἤγαγεν C | μὲν om Cn | γὰρ om M C 22 ἐξουσιάζω pro ἐν ἐξουσίᾳ εἰμί M 23 πάντως om B

Τῆς Γ̅ ἐπιστολῆς.

δοκῶ.

σημείωσαι τὸ δοκῶ παρ' Ἡρωδιανῷ καὶ τοῖς ἄλλοις ἀττικισταῖς, ὁμοίως καὶ παρὰ Πλανούδῃ κυρῷ Μαξίμῳ συντεθειμένον, ὅτι ποτὲ μὲν λαμβάνεται ἀντὶ τοῦ οἶμαι καὶ νομίζω καὶ ὑπολαμβάνω. καὶ συντάσσεται ἀπὸ δοτικῆς εἰς ἀπαρέμφατον, ἐφελκόμενον αἰτιατικήν, οἷον· δοκῶ μοι τὸν δεῖνα εἶναι χρηστόν· ποτὲ δὲ ἀντὶ τοῦ φαίνομαι. καὶ συντάσσεται δοτικῇ, ἀφ' ἑτέρας εὐθείας ἀπαντώσης εἰς ἀπαρέμφατον, παρεμφαινομένης αὖθις τῆς εὐθείας, οἷον· ἐγὼ χρηστός σοι δοκῶ εἶναι, ποιῶν τὰ δέοντα. καὶ χρηστοί μοι δοκοῦσιν ἄνδρες Θηβαῖοι εἶναι, μὴ Φιλίππῳ εἴξαντες· τὸ γὰρ πρόσωπον, ἀπ' εὐθείας τῆς ὅτι χρηστοὶ ἀρξάμενον, εἰς ἀπαρέμφατον ἐμπεσόν, πάλιν αὖθις εἰς εὐθεῖαν ἀπαντᾷ. ἔστι δέ ποτε καὶ τὸ δοκῶ χωρὶς ἀπαρεμφάτου, οἷον· δοκεῖ μοι οὗτος ἀγαθὸς ἀνήρ· ἐλλειπτικῶς δὲ νοεῖται τὸ εἶναι. κυρίως δὲ καὶ ὡς ἐπὶ τὸ πλεῖστον ἀεὶ μετὰ ἀπαρεμφάτου.

ἀναιρεῖσθαι.

ἀναιρεῖσθαι λέγεται μὲν καὶ τὸ φονεύεσθαι καὶ ἀνατρέπεσθαι, ὡς τὸ ἀναιροῦνται νόμοι. λέγεται δὲ καὶ τὸ ἀναλαμβάνειν, οἷον· ἀναιρεῖται στέφανον καὶ ἀναιρεῖται μετὰ χεῖρας βιβλίον. τὸ γὰρ αἱροῦμαι· τὸ κρίνω, προσλαμβανομένων τῶν προθέσεων, διαφόρους σημασίας δηλοῖ. αἱρεῖσθαι γὰρ τὸ προκρίνειν. καὶ
κατα- μετὰ τῆς κατὰ προθέσεως καθαιρεῖσθαι, καὶ δηλοῖ τὸ καταβάλ-
δια- λεσθαι. διαιρῶ μὲν τὸ τέμνω, καὶ διαιρεῖσθαι τὸ παθητικόν.
παρα- παραιρεῖσθαι· τὸ παρασύρειν, ὡς καὶ Λιβάνιος· τὰ μέγιστα καὶ
ἀντι- τιμιώτατα τῶν ἔργων, τὰ μὲν ἤδη παραιρούμενος. ἀνθαιρεῖσθαι·
τὸ ἀντὶ ἄλλου ἄλλο αἱρεῖσθαι καὶ τρόπον τινὰ προκρίνειν, οἷον·
ἀνθαιροῦμαι ζωῆς θάνατον. καὶ ἀνθαιροῦμαι στρατείας λόγον.
ἀπο- ἀφαιρεῖσθαι· τὸ ἀποστεροῦν καὶ ζημιοῦν, διπλῆν σύνταξιν ἔχον,
οἷον· ἀφαιρεῖται τὴν οὐσίαν τὸν ἄνθρωπον, οὗ ὁ παρακείμενος

1 σημ. ὅτι τὸ δοκῶ B | ὅτι pro σημ. M 2 ὅτι om B M 5 δοκεῖ μοι Cn | καλόν pro χρηστόν M χρηστὸν εἶναι C 9 Φιλίππῳ μὴ εἴξαντες B M 10 τῆς ante ὅτι om Mosq | χρηστὸς B | ἀρξάμενοι Mosq 14 δὲ post κυρίως om B | καὶ om Mosq 15 καὶ ante τὸ φονεύεσθαι om Cn M 16 τὸ ante ἀναλαμβάνειν om Cn 18 αἱροῦμαι· τὸ προκρίνω M προκρίνω ex κρίνω corr. Cn | προσλαμβανομένης τῆς προθέσεως M 19 προκρίνεσθαι M 20 καθαιροῦμαι et καταβάλλομαι B 21 διαιρῶ post ἀφαιρεῖσθαι C Cn M 22 καὶ ante Λιβάνιος om Cn 23 τελεώτατα pro τιμιώτατα B 26 ἀποστερεῖν C

ἀφήρημαι, μέσος ὢν καὶ ἐπὶ πάθους καὶ ἐνεργείας λαμβανόμενος. περιαιρεῖν· τὸ ἐξαρτᾶν καὶ ἐκκρεμᾶν. περιαιρεῖσθαι δὲ ἐπὶ πάθους ταὐτὸν τῷ καθαιρεῖσθαι. ὑφαιρεῖσθαι· τὸ κρυφίως συλᾶν τι, ἤτοι κλέπτειν. ἐξαιρεῖσθαι· τὸ ἐλευθεροῦν, οἷον· ἐξαιροῦμαί σε κινδύνων. συναιρεῖσθαι· τὸ συνάγεσθαι καὶ εἰς ἓν γίνεσθαι, ὅθεν καὶ τὸ συνελών. προσαιρεῖσθαι· τὸ προσλαμβάνειν καὶ προσδέχεσθαι, οἷον· ὁ δεῖνα ἄρξας, προσαιρεῖται καὶ τὸν δεῖνα συνάρχειν. προαιρεῖσθαι· τὸ προκρίνειν καὶ τὸ προβάλλειν, οἷον· προαιρεῖται τῶν κιβωτίων τὰ κάλλιστα τῶν βιβλίων, ἢ καὶ τῶν ἱματίων.

περι- ὑπο- ἐκ- συν- προσ- προ-

ποιῶ.

ποιῶ οἰκίαν καὶ πεποίηκα, καὶ ποιοῦμαι λόγον καὶ ἐποιησάμην φροντίδα καὶ λόγον, ὡς παρὰ Θουκυδίδῃ· οὐ μόνον περὶ τοῦ δέξασθαι σφᾶς τὸν λόγον ποιησαμένων, ἀεὶ ἐπὶ ἐνεργείας. πεποίημαι δὲ ἐπὶ μεσότητος, τουτέστιν ἐνεργείας καὶ πάθους λαμβάνεται. καὶ ἐνίοτε μὲν ἐπὶ ἐνεστῶτος, οἷον· πεποίημαι φίλον ἢ λόγον, ἀντὶ τοῦ ποιοῦμαι, ἐνίοτε δὲ ἀντὶ τοῦ ἐποιησάμην ἐπὶ παρεληλυθότος, λαμβανόμενος καὶ ἐπὶ πάθους καὶ ἐπὶ ἐνεργείας. ἐπὶ ἐνεργείας μὲν ὡς ὁ Λιβάνιος· ὁ δὲ τῷ τῇ πραότητι πάντας ὑπὸ σαυτῷ πεποιῆσθαι, ἀντὶ τοῦ ποιῆσαι. ἐπὶ πάθους δέ, οἷον· πεποίηται τῷ δεῖνι λόγος, ἀντὶ τοῦ ἐποιήθη.

ἐξάφνω.

οὔτε χρὴ λέγειν ἐξάφνω μετὰ προθέσεως, οὔτ' αὖ πάλιν αἴφνης δίχα προθέσεως.

τελεῖ.

τελεῖ· τὸ τάττεται καὶ καταλέγεται. τελεῖ καὶ τὸ τέλος κατατίθεται καὶ καταβάλλει, ὡς καὶ Ἀριστοφάνης· δύο δραχμὰς μισθὸν τελεῖς; καὶ τελεῖ ἀντὶ τοῦ εἰσπράττει καὶ ἀπαιτεῖ.

ἀνατείνει.

ἀνατείνει· τὸ ἀνέχει καὶ εἰς ὕψος αἴρει, οἷον· ἀνατείνει τὰς χεῖρας πρὸς τὸν θεόν. κατατείνει· τὸ κατεργάζεται καὶ ἐπιτρίβει, οἷον· κατατείνει ἡ νόσος τὸν ἄνθρωπον. καὶ κατατείνει τὸν δεῖνα πληγαῖς καὶ μάστιξιν ὁ δεῖνα. κατατείνει καὶ τὸ εἰς μῆκος ἐκτείνει καὶ ἀποτείνει, ὡς τὸ κατατείνει λόγους καὶ ὁμιλίας, ὅθεν

κατα-

---

1 ἀφήρηται Cn ἀφείρηται U | καὶ ἐπὶ ἐνεργ. καὶ ἐπὶ πάθ. M ἐπὶ ἐνεργ. Cn 3 ἢ κλέπτειν M 5 συναιρεῖσθαι δὲ τὸ συνάγ. Cn 8 τὸ ante προβάλλειν om Cn 9 τοῦ κιβωτίου B 13 δὲ ante ἐπὶ μεσ. om C | ἐπὶ ἐνεργείας U 14 καὶ ante ἐνίοτε om Cn Mosq 16 λαμβανόμενον B | ἐπὶ ante ἐνεργείας, quod prius est, om U B C 17 μὲν καὶ Λιβάνιος M Θεόκριτος pro ὁ Λιβ. Mosq | τῷ ante τῇ πραότητι om M 18 ἀντὶ τοῦ ποιῆσθαι M 20 αἴφνω pro αἴφνης M | B haec addit: ἀλλ' ἄφνω μὲν δίχα προθέσεως, ἐξαίφνης δ' αὖ πάλιν μετὰ προθέσεως 26 τὸν ante θεὸν om Cn C 29 ὡς τὸ κατείνει M

καὶ τείνει δίχα προθέσεως ποιητικῶς, ἀντὶ τοῦ ἀποτείνει, κυρίως ἐπὶ λόγου λεγόμενον, οἷον· ἀποτείνει λόγον μακρόν, ὡς παρὰ Σοφοκλεῖ· μὴ τεῖνε μακράν, ἀλλ' ὅπως κρύψῃς τάφῳ, ἀντὶ τοῦ μὴ ἀπότεινε, λόγον μακρὸν δηλονότι. κατατείνει καὶ τὸ σπεύδει
δια- καὶ τρέχει, ὡς τὸ κατατείνει δρόμον ἐπὶ λιμένα. διατείνει· τὸ
παρα- διαπλοῖ, ὡς τὸ διατείνει ὁ ἀράχνης τὸ ἴδιον ὕφασμα. παρατείνει· τὸ παρέλκει καὶ μέχρι πόρρω προάγει, οἷον· παρατείνει τὴν ὁμιλίαν, ὡς καὶ Κύπριος· ὁ μέντοι πότος καὶ εἰς αὐτὸν παρετεί-
ἀντι- νετο τὸν ὄρθρον. ἀντιτείνει· τὸ ἀντιβαίνει καὶ ἀντικρούει καὶ
ἐπι- ἀντερείδει. ἐπιτείνει· τὸ αὔξει καὶ εἰς ἐπίδοσιν ἄγει, οἷον· ἐπι-
περι- τείνει τοὺς περὶ τοὺς λόγους ἱδρῶτας. περιτείνει· τὸ ἐπί τινος ἐξαπλοῖ, ἤτοι ἐπάνω τινός, οἷον· περιτείνει τὸ σκῦτος ὁ σκυτο-
ἀπο- τόμος τῷ ξύλῳ, παρὰ Λουκιανῷ. ἀποτείνει· εἰς ταὐτὸ τείνει καὶ φέρει κατὰ θάτερον τῶν σημαινομένων τῷ κατατείνει, οἷον· ἀποτείνει
ὑπο- διήγησιν, καὶ εἰς μῆκος τὴν ὁμιλίαν ἀποτείνει. ὑποτείνει· τὸ ὑποβάλλει καὶ ὑποφαίνει, οἷον· ἐλπίδας χρηστὰς ὑποτείνει, παραπλήσιον τῷ ἐμφαίνει. καὶ Συνέσιος· λειπομένῳ δὲ παρὰ πολὺ τῆς ἀξίας, ἐλπίδα μικρὰν ὑποτείνει τοῦ μέλλοντος, ἀντὶ τοῦ ὑποφαίνει καὶ ἐμφανίζει, καὶ παρὰ Σοφοκλεῖ· μηδενὸς ἄλλου παραπράξαντος,
ὑπερ- μεγάλας ὀδύνας ὑποτείνει. ὑπερτείνει· τὸ ὑπερβάλλει καὶ ὑπερπέπαικεν, οἷον· ὁ δεῖνα σπουδῇ καὶ προθυμίᾳ τὸν ἀδελφὸν ὑπερ-
ἐν- τείνει. ἐντείνει· τὸ τὴν χορδὴν καὶ νευρὰν ἐναρμόζει, ὅθεν καὶ ἐντείνει τὸ τόξον. καὶ ἐντείνει μουσικὴν ἢ κιθάραν. καὶ Ἀριστοφάνης· ἐντειναμένους τὴν ἁρμονίαν, ἣν οἱ πατέρες παρέδωκαν.
ἐκ- συν- προ- ἐκτείνει· τὸ ἐξαπλοῖ. συντείνει· τὸ συνέρχεται καὶ συννεύει καὶ λυσιτελεῖ. προτείνει· τὸ προβάλλεται, ὡς τὸ προτείνει πολλὰ κεφάλαια τοῦ δικαίου. παθητικῶς τὸ πλέον καὶ ἀττικῶς ἐκφερόμενον, ὡς καὶ Δημοσθένης· τοὺς μὲν οὖν ἄλλους, ὅσοι πρὸς τὰ κοινὰ δικαίως προσέρχονται, τὴν ἀειλογίαν ὁρῶ προτεινομένους, ἀντὶ τοῦ προβαλλομένους.

περιττόν.

περιττὸν λέγεται τὸ μὲν πρὸς τὸ χρήσιμον καὶ ἐπίκαιρον, ἤτοι τὸ ἔγκαιρον, καὶ δηλοῖ τὸ κενὸν καὶ ἀργὸν ἐκ προσθήκης, ὡς ἐνταῦθα καὶ παρὰ Κυπρίῳ· εἰ μὲν οὖν μὴ ἔξωρός τις ἔμελλον

1 παθητικῶς pro ποιητικῶς U B 5 κατατείνει· τὸ διαπλοῖ C 7 παρέλκειν B C 8 ὁ Κύπριος B | παρατείνεται Cn 12 ante τὸ σκῦτος pro περιτείνει habet ἐπιτείνει U 14 pro τῷ κατατείνει, τῷ τείνει C 16 ὑποφαίνει ex ἀποφαίνει corr. U 18 pro μικρὰν, πικρὰν Cn C 20 ὑπέρπαικεν M 22 χοδὴν M | ἐφαρμόζει M C 28 ὡς om M B | οὖν om B 31 ἐπίκ. καὶ χρήσ. M 32 ἀργὸν καὶ κενὸν Cn 33 ἐνταῦθα om B | τῷ Κυπρίῳ B | ἔμελλε δ. Cn

δόξειν καὶ παντάπασι περιττὸς ἄνθρωπος, ἀντὶ τοῦ κενός, τὸ δὲ πρὸς τῷ ἀναγκαίῳ, ὅπερ ἐμφαίνει φιλοτιμίαν, καὶ δηλοῖ τὸ ποικίλον καὶ εὔπορον, ὡς καὶ τοὺς Αἰγυπτίους περιττούς φασιν εἶναι τὴν σοφίαν, ἀντὶ τοῦ εὐπόρους καὶ ποικίλους, ὡς καὶ Συνέσιος · ὁ μῦθος αἰγύπτιος · περιττοὶ σοφίαν Αἰγύπτιοι.

λογισμός.

λογισμός · ἡ διάνοια καὶ αἱ φρένες καὶ τὰ ἐνθυμήματα, καθ' ἅ τις λογίζεται. λογισμὸς καὶ ἡ λογιστικὴ τέχνη, καθ' ἣν τοὺς λογισμούς τις διατιθέμενος προφέρει, ἀφ' ὧν καὶ λογιστήρια καὶ λογισταί · οἱ τὰς τῶν στρατηγησάντων παρ' Ἀθηναίοις εὐθύνας ἐκλογιζόμενοι, ἤτοι δικάζοντες, ὡς Δημοσθένης ἐν τῷ κατ' Αἰσχίνου πρώτῳ.

ἐπιχειρῶ.

ἐπιχειρῶ · τὸ πειρῶμαι, εἰς ἀπαρέμφατον τὴν σύνταξιν ἐπάγον, οἷον · ἐπιχειρεῖ ὁ δεῖνα ἐξαπατᾶν τὸν δεῖνα. καὶ Θουκυδίδης · ἐπεχείρουν βιάσασθαι δρόμῳ εἰς τὴν Ποτίδαιαν. ἐπιχειρῶ καὶ τὸ ἐγχειρῶ καὶ ἐπιβάλλω, συντασσόμενον δοτικῇ, οἷον · ἐπιχειρῶ λόγοις ἢ πραγματείᾳ τινὶ ἑτέρᾳ, καὶ ἐπιχειρῶ τυραννίδι.

σπουδή.

σπουδὴ λέγεται ἡ πολλὴ περί τι διάθεσις καὶ διηνεκὴς ἐπιμέλεια, ἀφ' ἧς παρωνύμως λέγεται ὁ σπουδαῖος · οἷς ἐναντίον ὁ ἀμελὴς καὶ μὴ φροντίδα τινὰ ἔχων τοῦ πράγματος.

γοητεύω.

γοητεύω · τὸ ἐπάγομαι καὶ ἀπατῶ καὶ φενακίζω. γοητεύω καὶ τὸ διὰ μαγγανείας ἐπάγω, ἀφ' οὗ γόης, καὶ γοητεία τὸ πρᾶγμα.

ἐκπλήττει.

ἐκπλήττει λέγεται μὲν καὶ τὸ ἁπλῶς ἐξίστησι καὶ εἰς θαῦμα ἐνάγει. κυρίως δὲ λέγεται ἐρωτικῶς ἐκπλήττειν τὸ εἰς ἔρωτα ἐμβάλλειν, ὡς τὸ ἐξέπληξεν ἡ Λαῒς τοὺς Κορινθίους · καταπλήττειν δὲ τὸ εἰς φόβον μετὰ θαύματος ἐμβάλλειν.

---

1 παντάπασιν 2 πρὸς τὸ ἀναγκαῖον B Cn | δηλοῖ pro ἐμφαίνει B 3 εἶναί φασιν B 4 τὴν φιλοσοφίαν C 5 ὁ μῦθος αἰγύπτιος om B | pro περιττοί, περιττός M 6 καὶ τὰ ἐνθ. om M 10 ὡς καὶ Δημ. B C | Αἰσχίνη U Αἰσχίνους B 13 οἷον—τὸν δεῖνα om Mosq οἷον om Cn C U 14 δρόμον M δρόμον ex δρόμῳ corr. U 17 πολλὴ περί τι om M 18 ᾧ ἐν. B ἧς ἐν. (οἷς in marg.) Cn 19 τινὸς πράγμ. B 20 τὸ ἀπατῶ Cn 21 μαγκανείας U B ἀφ' ἧς γόης M 22 ἐκπλήττειν B | ἐξίστησιν M | τὸ εἰς θαῦμα ἐνάγει Cn

ἀναπέμπειν.

ἀναπέμπειν · τὸ ἀναφέρειν, οἷον · εὐχὰς ἀναπέμπει τῷ κρείττονι, ἤτοι τῷ θείῳ. καταπέμπειν κυρίως ἐκ τῶν ὑπερκοσμίων εἰς κόσμον, οἷον · τὸ θεῖον ἐπ' εὐεργεσίᾳ τοῦ κοινοῦ τῶν ἀνθρώπων γένους καταπέμπει τὴν τοῦ δεῖνος ψυχήν, ὡς καὶ Συνέσιος · οἶμαί σου τὴν θεσπεσίαν ψυχὴν ἐπ' αὐτὸ τοῦτο καταπεμφθῆναι. λέγεται καταπέμπειν καὶ τὸ ἔγγραφα προστάγματα πέμπειν τοῖς ὑπὸ χεῖρα μακρὰν οὖσιν ὑπηκόοις. διαπέμπειν · τὸ διά τινων πέμπειν εἴδη τινὰ πρὸς πολλούς, ὡς καὶ Ἀριστοφάνης · εἶτ' οὐ διαπέμπεις καὶ πρὸς ἡμᾶς τοὺς φίλους, ἤτοι διά τινων πέμπεις εἰς ἡμᾶς τὸν πλοῦτον. μεταπέμπεσθαι δὲ παθητικῶς χρὴ ἐκφέρειν, ἤτοι διά τινος προσκαλεῖσθαί τινα. καὶ ἀπὸ τούτου ὄνομα μετάπεμπτος, ὡς καὶ Συνέσιος · καὶ ἧκε μετάπεμπτος ὥσπερ εὐεργέτης Ῥωμαίων ὀχήματι δημοσίῳ. παραπέμπειν · τὸ προπέμπειν. παραπέμπειν καὶ ἐπὶ χρόνου, οἷον · μακρὸς χρόνος ὡς ἡμᾶς παραπέμπει διὰ τῆς ἱστορίας τὰ πρόσθεν γεγενημένα. παραπέμπειν καὶ τὸ ἀποπέμπειν καὶ ἀπωθεῖσθαι. ἀντιπέμπειν · τὸ ἐξ ἐναντίας πέμπειν, ἤτοι εἰς τοὐναντίον καὶ ἐξ ἀντιστροφῆς πέμπειν, οἷον · ὁ δεῖνα σφαῖραν δεχόμενος, ταύτην πάλιν αὖ ἀντιπέμπει. ἐπιπέμπειν · τὸ μετ' ἐπιθέσεως καὶ ἐν ἐπιτιμήσει καὶ σωφρονισμῷ πέμπειν, οἷον: φρικώδη μοι τὸ θεῖον ἐπιπέμπει ὀνείρατα. περιπέμπειν · τὸ ἑκασταχοῦ καὶ ἐν κύκλῳ καὶ πανταχῇ πέμπειν. ἀποπέμπειν · τὸ δεξάμενον ὅτι δήποτέ τινα, πάλιν ὀπίσω τὸ αὐτὸ ἀποστέλλειν. ἀποπέμπειν καὶ τὸ ἀποδιώκειν καὶ ἀπελαύνειν. ὑποπέμπειν · τὸ κρύφα καὶ λαθραίως ἀποστέλλειν. ὑπερπέμπειν κυρίως τὸ ὑπερβαίνειν τὸν σκοπὸν ἐν τῷ ἀφιέναι τὸ βέλος. εἰσπέμπειν καὶ προσπέμπειν καὶ προπέμπειν ταὐτὸ δηλοῖ, κυρίως ἐπὶ τῶν προαγωγῶν, οὓς οἱ ἐρῶντες ἐπὶ τὰ παιδικὰ πειρώμενοι πέμπουσιν ὑπὲρ τοῦ τυχεῖν. ἐκπέμπειν · τὸ ἁπλῶς ἔξω πέμπειν καὶ ἀποδιώκειν. προπέμπειν · τὸ προπομπὴν ποιεῖσθαι, ὅμοιον τῷ παραπέμπειν.

---

3 *τῶν κοινοῦ* M 4 *καταπέμπειν* M | *τοῦ ὁ δεῖνος* C *τ. τοῦ δεῖνος ψυχήν. ἐπ' αὐτῷ τοῦτο καταπεμφθῆναι οἶμαί σου τ. θ. ψυχήν, ὡς κ. Συνέσιος* UB 5 *ἐπ' αὐτῷ τούτῳ καταπεμφθεῖσαν* Cn 7 *χεῖρα καὶ μακρὰν* Cn 12 *ὡς εὐεργέτης* Cn 14 *παραπέμπειν* pro *παραπέμπει* M 16 *καὶ τὸ ἀπωθεῖσθαι καὶ ἀποπέμπειν* C 18 *ταύτην* om Cn | *ἐπιπέμπει* M 19 *τὸ μετ' ἐπιτιμήσεως καὶ σωφρονισμοῦ π.* B | *τὸ μετ' ἐπιθ. — πέμπειν* (l. 20) om Cn 21 *πανταχοῦ* Cn 23 *ἐπιστέλλειν* pro *ἀποστ.* Cn | *διώκειν* pro *ἀποδιώκειν* Cn 24 *λαθραίως πέμπειν, ἤγουν ἀποστέλλειν* B 25 *τὸ* ante *βέλος* om M 27 *πέμπουσι πειρώμενοι* B 28 *πέμπειν ἔξω* M Cn 29 *τὸ ἀποδιώκειν* M 30 *τὸ παραπέμπειν* U

ὀρθῶ.

ὀρθῶ ἕτερον, ὀρθοῦμαι δὲ ὑφ' ἑτέρου. ἐπανορθῶ δὲ καὶ ἐπανορθοῦμαι, καὶ διορθῶ καὶ διορθοῦμαι ταὐτόν.

φράζω.

φράζω ἐνεργητικῶς μὲν ἀντὶ τοῦ λέγω, παθητικῶς δέ, ὃ καὶ ποιητικόν ἐστιν, λαμβάνεται ἀντὶ τοῦ νοῶ.

δηλῶ.

ὅτι δηλῶ ἀπὸ δοτικῆς εἰς αἰτιατικὴν ἀποδίδοται, ὥσπερ δὴ καὶ τὸ ἀγγέλλω, οἷον · δηλῶ σοι τάδε, καὶ ἀγγέλλω σοι τάδε.

ἀνήρ.

ἀνήρ, ἤτοι ὁ Γερμανός, κατὰ ἀττικὴν συνήθειαν ἐλλειπτικῶς λαμβανόμενον τὸ ἄρθρον · οἱ γὰρ Ἀττικοὶ ποῦ μὲν ἀφαιροῦσι, ποῦ δὲ προστιθέασιν, ὡς καὶ Σοφοκλῆς · ἀνὴρ ἐκεῖνος, ἀντὶ τοῦ ὁ ἀνήρ. καὶ παρὰ Λιβανίῳ · Βάλης ἠδικῆσθαί φησιν ὑπὸ σοῦ, ἀντὶ τοῦ ὁ Βάλης.

πλήττω.

πλήττω, πλήξω, ἀπαλλάττω, ἀπαλλάξω καὶ ὅσα ἄλλα τοιαῦτα, τοὺς μὲν δευτέρους ἀορίστους εὐχρήστους κατ' ἀττικὴν συνήθειαν ἔχουσι, πρώτους δὲ καὶ παρακειμένους οὐδαμῶς, οἷον ἐπλήγην δέον λέγειν, καὶ οὐκ ἐπλήχθην. ἀπηλλάγην, ἀλλ' οὐκ ἀπηλλάχθην. τὸ δὲ πέπληγα μέσος παρακείμενος ὤν, καὶ ἐπὶ ἐνεργείας καὶ ἐπὶ πάθους λαμβάνεται.

πρότερος.

ὅτι τὸ πρότερος ἐπὶ δύο, πρῶτος δὲ ἐπὶ πολλῶν. πρώτιστος δὲ οὐ λέγεται · οὐδὲ γὰρ ὑπερθετικὸν ὑπερθετικῷ συνάπτεται. ἐπεκράτησε δὲ καὶ τοῦτο παρὰ τοῖς Ἴωσιν, ὡς καὶ παρ' Ὁμήρῳ · ἅ σοι πρωτίστῳ δίδομεν, εὖτ' ἂν πτολίεθρον ἕλωμεν.

ὄλωλα.

ὄλωλα καὶ ἀπόλωλα, καὶ ὀλώλεκα καὶ ἀπολώλεκα ἐπὶ παρακειμένου λαμβανόμενα, οὐ ταὐτὸ δηλοῦσιν. ἀπόλωλα μὲν γάρ ἐστιν

---

1 ὑφ' ἑτέρων U Cn | B habet haec: ὀρθῶ ἕτερον, ὡς τὸ ὀρθῶ οἰκίαν καὶ τεῖχος. ὀρθοῦμαι δὲ ὑφ' ἑτέρου, ὡς τὸ ὀρθοῖ τὸ πνεῦμα τὴν ναῦν, ἀντὶ τοῦ κατευθύνει. ἐπαν. κ. τ. λ. cfr. epim. Ep. IX. 2 καὶ ante διορθῶ om Cn 3 κράζω pro φράζω U φράζω in B sub lit. κ reperitur. 4 ἐστι B C M | ἀντὶ τοῦ om M 5 τὸ pro ὅτι B 6 ἀγγέλλω σοι ταῦτα U 9 ὁ ἀνὴρ ἐκ. M 10 Θάλης pro Βάλης U 12 τὸ πλήττειν · πλήττω οὖν πλήξω B 14 πρώτους δὲ παρακ. Cn | ἐπλήγην ex ἐπλήγειν corr. U B 15 δέον εἶναι λέγειν C ἀπηλλάγην e correctura U | καὶ οὐκ ἀπηλλάχθην B Cn 16 πεπληγμένος pro πέπληγα Cn 17 καὶ ἐπὶ πάθους καὶ ἐπὶ ἐνεργείας Mosq 18 ὅτι τὸ om B τὸ om M | πρῶτος ἐπὶ π., δὲ omisso, Cn 19 ὑπερθετικὸν ὑπερθετικὸν σ. U | ἐκράτησε δὲ τοῦτο Cn 21 δίδωμεν U 23 ταὐτὸν Mosq δηλοῦσι, κἀπόλωλα Cn

ἀντὶ τοῦ ἐφθάρην ἀμετάβατον, ὡς παρ' Ἀριστοφάνει· ἀπόλωλα δείλαιος ἐκ τοῦ σκίμποδος. ἀπολώλεκα δὲ ἕτερον μεταβατικόν, συντασσόμενον αἰτιατικῇ, ὡς παρὰ τῷ αὐτῷ· ἀπολωλεκὼς ἅπαντα τὰκ τῆς οἰκίας. καὶ παρὰ Λιβανίῳ· ἀπολωλεκώς, ὦ θεοί, τὸν ἐμὸν παῖδα Ἁλιρρόθιον. ὄλωλα δὲ καὶ ὀλώλεκα οὐ σύνηθες, εἰ μή που σπάνιον καὶ παρὰ ποιηταῖς, μετὰ δὲ προθέσεως ἀεὶ γράφεται ἀττικῶς.

κομίζομαι.

κομίζομαι λαμβάνεται καὶ ἐπὶ πάθους καὶ ἐπὶ ἐνεργείας· ὅταν μὲν γὰρ ἀντὶ τοῦ φέρομαι λαμβάνηται, παθητικὴν παριστᾷ σημασίαν, οἷον· κομίζονταί μοι γράμματα παρὰ τοῦ φίλου. ὅταν δὲ ἀντὶ τοῦ ἀπέχω καὶ τὸ ἴδιον καὶ τὸ κεχρεωστημένον ἀπολαμβάνω, δηλοῖ ἐνέργειαν, οἷον· κομίζομαι τὰ χρήματα.

τῆς Δ ἐπιστολῆς.

στερῶ.

ὅτι στέρω καὶ στερῶ καὶ στερίσκω τὸ αὐτό, πλὴν τὸ μὲν στέρω ἀττικόν, τὸ δὲ στερῶ κοινόν, τὸ δὲ στερίσκω ποιητικόν. πλὴν εὑρίσκεται καὶ τοῦτο παρὰ Συνεσίῳ· οἵων ἄρα ὄντως στερίσκεται.

ἀνίασι.

ἀνίασι· τὸ ἀνέρχονται. ἀνιᾶσι δὲ τὸ ἀφιᾶσι καὶ ἐνδιδόασιν, οἷον· ἀνῆκα ἐμαυτὸν ἡδοναῖς, ἀντὶ τοῦ ἐνέδωκα· κατίασι· τὸ κατέρχονται, ὡς παρὰ Λιβανίῳ· κατῄει μὲν οὖν ὁ βασιλεὺς ἐφ' ἑσπέραν. καθιᾶσι δὲ τὸ χαλῶσι κυρίως ἐπὶ τῶν ὑγρῶν, οἷον· καθιᾶσι τὴν ὁρμιὰν ἢ ἄγκυραν, ὡς ἀπὸ τοῦ καθίημι. καθίημι δὲ σημαίνει δύο, ὧν τὸ μὲν λαμβάνεται ἐπὶ ἐνέδρας, οἷον· καθῆκα λόχον, ὡς

κατα-

---

1 ἀμετάφατον C 3 ὡς παρ' Ἀριστοφάνει M C | ἀπολελωκὼς U | ἅπαντα — ἀπολωλεκὼς om Cn ἅπαντα τῆς οἰκ. C M 4 καὶ π. Λ. ἀπολωλεκώς ὦ θ., τ. ἐ. π. Ἁ. om M ἀπολελωκώς etiam h. l. U 5 τὸν ἐμαυτὸν παῖδα B 6 σπανίως B | προθέσεων U | in forma ἀπόλωλα lit. ο ex ω semper corr. U 8 λαμβάνεται ἐπὶ πάθους Cn | καὶ ἐνεργείας B Cn | ὅτε—λαμβάνηται Mosq 9 γὰρ om M | λαμβάνεται U 10 κομίζεταί μοι γράμμα M 11 καὶ ante τὸ ἴδιον om M | τὸ ante κεχρεωστ. om U B 12 τὰ ante χρήματα om M 13 ὅτι om B | ταὐτὸν pro τὸ αὐτὸ U B 15 οἷον U οἵων ἄρα οὗτος στ. M οἵων ἄρα ὄντα στ. Cn | B addit: στέρω γοῦν βαρυτόνως κ. τ. λ. Cfr Epim. Ep. VIII. 16 ἀνίασι, sub lit. η B ἀνίασιν ἀντὶ τοῦ ἀνέρχονται M. 17 κατιᾶσι pro κατίασι Cn 18 ἀφ' ἑσπέρας B 20 ἀπὸ τοῦ καθίημι, σημαίνει δὲ δ. M δύο σημ. Cn 21 καθῆκε M

καὶ Συνέσιος· καὶ βαρβαρικὸν μὲν δρᾶμα συνθείς, τὸν σφαγέα δὲ καθεὶς τῶν σαυτοῦ λοχιτῶν τὸν ὠμότατον, ἤτοι ὑποβαλὼν καὶ εἰς λόχον καθίσας. δια- διϊᾶσι· τὸ συγχωροῦσι καὶ ἐπιτρέπουσι διελθεῖν, ἤτοι διαβῆναι. ἐξ οὗ καὶ διϊέντας παρὰ Δημοσθένει. μετα- μετίασι· τὸ μετέρχονται καὶ ἐπιτηδεύουσιν, οἷον· μετίασιν οἱ νέοι τὰ βιβλία. καὶ αὖθις τὸ διώκουσι καὶ ζητοῦσιν. ὡσαύτως μετίασι καὶ ἀντὶ τοῦ τιμωροῦνταί τε καὶ κολάζουσι. μεθιᾶσι δὲ τὸ ἀφιᾶσι καὶ συγχωροῦσι. παρα- παρίασι· τὸ πλησίον γίνονται διὰ τοῦ ὁδοιπορεῖν. παρίασι καὶ τὸ εἰς μέσον ἔρχονται, οἷον· παρίασιν οἱ ἀντίδικοι πρὸς τὸ δικαστήριον. παριᾶσι δὲ τὸ ἀπολύουσι καὶ ἐῶσιν. ἐπι- ἐπίασι διπλῆν ἔχει τὴν σημασίαν, οἷον· ἐπίασι· τὸ ἐπέρχονται, οἷον· πολὺ μῆκος τῆς γῆς ἐπίασιν, ὡς καὶ Λιβάνιος· καὶ πρὸ τούτων τῆς ὁδοῦ τὸ μῆκος, ἣν ἔπεισιν, ἄξιον αἰδεσθῆναι. ἐπίασι· τὸ ἀναγινώσκουσιν, ὥσπερ εἴπομεν, καὶ τὸ μετίασιν, οἷον· ἐπιὼν τὴν ἐπιστολήν, πολλὴν χάριν εὗρον ἐγγεγραμμένην ἐν αὐτῇ. ἐπίασι καὶ τὸ μετ' ἐπιθέσεως ἔρχονται, οἷον· ἐπίασιν οἱ πολέμιοι. ἐφιᾶσι δὲ τὸ ἐπιτρέπουσι καὶ συγχωροῦσι καὶ ἐνδιδόασι. περι- περιΐασι· τὸ περινοστοῦσι καὶ περιέρχονται, ὡς καὶ Κύπριος· πόλιν εὐδαίμονα ταυτηνὶ περιῄει. καὶ Ἀριστοφάνης· περιῄει τοὺς βωμοὺς ἅπαντας ἐν κύκλῳ. ἀπο- ἀπίασι· τὸ ἀπέρχονται. ἀπο- ἀφιᾶσι δέ, τὸ ἐλευθεροῦσι καὶ πέμπουσιν. ὑφιᾶσι· τὸ ὑποβάλλουσιν, ὡς καὶ Σοφοκλῆς· ὑφεὶς μάγον τοιόνδε μηχανορράφον. ἐν- ἐνίασιν οὐκ ἔστιν, εἰ μή που παρὰ ποιηταῖς σπανίως. ἐνιᾶσι δὲ τὸ ἐμποιοῦσι καὶ ἐμβάλλουσι καὶ ἐντιθέασιν, ὡς καὶ Συνέσιος· θέλγηθρον ἐνιᾶσι τοῖς ἀναγινώσκουσιν. εἰς- εἰσίασι· τὸ εἰσέρχονται. εἰσιᾶσι δὲ οὐχ εὑρίσκεται. ἐκ- ἐξίασι· τὸ ἐξέρχονται. ἐξιᾶσι δὲ τὸ ἐκβάλλουσι, κυρίως ἐπὶ ποταμῶν, οἷον· ἅπαντες ποταμοὶ τὰ ῥεύματα ἐπὶ τὴν θάλατταν ἐξιᾶσι. συν- συνίασι· τὸ συνέρχονται, οἷον· τὰ διαστάντα μέρη τῆς γῆς ὑπὸ τοῦ σεισμοῦ συνίασι. συνιᾶσι δὲ τὸ ἐπαΐουσι καὶ αἰσθάνονται. προς- προσίασι· τὸ προσέρχονται. προσ-

1 τὸ δρᾶμα C | δὲ om M 2 παθεὶς pro καθεὶς C | λοχιτῶν ex λοχιστῶν in U factum uidetur. 4 διέντας Cn | μετιᾶσι· τὸ μετέρχ. Cn 5 ἐπιτηδεύουσι ex ἐπιτηδεύονται corr. Cn 6 ζητοῦσι M 7 τε om M B 8 συγχωροῦσι καὶ ἀφιᾶσι M 9 παρίησι pro παρίασι U B παρίασι καὶ τὸ πλησίον ἔρχονται καὶ εἰς μέσον B 10 εἰς τὸ δικαστήριον Cn | καὶ παριᾶσι Cn 11 ὡς τὸ (πολύ) pro οἷον B 13 καὶ τὸ ἀναγινώσκουσιν Cn C 14 μετίασι, lit. ν adscr., M 15 ἐπίασι· τὸ μετ' ἐπιθ. B ἐπίασι· τὸ κατ' ἐπιθ. U 17 ἐνδιδόασιν B | pro περιΐασι, περιΐᾶσι C παριΐασι U παρίασι B 18 ἐπέρχονται pro περιέρχονται C 22 ὡς Σοφοκλῆς M 23 ἔτι pro ἔστιν Cn | που om M | δὲ om M 24 καὶ τὸ ἐμβάλλουσιν M 27 ἅπαντες οἱ ποτ. Cn | τὰ ante ῥεύματα om Cn 28 θάλασσαν B C | ἐξιᾶσιν U 29 συνίασιν U 30 προσίασι· τὸ μετέρχονται Cn

προ- ιᾶσι δὲ οὔ. προΐασι· τὸ προέρχονται, ὡς τὸ πάντες οἱ λόγοι διὰ τῶν χειλέων προΐασι. προϊᾶσι δὲ οὐχ εὑρίσκεται, ὥσπερ δὴ καὶ τὸ προσιᾶσιν.

βάρος.

βάρος· τὸ ἄχθος καὶ τὸ φορτίον. βάρος καὶ ἡ ἐμβρίθεια καὶ ὁ ὄγκος, ὡς καὶ Σοφοκλῆς· ἢ μακροῦ πλούτου βάρει.

ἐλέγχειν.

ἐλέγχειν καὶ τὸ ἐξελέγχειν, οἷον· ἐλέγχει τὸν δεῖνα κλέψαντα. ἐλέγχειν καὶ τὸ βασανίζειν καὶ ἐξετάζειν καὶ διευθύνειν καὶ ἀνακρίνειν, ὡς καὶ Δημοσθένης· ὁ δὲ νυνὶ καιρὸς οὐδενὶ τὸν ἔλεγχόν ἐστι δώσειν, ἤτοι τὴν ἀπόδειξιν.

θεραπεύειν.

τὸ θεραπεύειν λέγεται καὶ τὸ ἰᾶσθαι καὶ τὸ μετέρχεσθαι καὶ ὑπέρχεσθαι, ἤτοι μεταχειρίζεσθαι καὶ κολακεύειν. ποιοῦσι δὲ τὰ ἐξ αὐτῶν ὀνόματα οὐκ αὐτόκλιτα, ἀλλ' ἀπὸ μὲν τοῦ θεραπεύειν, ὃ δηλοῖ τὸ ἰᾶσθαι, παράγεται ὄνομα ὁ θεραπευτής. ἀπὸ δὲ τοῦ δηλοῦντος τὸ ὑπέρχεσθαι ποιεῖ τὸν θεράποντα.

τέχνη.

τέχνη· ἡ τοῦ πράγματος κατάληψις καὶ τὸ ἐπιτήδευμα ἑνὸς ἑκάστου, ἤτοι ζωγραφικὴ ἢ ἄλλη τις τοιαύτη τέχνη. καὶ ἡ μηχανὴ καὶ ὁ δόλος. καὶ τεχνάζεται ἀπ' αὐτοῦ ὁμοίως ῥῆμα. καὶ τεχνιτεύεται. ἐπιστήμη δὲ παρὰ μὲν τοῖς φιλοσόφοις τὴν ἀκριβῆ καὶ μὴ τὸ πταιστὸν ἔχουσαν κατάληψιν τοῦ πράγματος δηλοῖ. παρὰ δὲ τοῖς ῥήτορσι ταὐτὸν λαμβάνεται τέχνη καὶ ἐπιστήμη.

οἴχεται.

οἴχεται καὶ ἀντὶ τοῦ ἐνεστῶτος καὶ ἀντὶ τοῦ παρακειμένου λαμβάνεται, οἷον· οἴχεται καὶ φθείρεται, καὶ οἴχεται καὶ ἔφθαρται.

ἄρα.

τὸ ἄρα λαμβάνεται καὶ ἀντὶ τοῦ ὡς ἔοικε καὶ γράφεται καὶ μετὰ τοῦ ὡς. πάλιν αὖ καὶ ἀντὶ τοῦ ὡς ἔοικε, δίχα τοῦ ὡς, παρ' Ἀρι-

---

1 προσίασι· προσέρχονται Cn | καὶ τὸ προέρχονται M 2 ὥσπερ καὶ τὸ προσιᾶσιν οὐχ εὑρίσκεται M 3 τὸ ante προσιᾶσιν om C | προσιᾶσι Cn M 9 ἐστι om Cn | δώσων pro δώσειν B | ἢ τ. ἀπόδ. Cn 10 τὸ ante θεραπεύειν om Cn 11 ὑπερέρχεσθαι pro ὑπέρχ. Cn 12 μὲν ante τοῦ θεραπεύειν habet M, omiserunt ceteri. 13 παραγίνεται pro παράγεται Cn | post ἀπὸ δὲ lac. Cn 14 ἀποδηλοῦντος Cn θεραπεύοντα pro θεράποντα C 16 ἡ ζωγραφικὴ B | τέχνη τοιαύτη M 17 ὁμοίως ὑπ' αὐτοῦ M 18 μὲν om Cn 20 ῥήτορσιν ταὐτὸ M | οἴχεται uoc. om M 21 τὸ οἴχεται B | ἀντὶ ἐνεστ. κ. ἀντὶ παρακ. C ἀντὶ παρακ. Mosq 22 καὶ ante sec. οἴχεται om Cn 23 ἔοικεν U B | καὶ ante γράφεται om Cn 24 καὶ ante ἀντὶ om Cn καὶ ἀντὶ μὲν τοῦ ὡς ἔοικεν C ὡς ἔοικε μὲν B

στοφάνει ἐν Νεφέλαις· σάλπιγξ ὁ πρωκτός ἐστιν ἄρα τῶν ἐμπίδων. καὶ ὡς παρὰ Λιβανίῳ· οὐκ ἄρα εἵμαρτο τῇ Βιθυνίᾳ τὴν χείρω τύχην ἀθάνατον γενέσθαι, ἀντὶ τοῦ ὡς ἔοικε. καὶ ὡς ἐνταῦθα καὶ παρὰ Θεολόγῳ· ἔμελλον ἄρα. μετὰ δὲ τοῦ ὡς, παρὰ Λιβανίῳ· οἵ αὐτὸν διδάξουσιν, ὡς ἄρα κάλλιον ἦν ἐλάφοις μάχεσθαι.

ἄμαχον.

ἄμαχον λέγεται τὸ ἀμήχανον, περὶ οὗ τις οὐ δύναται μηχανὴν εὑρεῖν, ὡς καὶ ἄμαχον κάλλος, ἀντὶ τοῦ ὑπερφυές. λέγεται ἄμαχον καὶ τὸ ἀπρόσιτον ὡς πρὸς πόλεμον, ἐξ οὗ καὶ ἄμαχον· τὸ ἀνίκητον, ὡς καὶ Λιβάνιος· τὴν τοῦ ἔρωτος φύσιν ὡς ἄμαχος ὁ θεός, ὡς ἀνίκητος, ἀντὶ τοῦ ὃν οὐ δύναταί τις μαχέσασθαι.

ὑφίσταται.

ὑφίσταται· τὸ ὑπομένει καὶ ἀνέχεται καὶ δέχεται, καθὸ καὶ Πίνδαρος· χρυσέας ὑποστήσαντες εὐτυχεῖ θαλάμῳ κίονας. ὑφίσταται καὶ τὸ ὑπισχνεῖται καὶ ἐπαγγέλλεται.

κῆδος.

κῆδος λέγεται μὲν καὶ τὸ πένθος καὶ τὸ ἄλγος, ὡς καὶ Ὅμηρος· κήδεά τε στοναχάς τε. λέγεται δὲ κῆδος καὶ ἡ συγγένεια, ἡ κοινῶς λεγομένη συμπεθερία, τουτέστιν ἐπιγαμβρία, ὡς παρ' Εὐριπίδῃ· ὅδ' εἰς Ἄργος ἐλθών, κῆδος Ἀδράστου λαβών. κηδεστὴς λέγεται καὶ ὁ τὸν υἱὸν ἐκδιδούς. καὶ πάλιν αὖ ὁ τὴν κόρην. ὁμοίως καὶ κηδεσταί· πάντες οἱ ἐξ ἑκατέρου μέρους, τῷ τε γαμβρῷ καὶ τῇ νύμφῃ, συγγενεῖς ὄντες, οἷον· θεία καὶ θεῖος. καὶ ἀδελφοί. καὶ πάντες οἱ τῷ αὐτῷ γένει προσήκοντες.

καλεῖν.

καλεῖν λέγεται τὸ ὀνομάζειν, ὡς Ἀριστοφάνης ἐν Νεφέλαις· ὅπως τὴν καρδόπην, ὥσπερ καλεῖς τὴν Σωστράτην. καλεῖν καὶ τὸ εἰσκαλεῖσθαι, ὡς καὶ Λιβάνιος· καλεῖ δήποτε κἀκείνη ταύτην παρ' ἑαυτῇ, ἀντὶ τοῦ εἰσκαλεῖται. καλεῖν καὶ τὸ βοᾶν καὶ φωνεῖν,

1 σάλπιξ U 2 ὡς om B 3 ἀντὶ τοῦ ὡς ἔοικε om M ὡς ἔοικε δὲ παρὰ τῷ θεολόγῳ Γρηγορίῳ B 5 κάλλιστον Cn 7 κάλλος κάλος C | ἀντὶ τοῦ om Mosq 8 ἀπρόσιτον πολέμῳ mihi uideor legere in loco paene euanido in M 9 ἄμαχος θεός M 10 ᾧ οὐ δύναταί τις M Cn | ἀφίσταται Lemma Cn 11 ἀφίσταται Cn C 12 εὐχυχεῖ C | προθύρῳ θαλάμου B 13 ὑποσχνεῖται Cn 14 κῆδος μὲν λέγ. M λέγ. μὲν τὸ πένθος Cn 15 λυγρὰς στοναχάς τε B στενοχάς τε Mosq U | δὲ ante κῆδος om U | ἤγουν ἡ κ. λεγ. B 16 συμπενθερία B Cn | τουτέστι Mosq τουτέστιν ἐπιγαμβρία desunt in Cn 18 καὶ om post λέγ. M 19 πάντως οἱ ἐξ ἑτέρου M 21 αὐτῷ om M 22 ὡς καὶ Ἀριστ. M Mosq 23 τὴν Σωκράτην Mosq M τὸν Σωκράτην B Σωκράτην e Σωστράτην corr. U 24 ὡς καὶ Λιβ. — εἰσκαλεῖται om Cn | κἀκείνην Mosq | τὸ φωνεῖν Mosq

ὡς παρ' Ἀριστοφάνει· αὐτὸς μὲν οὖν κάλεσον· οὐ γάρ μοι σχολή. καὶ τί με καλεῖς, ὦ 'φήμερε; καλεῖν καὶ ἀντὶ τοῦ παρακαλεῖν καὶ ἐπικαλεῖσθαι ἀττικῶς, ὡς καὶ Ἀριστείδης· καλῶ δ' ἐπὶ τῷ τολμήματι τούτῳ καὶ Ἑρμῆν λόγιον καὶ Ἀπόλλω μουσηγέτην, ἀντὶ τοῦ ἐπικαλοῦμαι.

ἄνευ μὲν οὖν προθέσεων ταύτας δὴ τὰς σημασίας σχεδὸν τοῦ καλεῖν εὕρομεν παρ' ἀττικοῖς. μετὰ δὲ προθέσεων, παθητικῶς μὲν ἐκφερόμενον, ἐνέργειαν δὲ δηλοῦν, διαφόρους τὰς σημασίας ποιεῖ, οἷον· ἀνακαλοῦμαι καὶ ἀντὶ τοῦ ἀναδέχομαι καὶ ἀναλαμβάνω, οἷον· ὀργισθεὶς τὸν δεῖνα ὁ βασιλεὺς εἶτ' αὖθις ἀνεκαλέσατο. καὶ ἀντὶ τοῦ ἐπανακτῶμαι, οἷον· ἀνεκαλεῖτο τὴν ἧτταν, ἀντὶ τοῦ ἅπερ ἀπώλεσεν ἡττηθεὶς τῶν ἐχθρῶν, εἶτ' αὖθις διὰ πολέμου ταῦτα ἀνεκαλεῖτο, ἀντὶ τοῦ πολεμῶν ἐπανεκτᾶτο καὶ ἐπανέσῳζε. μετακαλοῦμαι ταὐτὸν τῷ μεταπέμπομαι, ἀντὶ τοῦ διά τινος εἰς ἐμαυτόν τινα ἄγω. παρακαλῶ ἐνεργητικῶς κοινῶς μὲν λαμβάνεται ἀντὶ τοῦ ἱκετεύω καὶ δέομαι, ἀττικῶς δὲ ἀντὶ τοῦ παρακινῶ καὶ διεγείρω, ὡς καὶ Λιβάνιος· σὺ μὲν παρεκάλεις με πρὸς παρρησίαν. καὶ παρακαλοῦμαι ἀντὶ τοῦ παρακινοῦμαι ἐπὶ πάθους, ὡς Δημοσθένης· ὑπὸ τῶν ἐκεῖσε τότε παρόντων παρακαλούμενος, καὶ Λιβάνιος· ἐγὼ δέ τὴν σὴν ἀκμὴν οὐ παρακαλῶ, παρακεκλημένην ὑφ' ἑαυτῆς. ἐπικαλῶ μὲν οὐδαμῶς. ἐπικαλοῦμαι δὲ ἀντὶ τοῦ ἐπιβοῶμαι καὶ ἱκετεύω. εἰσκαλοῦμαι· τὸ ἐπὶ φιλίᾳ τινὰ δεξιοῦμαι, ὃ καὶ εἰσκαλῶ κοινῶς γράφεται. ἐκκαλοῦμαι ἀντὶ τοῦ μεθ' ἑαυτοῦ καὶ ἕτερον ἔξω τῶν οἴκων ἕλκω. προσκαλοῦμαι· τὸ προσλαμβάνω ἤ τινὰ ἢ πολλούς. τάττεται δὲ καὶ ἐπὶ τῶν ἐν τοῖς πολέμοις ἐπικούρων, οἷον· προσεκαλέσαντο τὸν Μέμνονα ἐξ Αἰθιοπίας οἱ Τρῶες. προκαλοῦμαι κυρίως ἐπὶ πολέμου καὶ μονομαχίας, ὡς τὸ προὐκαλέσατο ὁ Ἕκτωρ Αἴαντα μονομαχῆσαι, ὃ καὶ προκαλῶ ποιητικῶς γράφεται, ὡς παρ' Ὁμήρῳ· αὐτὸς δὲ προκάλεσον Ἀχαιῶν, ὅστις ἄριστος.

---

1 μὲν ὦ κάλεσον M 2 ὦ ἐφήμερε U | καλεῖν· τὸ παρακαλεῖν M καλεῖν ἀντὶ τοῦ π. C παρακαλεῖσθαι Mosq 4 τούτου M | μουσουργέτην M 7 ἀττικῶς ante παθ. habuit M 8 τὰς om M 9 καὶ ante ἀντὶ om M 10 τῷ δεῖνι C Cn τὸν δεῖνα, ῶ et ῐ superscr, B 13 ἐπανακτᾶτο M B Cn 14 πρὸς ἐμαυτὸν C ἐμαυτὸν, εἰς omisso et ω lit superscr, Cn 15 ἐνεργητικὸς C 19 παρόντων om C | καρακαλ. C 20 ἀκμὴν om M | οὐ om Cn 21 ἐπικαλῶ δὲ οὐδ. Cn | δὲ post ἐπικαλοῦμαι om M U | εἰσκαλοῦμαι post ἐκκαλοῦμαι habet C 23 γρ. κοινῶς C 25 τοῖς om B 27 κυρίως bis C 28 προσεκαλέσατο C 28 ὁ om Cn 28 παρακαλῶ C | ὡς καὶ π. Ὁμ. B

βρόχος.

ὅτι ἐκ μεταφορᾶς τοῦ ἐν ὕδασι βραχῆναι ἢ καὶ τελέως ἀποπνιγῆναι λέγεται βρόχος ἡ κοινῶς λεγομένη θηλέα, ὡς **Εὐριπίδης**· βρόχον κρεμαστὸν ἀρτάνης ἀνήψατο. λέγεται δὲ βρόχος κοινῶς καὶ πᾶς ὅ τισιν ἐπικρεμάμενος κίνδυνος.

ἐπιστρέφω.

ἐπιστρέφω λέγεται μὲν καὶ τὸ ἐπισπῶμαι καὶ ἐφέλκομαι εἰς ἑαυτόν, ἤτοι διὰ χαρίτων τινῶν ἢ καὶ πιθανῶν λόγων εἰς ἑαυτὸν ἐπιστρέφω· λέγεται δὲ κοινῶς ἐπιστρέφω καὶ τὸ ἀνακαλοῦμαι καὶ διορθοῦμαί τινα παρὰ τὸ δέον ποιοῦντα ἢ λέγοντα, οἷον· ὁ δεῖνα πολλὰ πρὸς ἀρετὴν συντείνοντα παραινέσας ἐπέστρεψεν, ἀντὶ τοῦ διωρθώσατο.

ἡγοῦμαι.

ἡγοῦμαι δηλοῖ καὶ τὸ ὑπολαμβάνω καὶ οἶμαι. δηλοῖ καὶ τὸ ἄρχω, συντασσόμενον γενικῇ, οἷον· ἡγοῦμαι τοῦ στρατοπέδου. καὶ ἡγοῦμαι τῆς πόλεως. ἡγοῦμαι καὶ τὸ προοδοποιῶ, συντασσόμενον δοτικῇ, ὡς παρ' **Ὁμήρῳ**· καὶ νήεσσ' ἡγήσατ' Ἀχαιῶν Ἴλιον εἴσω. καὶ **Ἀριστοφάνης**· οἱ γὰρ βλέποντες τοῖς τυφλοῖς ἡγούμεθα.

ἐλπίζω.

ἐλπίζω πείσεσθαι ἀγαθά. καὶ ἐλπίδα ἔχω ἐλεηθήσεσθαι. καὶ ἐλπίζω ἔλεος ἢ ὁμοιόν τι τοιοῦτον εἰς ἀπαρέμφατον μέλλοντος πρώτου κατ' ἀττικὴν συνήθειαν καὶ σύνταξιν ἐντελῆ ἀποδιδόμενα εὑρίσκεται. ὁμοίως καὶ τὸ μέλλει καὶ ἕτερα τοιαῦτα, οἷον· μέλλω ἥξειν, καὶ μέλλω ἥκειν καὶ ἐλπίζω ἥκειν καὶ πρὸς ἐνεστῶτα. ἀορίστῳ δὲ οὐδαμῶς καὶ δευτέρῳ μέλλοντι, εἰ μή που σπανίως καὶ παρὰ ποιηταῖς. ἀορίστῳ μέν, ὡς παρὰ **Δημοσθένει** ἐν Ὀλυνθιακοῖς· εἰς τί ποτε ἐλπὶς ταῦτα τελευτῆσαι· καὶ ἐν τῷ πρώτῳ κατὰ **Φιλίππου**· ἐλπὶς μὴ χείρω γενέσθαι τὰ πράγματα. ὁμοίως καὶ παρὰ **Πλάτωνι**· ἐλπὶς πάντα διαφθαρῆναι τὰ πράγματα. ὁμοίως καὶ μέλλω ποιεῖν καὶ μέλλω ποιήσειν. ἀλλὰ καὶ ἀορίστῳ, ὡς παρὰ **Πλάτωνι**· μέλλω συγγνωσθῆναι. καὶ μέλλοντι δευτέρῳ τὸ μέλλω παρὰ **Σοφοκλεῖ**, ὡς καὶ ἐν ἑτέροις· ὑφηγητῶν δ' ἐγὼ κτανεῖν ἔμελλον πατέρα τὸν ἐμόν.

---

sub *βρόχος* idem fere, ord. uerborum mutato, Mosq 1 *ἀπὸ μεταφορᾶς* B | *ἢ τελείως* Cn 3 *δὲ* om M 4 *πᾶς ὅστις κρεμάμενος* M 5 *καὶ* ante *τὸ ἐπισπῶμαι* om M 7 *κοινῶς* om M | *καὶ* ante *τὸ ἀνακαλοῦμαι* om M 12 *οἷον — δοτικῇ* (l. 14) om C 13 *προδοποιῶ* M 14 *ἡγήσαντ'* M | quae post *εἴσω* sequuntur om C 17 *τι* om Cn | *μέλλοντα* Mosq 18 *πρώτου* om Mosq 20 *καὶ μέλλω ἥκειν* om Mosq 21 *ἀόριστον*, *ω* lit. superscripta, Cn | *μήτε* pro *μή που* Mosq 23 *ποτ' ἐλπὶς* B Mosq *ποτεν ἐλπὶς* U 24 *γενέσθω* Mosq 28 *τὸ μέλλον* Cn Mosq U *τὸ μέλλω* om M | *ὡς παρὰ Σ.* M 28 *ὑφ' ἡγητῶν* Mosq U M *ὑφηγητῶν ἐγὼ δὲ* B *συμμιγνύναι.*

συμμιγνύναι λέγεται τὸ συνέρχεσθαι καὶ συνάπτειν καὶ συμβάλλειν καὶ κατὰ νόμον πολέμου, ὡς τὸ συνέμιξαν οἱ πολέμιοι. καὶ παρὰ Θουκυδίδῃ· συμμίξαντες ἐπὶ πολὺ μὲν ἀντεῖχον οἱ Κερκυραῖοι. λέγεται δὲ συμμιγνύναι καὶ τὸ κατὰ φιλοφροσύνην τὰς δεξιὰς προτείνειν.

Τῆς Ē ἐπιστολῆς.

εἰ.

ὁ εἰ σύνδεσμος, ὅτε μὲν ἐπὶ ὁμολογουμένου κεῖται πράγματος, λαμβάνεται ἀντὶ τοῦ ἐπειδή. ὅτε δὲ ὡς ἁπλῶς σύνδεσμος, λαμβάνεται ἀντὶ τοῦ ἐὰν οὐχ ὑποτάσσων, οἷον· εἰ ὁ ἄνθρωπος ζῷον — τοῦτο δὲ δῆλον, ὅτι πάντες οἱ ἄνθρωποι ζῷα. καὶ εἰ ὁ θεὸς πάντα οἶδε — τοῦτο δὲ φανερόν, ὅτι οἶδε. κεῖται τότε ἀντὶ τοῦ ἐπειδή. ὅτε δὲ κεῖται ἁπλῶς ἐπ' ἐνδοιασμῷ, λαμβάνεται ἀντὶ τοῦ ἐὰν μὴ ὑποτάσσων, ὡς τὸ εἰ Περσεφόνην Πλούτων παρὰ Δήμητρος ἥρπασε, τίς τοῦτο οἶδε; καὶ εἰ ὁ Ζεὺς χρυσὸν ὗσε τοῖς Ῥοδίοις, ὡς οἱ παλαιοί φασι, τίς τοῦτο οἶδεν; ἄδηλον γάρ ἐστιν.

ὁμολογεῖν.

ὁμολογεῖν λέγεται τὸ ὁμοφρονεῖν καὶ συνᾴδειν. καὶ τὰ μέρη ὁμολογοῦντα ἀλλήλοις ἐστίν, ὅταν ἀνάλογα πρὸς ἄλληλα ᾖ, ὡς καὶ Ἀριστοφάνης· ὁμολογῶ σοι, ἀντὶ τοῦ συμφωνῶ σοι καὶ συγκατατίθεμαι. καθὸ καὶ Πλάτων· ὅρα μὴ οὐχ ὁμολογεῖ ταῦτα ἀλλήλοις, ὦ ἑταῖρε, ἀντὶ τοῦ συνᾴδει καὶ συμμαρτυρεῖ.

ἀπέχεσθαι.

ἀπέχεσθαι λέγεται τὸ φείδεσθαι καὶ ἀπείργεσθαι. καὶ συντάσσεται αἰτιατικῇ. ἐνεργητικῶς δὲ ἀπέχω δηλοῖ τὸ ἀφίσταμαι, συντασσόμενον γενικῇ ἀττικῶς. ἀπέχω καὶ τὸ ἀπολαβὼν ἔχω, συντασσόμενον αἰτιατικῇ, οἷον· ἀπέχω τὸ κεχρεωστημένον, ἀντὶ τοῦ δανεισάμενος εἶτ' ἀπολαβὼν αὖθις ἔχω, ὡς Δημοσθένης· Θηβαῖοι

1 *μυμμιγνύναι* C | *συμβάλλειν καὶ συνάπτειν* M 2 *καὶ* ante *κατὰ* om B M | *νόμους* B 4 *δὲ* om C M | *εἰ* uocabuli explicatio deest in B 6 *ὅτε — πράγματος* om Cn | *μὲν* om C 7 *ἀπαλῶς* Cn 9 *οἱ* om C M | *ζῶον* M | *εἰ* om M 10 *δὲ* ante *φανερὸν* om Cn 11 *καλεῖται* pro *κεῖται* Cn 13 *ἥρπασε, τί τ. οἶδε* M 14 *οἶδε* M 15 *ὁμοφρονεῖν καὶ συμφωνεῖν κ. συνᾴδειν* M 16 *πρὸς ἄλογα ᾖ* M 20 pro *ἀπείργεσθαι, ἀπέρχεσθαι* U B M 21 *ἐνεργητικῶς δὲ* om Cn 22 *ἀττικῶς γενικῇ* C M | *τὸ* ante *ἀπολαβὼν* om M | *συντασσόμενον — αὖθις ἔχω* om C 24 *εἶτ' αὖθις ἀπολαυὼν ἔχω* M | *ὡς καὶ Δ.* C M

μὲν ἀπέχουσι τὰ οἰκεῖα, Φωκεῖς δ' ἄπαντ' ἀπολωλέκασι. καὶ Συνέσιος· ἀπέχω τὴν χάριν· Καρνᾶς ἱκέτης μου γέγονεν.

δή.

τὸ δὴ ἀντὶ τοῦ δὲ ἐνταῦθα, ὥσπερ ἀντιστρόφως τίθεται παρ' ἀττικοῖς καὶ τὸ δὲ ἀντὶ τοῦ δή, ὡς καὶ παρὰ Συνεσίῳ· ὁ δὲ Καρνᾶς ἔτι μέλλει.

ἀποφαίνειν.

ἀποφαίνειν λέγεται μὲν καὶ τὸ δεικνύειν καὶ ἐξελέγχειν ἐπ' ἀληθείᾳ καὶ βεβαίως τινὰ κακοῦργον ἢ ψεύστην ἢ μοιχὸν ἢ ἕτερόν τι τοιοῦτον. λέγεται δὲ ἀποφαίνειν καὶ τὸ παριστᾶν, οἷον· τῷ τεκμηρίῳ τοῦτ' ἀποφαίνεις; ὡς καὶ παρ' Ἀριστοφάνει ἐν Νεφέλαις· κ'ἀποφανῶ γε νὴ Δία, ὡς ἐνδίκως ἔτυπτον. καὶ ἐν Πλούτῳ· κἂν μὲν ἀποφήνω μόνην ἀγαθῶν αἰτίαν ἐμέ, ἀντὶ τοῦ δείξω καὶ παραστήσω.

ἔγκλημα.

ὅτι ἔγκλημα καὶ ἐπίκλημα τὸ αὐτό, πλὴν τὸ μὲν ἔγκλημα κοινῶς γράφεται, τὸ δὲ ἐπίκλημα ἀττικόν· ὁμοίως ἐξ αὐτῶν παραγόμενα ἐγκαλεῖν καὶ ἐπικαλεῖν, ὧν τὸ μὲν ἐγκαλεῖν γράφεται ὡς τὸ ἔγκλημα κοινῶς, ἐπικαλεῖν δὲ ὡς ἐπίκλημα ἀττικῶς.

δέδια.

δέδια, ὁ παρακείμενος. δέδοικα, ὁ μέσος. δέδιας, δέδιε. τὰ δυϊκά, δέδιτον, οὐχ ὡς τὰ τοῦ μέσου κατὰ τετρασυλλαβίαν γραφόμενα, οἷον· δεδοίκατον, δεδοίκατον. τὰ δὲ πληθυντικά, δέδιμεν, δέδιτε, οὐχ ὡς τὰ τοῦ μέσου καὶ αὐτά, οἷον· δεδοίκαμεν, δεδοίκατε· τὸ δὲ τρίτον, δεδίασι· παρακείμενοι μὲν οὖν ὄντες οὗτοι, μετάγονται εἰς ἐνεστῶτα, καθὰ καὶ τὸ γέγηθα καὶ εἴωθα καὶ οἶδα. συμβαίνει δὲ ἐναντίον τι ἐν τῷ δέδια. τῶν μὲν γὰρ ἄλλων ῥημάτων, ὅσα τε ἀπὸ βαρυτόνων καὶ περισπωμένων καὶ τῶν εἰς μι συζυ-

1 ἄπαντα ἀπολ. M 2 οἰκέτης B Cn | γέγονε Cn M — In codd. B et Mosq haec explicatio δή uoc. cum explicatione eiusdem uoc. in Epimerismis Ep. I coniuncta est. habet autem B haec: λαμβάνεται τὸ δὴ καὶ ἀντὶ τοῦ δέ, καθὰ καὶ ἀνάπαλιν τὸ δὲ ἀντὶ τοῦ δή, ὡς π. Σ. κ. τ. λ. et Mosq: λαμβάνεται καὶ ἀντὶ τοῦ δέ, ὥσπερ καὶ τὸ δὲ ἀντὶ τοῦ δὴ ἀντιστρόφως, ὡς π. Σ. κ. τ. λ. 3 παρὰ τοῖς ἀττικοῖς M 6 ἀληθείας M 7 καὶ om Mosq | κλέπτην pro ψεύστην M | τι om Cn 8 τῷ om Mosq τὸ τεκμ. U 9 τοῦτο ἀποφαίνεις C ἀποφαίνειν Mosq | ὡς ante καὶ om B Mosq | καὶ om C καὶ ὡς U Cn | κἀποφανῶ Mosq 10 κἂν μὴ Mosq 11 ἀγ. αἰτίαν ἀπ. M | φανερώσω pro παραστήσω Mosq 12 ὅτι om B 13 ἀττικῶς M 14 ἀποκαλεῖν pro ἐπικαλεῖν Cn | ὡς τὸ μὲν M 16 ὁ τοῦ δέδια παρακείμενος B | ὁ μέσος· δέδια, δέδιας, δέδιε M 17 δέδιτον ex δεδίετον corr. Cn 18 τὰ δὲ πληθυντικά om Cn 19 οἷον om M 20 δὲ om C M | δεδίασι δὲ τὸ τρίτον Cn δεδίασιν B 22 δ' ἐναντίον C M | γὰρ om Cn

γιῶν κανονίζεται παραγόμενα, τοὺς μὲν μέσους παρακειμένους καὶ τοὺς δευτέρους ἀορίστους κατ' ἀττικὴν συνήθειαν γράφουσιν ἀεί, τοὺς δὲ πρώτους ἐῶσιν, εἰ καὶ τύχοιεν εὐχρήστους ἔχοντα τούτους, οἷον · πέπληγα, κατεπλάγην. καὶ καταλέλοιπα καὶ ἀπολέλοιπα. καὶ καταλιπὼν καὶ ἀπολιπών. ἐνταῦθα δ'ἐναντίον. δέδια μὲν γὰρ καὶ δέδιμεν καὶ δεδίασι γράφεται ἀττικῶς. δέδοικα δὲ καὶ δεδοίκαμεν καὶ δεδοίκασι κοινῶς.

ἀνέχειν.

ἀνέχειν λέγεται μὲν μεταβατικῶς ἀντὶ τοῦ ἀναβαστάζειν, συντασσόμενον αἰτιατικῇ, οἷον · ἀνέχουσι τὸν οἶκον οἱ κίονες. λέγεται δὲ καὶ ἀμεταβάτως καὶ δηλοῖ τὸ ἐπέχειν. κατα- κατέχειν · τὸ σφοδρῶς κρατεῖν καὶ φυλάσσειν, οἷον · κατέχει τις τὴν φρουρὰν ἢ τὸ φρούριον, αἰτιατικῇ συντασσόμενον, ὡς καὶ Δημοσθένης · τοὺς θεούς, οἳ τὴν χώραν κατέχουσι. δια- διέχειν · τὸ διαστατεῖν καὶ διαλείπειν καὶ ἀφίστασθαι, οἷον · τοσόνδε τι ὁ κίων τῆς ὀροφῆς διέχει. τρόπον τινά, ὅπερ δηλοῖ τὸ ἐπέχειν ἐπὶ τῶν ἐπιπέδων, τοῦτ' αὐτὸ δηλοῖ τὸ διέχειν ἐπὶ τῶν μετεώρων, καθά φησι καὶ Λιβάνιος · τὸν Ἀπόλλω μὲν εὐθύς, ἅτε καὶ μικρὸν διέχοντα τοῦ τέγους. μετα- μετέχειν · τὸ κοινωνεῖν. καὶ συντάσσεται γενικῇ. μετέχειν καὶ τὸ μετά τινος ἔχειν τινὰ τὸ ὅλον, ὅπερ δὴ καὶ ὁ πρῶτος εἶχεν, ὡς τὸ οὐ μετεῖχες τὰς ἴσας πληγὰς ἐμοί. καὶ παρὰ Δημοσθένει · μετέχοντες τὴν αὐτὴν δόξαν τοῖς Λακεδαιμονίοις. παρα- παρέχειν · τὸ διδόναι καὶ ὀρέγειν. παρέχειν καὶ τὸ προΐσχεσθαι, τὸ αὐτὸ παθητικῶς ἐκφερόμενον καὶ ἐνέργειαν σημαῖνον, οἷον · παρέχω δείγματα τῆς πρὸς σὲ φιλίας τοσαῦτα. τοῦ μὲν ἐνεργητικοῦ παρὰ πολλοῖς, ὡς καὶ παρὰ Λιβανίῳ · μετὰ τοῦ παρέχειν αὐτὸν αἰδέσιμον, διάγων ἡσυχῇ. καὶ Συνέσιος · ἀλλ' ἐν ὑποθέσει τοιαύτῃ μέτριον ἑαυτὸν παρέσχε. τοῦ δ'ἐπὶ πάθους μὲν γραφομένου, σημασίαν δ'ἔχοντος ἐνεργητικὴν ἀεὶ παρὰ Πλάτωνι · τοῖς γὰρ ἐμοῖς, εἰ δή τίς ἐστι σοφία, μάρτυρα ὑμῖν παρέξομαι τὸν θεὸν τὸν ἐν Δελφοῖς, ἀντὶ τοῦ παρέξω. καὶ παρὰ Δημοσθένει · τὴν αὐτὴν παρειχόμεθ' ἡμεῖς καὶ ὑπὲρ ἡμῶν αὐτῶν προθυμίαν, ἥνπερ ὑπὲρ τῆς τῶν Εὐβοέων

---

2 ὁμοίους κ. τ. δευτ. ἀορ. C M 3 τύχειεν U B 4 πέπληγα καὶ κατεπλάγην C Cn πέπληγα, κατεπλάγην καὶ ἀπηλλάγην M 5 ἐνταῦθα δὲ τοὐναντίον B 9 αἰτιατιατικῇ Cn | καὶ ἀνέχουσι Cn 14 τῆς om C 15 ἀπέχειν B Cn | ἐπιπίδων U 17 στέγους B τέτους Cn 19 εἶχε M 22 προΐχεσθαι M | καὶ παθητικῶς C Cn M 23 παρέχων δεδείγματα M 24 ἐνεργητικῶς U B 25 καὶ ante παρὰ om C | τὸ παρέχειν M 26 ἑαυτῇ M 27 παρέσχον C | δὲ ἔχοντος Cn 28 τοῖς μὲν γὰρ M 29 ἡμῖν παρέξομαι M | τὸν θεὸν τοῖς ἀδελφοῖς Cn 31 ἣν ὑπὲρ U B Cn | τῶν ante Εὐβοέων om B C aut τῆς aut τῶν om M [locus est euanidus; spatium non suppeditat uerbis ambobus].

σωτηρίας. ἀντέχειν· τὸ ἀντιτείνειν καὶ ἀντιβαίνειν καὶ ἀντικρούειν καὶ ἀποδυσπετεῖν, ὡς καὶ Δημοσθένης· εἰ μὲν γὰρ ἀντέχει τὰ τῶν Ὀλυνθίων, ἀντὶ τοῦ ἀνθίσταται καὶ ἀντιτείνει. ἐπέχειν· τὸ ἐπιλαμβάνειν ἐπὶ τόπου καὶ χώρας, ὡς καὶ Ἀριστοφάνης· ὦ νεφέλη καὶ σκοτόμαινα, ἣ νῦν ἐπέχεις τὴν Ἑλλάδα. καὶ παρὰ Συνεσίῳ· καὶ τὴν χώραν, ἣν ἐπέχουσιν οἱ πολέμιοι. ἐπέχειν καὶ τὸ κωλύειν καὶ διείργειν μεταβατικῶς, αἰτιατικῇ συντασσόμενον, οἷον· ἐπέχω σε τῆς ὁρμῆς, καὶ ἐπέχω σε τῆς ὁδοῦ. ἐπέχειν ἀμεταβάτως καὶ τὸ ὁρμώμενόν τινα εἶτ' ἐξεπίτηδες ἵστασθαι. περιέχειν· τὸ περιλαμβάνειν, οἷον· περιέχει τὸ βιβλίον τήνδε τὴν ὑπόθεσιν. καὶ περιέχει ὁ κύκλος τοῦ ἄστεος σταδίους τόσους, εἴτε πεντήκοντα, εἴτε καὶ ἑξήκοντα. ἀπέχειν· τὸ ἀφεστάναι, συντασσόμενον γενικῇ, οἷον· τοσοῦτον ἀπέχω τοῦ ῥαθυμεῖν. ἀπέχειν καὶ τὸ ἀπολαμβάνειν, ὡς τὸ ἀπέχω τὴν χάριν· Καρνᾶς ἱκέτης μου γέγονεν. ὑπέχειν σημαίνει δύο, καὶ ἀμφότερα συντασσόμενα αἰτιατικῇ· ὑπέχειν μὲν γὰρ λέγεται καὶ τὸ ὑποτείνειν καὶ ὑπενδιδόναι, ὡς καὶ Λιβάνιος· καὶ ἥδιστα ὑπέχων τὰ ὦτα τῷ ῥεύματι τῆς γλώττης. ὑπέχειν καὶ τὸ ἁπλῶς διδόναι καὶ ἐκτίνειν, οἷον ἐπ' εὐθύνης καὶ δίκης, οἷον· ὑπέχει τις δίκην ἢ εὐθύνην ἢ λογισμόν. ὑπερέχειν· τὸ περιεῖναι καὶ νικᾶν καὶ ὑπερφέρειν, συντασσόμενον γενικῇ καὶ αἰτιατικῇ. γενικῇ μὲν ὡς Ἀριστείδης· ἀλλὰ καὶ τῶν οἱστισινοῦν πρὸς ἀλλήλους γενομένων ὑπερέχουσα. αἰτιατικῇ δ' ὡς ὁ Δημοσθένης· ὑπερεῖχε δ' ἐκείνους τῇ ῥώμῃ μὲν οὐδαμῶς. καὶ ὑπερέχω σου λόγοις ἢ δόξῃ ἢ γένει, ὃ καὶ προέχω γράφεται ἀττικῶς. εἰσέχειν λέγεται ἐπ' οἰκοδομῆς κυρίως, οἷον· εἰσέχει πρὸς τὴν οἰκοδομὴν ὁ λίθος. καὶ εἰσέχει ὁ κόλπος, ἀντὶ τοῦ ὑφιζάνει, ᾧ ἐναντίον τὸ ἐξέχει, ὃ δηλοῖ τὸ τῆς ὅλης ἰσότητος οἱονεὶ προκύπτειν. συνέχειν· τὸ συνάγειν καὶ φυλάττειν καὶ συγκροτεῖν, οἷον· τῇ ἐπιμελείᾳ καὶ τῇ συνεχεῖ σπου-

ἀντι- ἐπι- περι- ἀπο- ὑπο- ὑπερ- εἰς- συν-

5 νεφέλαι σκοτόμενα C νεφέλαι ἐσκοτομένα Cn 7 εἴργειν M | συντασσόμενον om Cn M 9 ἀμετάβατον M 10 τόδε τὸ βιβλίον M 12 τοσούτους B 13 ὡς pro οἷον M 14 ἀπολαμβάνειν, συντασσόμενον αἰτιατικῇ B | καὶ Συνέσιος pro ὡς τὸ M 15 οἰκέτης B | γέγονε Cn 16 ὑπέχειν· τὸ ὑποτείνειν καὶ ὑπενδιδόναι, συντ. αἰτιατικῇ, ὡς καὶ Λ. B | γὰρ om Cn 17 ἥκιστα Cn | ἐπέχων C U 18 γλώσσης B | ὑπέχειν om Cn | ἐκτείνειν C Cn U 19 ἐπὶ εὐθύνης B ὑπ' εὐθύνης M | δίκης, συντασσόμενον καὶ αὐτὸ αἰτιατικῇ, οἷον· ὑπέχει τις δίκην ἢ λόγον B 20 περιεῖναι M 21 καὶ γενικῇ M | ὁ Ἀριστείδης B 22 λεγομένων M 23 ὑπερέχει δὲ κείνους M 24 καὶ ante ὑπερέχω om Cn | δόξῃ ἢ λόγοις ἢ γένει Cn 25 ἐπὶ οἰκοδομῆς M 27 ὑφανίζει Cn | ἐξέχειν Cn

δῆ συνέχει τὸν οἶκον καὶ τὰ κατὰ τὸν οἶκον, ὡς καὶ Λιβάνιος· καὶ συνέχειν Ἀρισταινέτῳ τὴν οἰκίαν, καὶ παρὰ Δημοσθένει· πῶς γὰρ ὅσγε ἃ δοκεῖ συνέχειν τὴν πολιτείαν, τὰ δικαστήρια καὶ τοὺς νόμους, καταλύει. συνέχειν καὶ τὸ συσφίγγειν καὶ συλλαμβάνειν, κυρίως ἐπὶ τῶν ξύλων τῶν συνδεόντων τὸν τοῖχον λεγόμενον. προσέχειν· τὸ προσκεῖσθαι, οἷον· προσέχω λόγοις καὶ ἀρετῇ καὶ παιδείᾳ. προέχειν· τὸ ὑπερέχειν καὶ διαφέρειν, ὃ δὴ καὶ προείρηται. ἀνέχεσθαι δὲ παθητικῶς λαμβάνεται ἀντὶ τοῦ φέρειν καὶ ὑπομένειν, ὡς τὸ οὐκ ἀνέχομαί σου κοκκύζοντος ἢ ὑβρίζοντος. εἰς μὲν τὸ πρόσωπον ὡς ἐπὶ τὸ πολὺ γενικῇ, οἷον· ἀνέχομαί σου κατηγοροῦντος καὶ βασκαίνοντος. πρὸς δὲ τὸ πρᾶγμα αἰτιατικῇ. κατέχεσθαι· τὸ κωλύεσθαι καὶ κρατεῖσθαι καὶ ἐμποδίζεσθαι. παρέχεσθαι ταὐτὸν τῷ παρέχειν, ὥσπερ δὴ καὶ προείρηται. ἀντέχεσθαι μὲν οὐκ ἀττικὸν καὶ σπάνιον. ἔχομαι δὲ ἀντὶ τοῦ ἅπτομαι καὶ ἔχομαι ἀντὶ τοῦ κρατοῦμαι παθητικῶς. ἐπέχεσθαι· τὸ κωλύεσθαι. περιέχεσθαι· τὸ σφόδρα καὶ συντεταμένως ἔχεσθαί τινος καὶ ἀντιποιεῖσθαι, ὡς καὶ Συνέσιος· περιεχόμενος ἕκαστος, ὅτου καὶ λάβοιτο. ἀπέχεσθαι· τὸ φείδεσθαι καὶ ἀφίστασθαι. ἐνέχεσθαι· τὸ ὑπεύθυνον καὶ ὑπόδικον καθεστάναι, οἷον· ἐνέχεταί τις τοῖς ἐγκλήμασιν. ἐξέχεσθαι· τὸ ἐξαρτᾶσθαι καὶ ἐκκρεμᾶσθαι, οἷον· ἐξέχεται τῆς φιλίας τοῦ δεῖνος. συνέχεσθαι· τὸ φυλάττεσθαι ἐπὶ πάθους.

προς- προ- ἀνα- κατα- παρα- ἀντι- ἐπι- περι- ἀπο- ἐν- ἐκ- συν-

γίνεται.

γίνεται ἡμῖν παιδίον, ἀντὶ τοῦ γεννᾶται. καὶ γίνεται ἀντὶ τοῦ παραγίνεται, ἀμφότερα ἐπ᾽ ἀτελοῦς ἔργου λεγόμενα, παράτασιν δηλοῦντα. καὶ γίνεται ἡμῖν φίλος σαφὴς ἀντὶ πάντων. ἐγένετο δὲ τὸ ἅπαξ γεγονὸς καὶ παυσάμενον. γίνεται καὶ τὸ ἁρμόττει παρὰ τοῖς ῥήτορσιν, ὡς παρ᾽ Ἀριστείδῃ· γνοίη δ᾽ἄν τις καὶ πρὸς τὴν θέσιν εὐθὺς αὐτῆς ἀποβλέψας καὶ τὴν φύσιν, ὅτι γιγνομένην αὐτῇ τὴν ἐπωνυμίαν ἔθετο ὁ θεός, ἀντὶ τοῦ ἁρμόζουσαν καὶ τῇ πόλει προσήκουσαν, ἀφ᾽ οὗ καὶ γίνεταί μοι τόδε, ἀντὶ τοῦ διαφέρει μοι καὶ ἁρμόττει.

---

1 συνέχειν M | τὸν οἶκον, ἀντὶ τοῦ κατὰ τὸν οἶκον U καὶ τὰ κ. τὸν οἶκον om B 2 συνέχει Ἀρισταινέτα Cn 4 συσφίγειν M 5 τῶν δεόντων Cn 8 δὲ om C 9 κοκκύζοντος scripsi, P Cn secutus. κοκκίζοντος ceteri 10 ἐπὶ πολὺ pro ὡς ἐ. τὸ π. M 11 ἢ καὶ βασκαίνοντος B 12 ἐμποσίζεσθαι M 13 ὅπερ δὴ B 16 συντασσομένως M 19 ὑπόδικον καὶ ὑπόδικον καθ. B ὑπόδικον καὶ ὑπεύθυνον καθ., sec. ὑπόδικον deleto, U | καθιστάναι Cn P 20 ἐγκλήμασι M 21 κρεμᾶσθαι C 24 παραΐνεται M | παρά τισιν δηλοῦντα M 25 ἀντὶ τοῦ πάντων Cn P 26 ἁρμόττειν M 27 ῥήμορσιν C | ὡς καὶ παρ᾽ Ἀρ. M 28 αὐτῆς εὐθὺς B | γινομένην B

ἐπικουρεῖν.

ἐπικουρεῖν λέγεται κυρίως τὸ διὰ νέων τοῖς πολιορκουμένοις ἐπιβοηθεῖν. καὶ ἐπίκουρος· ὁ νέος βοηθός, τουτέστιν ὁ σύμμαχος, ἐξ οὗ καὶ ἐπικουρία· ἡ ἐν τοῖς στρατοπέδοις ἐπιβολὴ καὶ συμμαχία διὰ τῶν νέων.

γεύω σε.

γεύω σε γνώσεως, ἀπὸ αἰτιατικῆς εἰς γενικὴν μεταπίπτον. τὸ μὲν πρόσωπον αἰτιατικῇ, τὸ δὲ πρᾶγμα γενικῇ, καθὸ λέγεται καὶ πληρῶ τὸν ἀσκὸν οἴνου. γεύομαι δὲ ἐγὼ πλούτου. ὁμοως τὸ πληροῦμαι.

τῆς ς ἐπιστολῆς.

δοκῶ μοι.

δοκῶ μοι, νομίζω, ὑπολαμβάνω, ἡγοῦμαι ταὐτά. καὶ κατὰ σύνταξιν ἐντελῆ πρὸς ἀπαρέμφατον ἀποδιδόμενα.

ἔρχομαι.

ἔρχομαι καὶ πέμπω, ὁμοίως καὶ ἥκω, ὧν τὸ μὲν ἔρχομαι καὶ πέμπω πρὸς μέλλοντα ὁριστικὸν ἀττικῶς καὶ ὡς ἐπὶ τὸ πλεῖστον ἀποδίδονται, οἷον· ἔρχομαι ποιήσων τόδε. καὶ Ἀριστοφάνης· καὶ ταῦτ᾿ ἀναθήσων ἔρχομαι πρὸς τὸν θεόν. καὶ πέμπω σε ἐροῦντα τῷ δεῖνι ταῦτα, ὡς καὶ Ξενοφῶν ἐν δευτέρῳ τῆς Ἀναβάσεως· ἐθαύμαζον δέ, ὅτι Κῦρος οὔτε ἄλλον πέμπει σημανοῦντα, ὅτι χρὴ ποιεῖν, οὔτ᾿ αὐτὸς φαίνεται. ἀπαρεμφάτῳ δὲ παρὰ τοῖς ἀττικοῖς οὐχ εὑρίσκεται ἀποδιδόμενα, εἰ μή που σπανίως καὶ παρὰ ποιηταῖς, ὡς καὶ παρὰ Σοφοκλεῖ· μήτηρ με πέμπει πατρὶ τυμβεῦσαι χοάς. τὸ δὲ ἥκω, ἐπεὶ διχῇ φαίνεται λαμβανόμενον, καὶ ἀντὶ παρεληλυθότος τοῦ ἦλθον καὶ ἀντὶ ἐνεστῶτος τοῦ ἔρχομαι. ὅτε μὲν ἀντὶ τοῦ ἔρχομαι τίθεται, πρὸς μετοχὴν μέλλοντος ἀττικῶς ἀποδίδοται, οἷον· ἥκω ἐρῶν σοι τὰ τοῦ πολέμου, ὅπως διεπράχθη. καὶ παρὰ Λιβανίῳ· διὰ τὴν ὠμότητα τοῦ ῥᾳδίως κινοῦν-

2 *βοηθεῖν* M | *τουτέστι* Mosq 3 *ἐπιβουλὴ* M *ἐπιβουλῇ* P *ἐπιβουλὴ*, lit *ο* supra *ου* scripta, Cn *ἐπιβολὴ*, lit. *υ* in *λ* inscripta, C 7 *τὸ πληρῶ* C M | *πλούτω* M *οἴνου* pro *πλούτου* B | *ὁμ. καὶ τὸ πληροῦμαι* M *τῶ πληρ*. P Cn | scholion, quod est *δοκῶ μοι*, om P 9 post *νομίζω* add. *οἶμαι* C M 12 *καὶ* om Cn | *ὡς* om Mosq | *τὸ* om P 14 *πρός τε τὸν θεόν* C 15 pro *ταῦτα* praebet *τόδε* Mosq 16 *ὁ Κῦρος* M | *οὔτ᾿ ἄλλον* Mosq | *σημαινοῦντα* C Mosq 17 *παρ᾿ ἀττικοῖς* C 18 *σπανίως* om Mosq 19 *τοῖς ποιηταῖς* Mosq | *καὶ* ante *παρὰ Σοφ.* om Mosq | *πατὴρ* pro *πατρὶ* Mosq 20 *τὸ ἥκω διχῇ, δὲ* et *ἐπεὶ* omissis, B *δεχῇ* M *ἐπὶ διχῇ* Mosq 21 *ἀντ᾿ ἐνεστῶτος* U C P 22 *καὶ ὅτε μὲν* B 24 *ὁμότητα* Cn

τος τὸ ξίφος ἥκω δίκην παρ' αὐτοῦ ληψόμενος. καὶ παρ' Ἀριστοφάνει· ἀνθ' ὧν ἐγὼ προσευξόμενος πρὸς τὸν θεὸν ἥκω. ὅτε δὲ ἀντὶ τοῦ ἦλθον, μετοχῇ παρεληλυθότος συνάπτεται, ὡς τὸ σπουδῇ ταχύνας ἥκω. καὶ παρ' Εὐριπίδῃ· ἥκω νεκρῶν κευθμῶνα καὶ σκότου πύλας λιπών. ἔστι δὲ καὶ τὸ ἥκω κοινῶς ἀντὶ τοῦ ἦλθον, πρὸς μετοχὴν ἐνεστῶτος ἀποδιδόμενον, οἷον· ἦλθον καὶ ἥκω ποιῶν ἢ λέγων σοι ταῦτα, ὡς καὶ παρ' Ἀριστοφάνει· χαρίεντα γ' ἥκεις φέρων δῶρα τῷ θεῷ. ὁμοίως καὶ δίχα τῶν μετοχῶν πρὸς δοτικὴν μόνον ἀποδιδόμενον, οἷον· ἥκω σοι παῖς, καὶ ἥκει μοι γυνή. καὶ παρ' Ἀριστοφάνει· κακὸν ἥκει τινί. τότε δὲ καὶ ἀντὶ τοῦ ἦλθε καὶ ἀντὶ τοῦ ἔρχεται λαμβάνεται, ὅτε πρὸς δοτικὴν μόνον ἀποδίδοται. ἀπαρεμφάτῳ δὲ καὶ τοῦτο οὐ χρὴ συνάπτειν.

λόγος.

λόγος λέγεται ὁ ἁπλοῦς καὶ προφερόμενος. λόγος λέγεται καὶ ἡ αἰτία. λόγος καὶ ἡ ἀπολογία, ὡς τὸ τίνα λόγον ἂν ἔχοις πρὸς τα ἐγκλήματα; ἀντὶ τοῦ ἀπολογίαν. λόγος καὶ ὁ συντεθειμένος λόγος ὑπέρ τινός, εἴτε ἐγκωμιαστικός, εἴτε μὴν συγγραφικός. λόγος λέγεται καὶ ἡ ὑποψία, ὡς ἐνταῦθα καὶ παρὰ Δημοσθένει· ὁ μὲν δι τῶν πραγμάτων ἐμοῦ λόγος τοῦ μὴ διαφθαρῆναι, ὦ Ἀθηναῖοι, τοιοῦτος, ἀντὶ τοῦ ὑπόνοια καὶ ὑποψία.

ἁμαρτάνειν.

ἁμαρτάνειν δίχα μὲν προθέσεων κοινῶς λέγεται καὶ ἀμεταβάτως καὶ μεταβατικῶς. ἀμεταβάτως μέν, ὅτε δηλοῖ τὸ πταίω καὶ ἁμαρτίαν ἐργάζομαι, ὡς τὸ ἥμαρτον εἰς τὸν οὐρανόν. μεταβατικῶς δὲ ἀντὶ τοῦ ἀποτυγχάνω, συντασσόμενον γενικῇ, οἷον· ἥμαρτον τοῦ σκοποῦ. καθὸ καὶ τὸ ἤμβροτες ποιητικῶς ἀντὶ τοῦ ἀπέτυχες, τὸ κοινῶς λεγόμενον ἠστόχησας. μετὰ δὲ προθέσεων γράφεται ἀττι-

2 ἀφ' ὧν ἐγὼ Cn | ὅτε δὲ — ταχύνας ἥκω om Mosq 3 συντάσσεται pro συνάπτεται M 4 καὶ ante π. Εὐρ. om P | ἥκω λιπὼν ν. C P 5 δὲ om M 6 ἐνεστῶτος om Mosq | abhinc usque ad finem scholium in Mosq confusum et mutilum est 7 ἥκω καὶ ἦλθον M | ὡς om Cn ὡς καὶ Ἀριστοφάνης C καὶ ὡς περὶ Ἀριστοφάνει P 8 χαρίεντα — παρ' Ἀριστοφάνει in marg. U | τῷ θεῷ δῶρα B 9 μόνην Cn | ἥκει σοι M 11 τόδε pro τότε M | ἦλθον M 12 μόνῳ pro τοῦτο P 14 ὁ προφερόμενος B προσφερόμενος Cn P | λόγος καὶ ἡ αἰτία καὶ ἡ ἀπολογία Mosq λόγος λέγεται καί ἡ ἀπολογία M λόγος· ἡ ἀπολογία C 15 ἔχεις U P 17 εἴτ' ἐγκωμ. M | γραφικός Cn P 18 λέγεται om Mosq | ὡς ἐνταῦθα om B Mosq | καὶ ante π. Δημ. om Cn P 19 Ἀθηνᾶ (!) Mosq 21 προθέσεως C Cn 22 δηλοῖ τὸ πλείω ἁμαρτίαν ἐργ. Cn P | ποιῶ pro ἐργάζομαι C 24 ἥμαρτε C M 26 ἠστόχησας scripsi, B C secutus. ceteri ἠστόχησε | προθέσεως Cn

δια- ἐκ-

κῶς. μετὰ μὲν οὖν τῆς διὰ δηλοῖ τὸ ἀποτυγχάνειν, συντασσόμενον γενικῇ, καθὰ καὶ τὸ ἥμαρτεν, οἷον· διήμαρτε τῆς ἀξίας. μετὰ δὲ τῆς ἐκ, τὸ πταίειν κυρίως ἐπὶ θεοῦ λεγόμενον, ὃ καὶ ἀμετάβατον, οἷον· ἐξήμαρτεν εἰς θεόν, ἐξύβρισεν εἰς ἀνθρώπους.

φαίνεται.

τὸ φαίνεται λαμβάνεται ἀντὶ τοῦ δοκεῖ. λαμβάνεται καὶ ἀντὶ τοῦ φανερὸς καθίσταται, πρὸς ἀπαρέμφατον καὶ μετοχὴν ἀποδιδόμενον καθ' οὗτινος χρόνου, παρεληλυθότος φημὶ καὶ ἐνεστῶτος καὶ μέλλοντος, καθὰ καὶ τὸ δῆλός ἐστι ποιήσας τόδε, καὶ ποιῶν, καὶ ποιήσων. ὅτε μὲν οὖν λαμβάνεται ἀντὶ τοῦ δοκεῖ, πρὸς ἀπαρέμφατον ἀποδίδοται, οἷον· φαίνεταί μοι ὁ ξένος εἶναι πανοῦργος· καὶ Πλάτων ἐν Εὐθύφρονι· φαίνεταί μοι τῶν πολιτικῶν μόνος ὀρθῶς ἄρχεσθαι. ὅτε δὲ ἀντὶ τοῦ φανερὸς καθίσταται καὶ δῆλός ἐστι, πρὸς μετοχήν, οἷον· φαίνεται χρηστὸς ὤν, ὡς καὶ Ἀριστείδης· οὕτως οὐ πολλῷ τινι τοῦ Λυκούργου δεύτερος ἡμῖν φαίνεται γεγονώς· καὶ παρὰ Θουκυδίδῃ· φαίνεται γὰρ ἡ νῦν Ἑλλὰς καλουμένη οὐ πάλαι βεβαίως οἰκουμένη. ἔστι γοῦν, ὅπου καὶ τὸ φαίνεται ἐναπόλυτον παρά τισιν, ὁμοίως καὶ παρὰ ποιηταῖς.

ἀπόκρισιν.

ἀπόκρισιν ἀπολογίας τινὲς διαφέρειν λέγουσιν· ἀπολογία μὲν γάρ ἐστιν, ὅταν κατηγορούμενός τις ποιῆται ἀπολογίαν ὑπὲρ τῶν ἐγκλημάτων· ἀπόκρισις δέ, ὅταν ἐρωτώμενός τις ἁπλῶς περί τινος ἀπόκρισιν διδῷ, ὁμοίως καὶ τὸ ἀπολογεῖται, ὅταν κατηγορῆται, καὶ ἀποκρίνεται, ὅτε ἁπλῶς ἐρωτᾶται. παρὰ δὲ τοῖς ῥήτορσι τίθενται καὶ ὡς οὐδὲν ἀλλήλων διαφέροντα, οἷον ἀπολογία ἀντ' ἀκοκρίσεως, καὶ ἀντ' ἀπολογίας ἀπόκρισις. καὶ ἀποκρίνομαι ἀντὶ τοῦ ἀπολογοῦμαι, ὡς καὶ Δημοσθένης ἐν τῷ κατ' Αἰσχίνου· ἀπόκριναι γὰρ δεῦρο παρελθών μοι.

περίημι.

περίημι· τὸ ἐν κύκλῳ ἁπλῶς ἔρχομαι, ὡς καὶ Ἀριστοφάνης· περιῄει τοὺς βωμοὺς ἅπαντας ἐν κύκλῳ. περιΐημι καὶ τὸ νικῶ.

---

1 ἀποτυγχάνω Cn 2 καθὸ B | ἥμαρτον Cn P 6 φανερῶς C Mosq 7 οὗτινος οὗ(!) χρ. Cn | χρόνου ἐνεστ. M 8 ἐστιν ποίησας(!) Mosq 9 ὅτϊ pro ὅτε P | οὖν om M 10 ἀποδίδονται M | πανοῦργος εἶναι Mosq 11 καὶ φαίνεται M | πολιτῶν M Cn 12 ἅπτεσθαι pro ἄρχεσθαι B | φανερῶς Mosq 13 ὡς om Mosq 14 οὗτος M | δεύτερον M 15 φαίνεται om M 17 δὲ παρὰ π. Cn P ‖ in Cn et P lemma hoc: ἀπόκρισις ἀπολογίας διαφέρει 19 ἀπόκρισις Mosq 22 κατηγορεῖται P 23 ὅταν ἁπλῶς B Mosq ὅταν ex ὅτε corr. U 24 τίθεται Cn P | ἀπολογίαν B 25 ἀπόκρισιν UB 26 ἐν τῷ om B 27 ἀπόκρινε B ἀπόκρινον Mosq ἀποκρίνομαι M | περίημι uoc. om B 28 περίειμι Cn P 29 περίημι M περιΐμι P idem e περίειμι corr. Cn

ὁμοίως τὸ παρίημι καὶ παρέρχομαι, ἐξ οὗ καὶ περιήειν τοῦ δεῖνος ἀντὶ τοῦ περιεγενόμην, καθὸ καὶ τὸ περιεῖναι τῶν ἐγκλημάτων ἐνταῦθα.

ἐτάραξεν.

ἐτάραξεν ἀντὶ τοῦ ἠνώχλησεν, ὃ καὶ ἔθραξεν ἀττικῶς γράφεται παρὰ Δημοσθένει, ὁμοίως καὶ παρὰ Πλάτωνι· ἤδη μέντοι ποτέ με καὶ ἔθραξεν, ἀντὶ τοῦ ἠνώχλησε καὶ ἐτάραξε καὶ ἔνυξεν.

εὐφημῶ.

εὐφημῶ· τὸ ὑμνῶ καὶ ἐξαίρω καὶ ὡς ὑπὲρ τὰ πάντα τιμῶ, ἐξ οὗ καὶ εὐφημία· ὁ ἔπαινος. καὶ εὔφημα φώνει, ἀντὶ τοῦ καθεστηκότα καὶ πρέποντα. καὶ ἔχ' εὐφήμως, παρ' Ἀριστοφάνει, ἀντὶ τοῦ εὐφημῶν ἔσο. οἷς ἐναντίον τὸ βλασφημῶ, ἀντὶ τοῦ τὰ μὴ δέοντα λέγω καὶ κατὰ τοῦ δεῖνος αἰσχρὰ λέγω, κυρίως ἐπὶ θείων ταττόμενον· καὶ ἐξ αὐτοῦ βλασφημία τὸ πρᾶγμα, καὶ βλάσφημος· ὁ διαπραττόμενος καὶ λέγων τὴν βλασφημίαν, ὥσπερ δὴ καὶ τὸ εὔνους καὶ εὔνοια καὶ εὐνοῶ τὸ ῥῆμα ἔχουσιν ἐναντία τὸ κακόνους καὶ δύσνους καὶ δύσνοια.

παλινῳδία.

παλινῳδίαν ᾄδει παροιμία ἐστί, λεγομένη ἐπὶ τῶν τὰ αὐτὰ κατασκευαζόντων, εἶτ' αὖθις ἐξεπίτηδες ἢ ἀνάγκης συμβάσης τινὸς ἀνασκευαζόντων, λαβοῦσα τὴν ἀρχὴν ἀφ' ἱστορίας τῆς τοῦ λυρικοῦ Στησιχόρου· τῆς γὰρ Ἑλένης ἐπὶ Τροίαν μετ' Ἀλεξάνδρου ἀναβάσης, Στησίχορος κατ' ἐκείνης μέλος ψόγου πεποίηκεν. εἶτα τῶν Διοσκούρων, ἀδελφῶν ὄντων τῆς Ἑλένης, βαρέως ἐπιθεμένων τῷ Στησιχόρῳ καὶ τύφλωσιν ἐκείνῳ προσαγαγόντων, αὐτὸς τὴν λύραν στρέψας παλινῳδίαν ᾖσε καὶ μέλος ἐγκωμίων ὑπὲρ τῆς Ἑλένης συνέθηκε καὶ οὕτω τῆς πηρώσεως διελύθη· τάττεται δὲ ἀπὸ τούτου καὶ ἐπὶ τῶν χαρὰν ἐχόντων, εἶτ' αὖθις λύπην· καὶ ἐπὶ τῶν ἄλλο τι ὅμοιον πραττόντων, εἶτ' αὖθις τοὐναντίον.

διεξέρχομαι.

διεξέρχομαι· τὸ διηγοῦμαι, ἤτοι τὸ ἀπαγγέλλω καὶ ἀνελίττω καὶ κατατείνω, ὡς καὶ Δημοσθένης· καὶ διεξελθὼν ἡλίκα τὴν Ἑλλάδα

---

1 *ὁμοίως καὶ τὸ παρίημι* M *ὁμοίως τῷ παρίημι* C Cn P 4 *ἐνώχλησεν* P *ἐνόχλησεν* Cn 5 *παρὰ* ante *Πλάτωνι* om Mosq *περὶ Πλ.* P 6 *ἠνώχλησεν* P | *ἐτάραξεν* M 7 *τοῦ ὑμνῶ* P | *τὰ* om B 8 *καὶ* ante *εὐφημία* om C | *καθεστήκοντα* P 9 *ἔχειν εὐφ.* M 10 *εὐφημῶν* ex *εὔφημος* corr Cn | *μὴ τὰ δέοντα* M Cn 11 *θείου* M 13 *λέγω τὴν βλασφ.* M | *τὸ* om M 14 *ἔννοια* U ‖ Lemma: *παλινῳδίαν ᾄδει* P *παλινῳδίαν ᾄδει, παροιμία* Cn 17 *ἠνάγκης* (sic) M 19 *Στησιχόρτου* P 22 *προσαγόντων* C Cn *παραγόντων* P 28 *ἡνίκα* M

πᾶσαν ἀδικοῦσιν. ἐπεξέρχομαι δὲ λαμβάνεται ἀντὶ τοῦ διηγοῦμαι, ὁμοίως τῷ διεξέρχομαι, καὶ ἀντὶ τοῦ τιμωροῦμαι καὶ ἀντὶ τοῦ εἰς εὐθύνην καὶ κρίσιν ἄγω, συντασσόμενον δοτικῇ, ὡς καὶ παρὰ Συνεσίῳ· ἀκριβῶς ἐπεξελθὼν τοῖς ἐκείνων ἐγκαταλείμμασιν.

περιφρονῶ.

περιφρονῶ ἀττικῶς αἰτιατικῇ, ὡς τὸ ἀεροβατῶ καὶ περιφρονῶ τὸν ἥλιον. ὑπερφρονῶ δὲ καὶ αἰτιατικῇ καὶ γενικῇ. τὸ μὲν κοινὸν γενικῇ ὡς Ἀριστοφάνης· τῶν καθεστότων νόμων ὑπερφρονεῖν. ἀττικῶς δὲ αἰτιατικῇ ὡς ὁ αὐτός· ἔπειτ' ἀπὸ ταρροῦ τοὺς θεοὺς ὑπερφρονεῖς;

προσέχω.

προσέχω σοι ἁπλῶς, δοτικῇ μόνον. καὶ προσέχω σοι τὸν νοῦν, ἐπὶ τοῦ αὐτοῦ, καὶ δοτικῇ καὶ αἰτιατικῇ. ὁμοίως καὶ προσανέχω σοι· ἀνέχω δὲ δίχα τῆς προθέσεως τῆς πρὸς λέγεται τὸ ἀναβαστάζω καὶ ἀναδέχομαι. λέγεται καὶ ἀντὶ τοῦ στέργω καὶ ἀντὶ τοῦ τιμῶ, ὡς παρὰ Σοφοκλεῖ· δορυάλωτον λέχος ἀνέχει θούριος Αἴας. καὶ παρ' Εὐριπίδῃ· τῆς μαντιπόλου βάκχης ἀνέχων λέκτρ' Ἀγαμέμνων.

ἀπατῶ.

ἀπατῶ καὶ ἐξαπατῶ, συντασσόμενα αἰτιατικῇ, ὁμοίως καὶ ἀπάτη καὶ ἐξαπάτη. τὸ μὲν ἀπατῶ, ὁμοίως καὶ ἡ ἀπάτη, γράφεται κοινῶς. ἐξαπατῶ δὲ καὶ ἐξαπάτη ἀττικῶς, ὡς παρ' Ἀριστοφάνει· οἴ μοι δείλαιος· τὴν ἐξαπάτην ᾔσθημαι.

διατριβή.

διατριβὴ λέγεται ἡ διαγωγή. καὶ διατρίβω ῥῆμα· τὸ διάγω. ἀπὸ μὲν οὖν τοῦ διατρίβω λέγεται ἡ διατριβὴ πολλαχῶς. πρῶτον μὲν γὰρ λέγεται ἡ ὁμιλία καὶ ἡ διαγωγή. λέγεται διατριβὴ καὶ ὁ γέλως καὶ ἡ χλεύη. λέγεται διατριβὴ καὶ ἡ ῥαστώνη καὶ ἡ τέρ-

---

1 ἀπεξέρχομαι U | καὶ pro δὲ M ἐπεξέρχομαι δὲ καὶ διεξέρχομαι λαμβάνεται ἀ. τ. διηγοῦμαι κ. ἀ. τ. τιμωροῦμαι B 2 ὁμοίως καὶ τὸ διεξέρχομαι U 3 καὶ ante π. Σ. om C 4 ἐγκαταλήμμασι, ν lit. supra lineam scripta, M 6 καὶ ante αἰτιατικῇ om U B Cn P 7 ὑπερφρονῶ M 10 ἁπλῶς om B | μόνον om B Cn P | τοῦ νοῦν M 12 τῆς, quod prius est, om C τῆς πρὸς προθέσεως B | ἀναβιβάζω pro ἀναβαστάζω C ἀντὶ τοῦ ἀναβαστάζω M 13 λέγεται om B | στέργω καὶ τιμῶ B 14 δυριάλωτον M U B | ἀνέχει στέρξας θ. Ἄρ. B | ante ὁμοίως (l. 11) B haec inseruit: καὶ προσέχω τὸν νοῦν, ἐλλειπτικῶς τῆς προθέσεως λαμβανομένης, ὡς καὶ Ἀριστοφάνης· ἀνύσας κατάθου καὶ πρόσεχε τὸν νοῦν 17 καὶ ante ἐξαπατῶ om M | συντασσόμενον Cn P 18 καὶ τὸ μὲν B τὸ μὲν ἀπατῶ — ἡ ἀπάτη om C τὸ μὲν ἀπατῶ — καὶ ἐξαπάτη om Cn P 19 γράφεται ἀττικῶς U 21 διατριβή· ἡ ὁμιλία (λέγεται — λέγεται l. 23 om) post ἡ διαγωγὴ sequitur λέγεται καὶ ἡ ῥαστώνη (διατριβὴ — διατριβὴ l. 24 om) in Mosq 24 καὶ ἡ τέρψις κ. ἡ ῥαστ. B

ψις. διατριβὴ καὶ ἡ βραδυτὴς καὶ ἡ μέλλησις. διατριβὴ καὶ ἡ σχολὴ καὶ τὸ διδασκαλεῖον, ἐν ᾗ διατρίβοντες οἱ νέοι διδάσκονται. διατριβὴ καὶ τὸ παίγνιον, ταὐτὸ συντείνουσα τῇ χλεύῃ καὶ τῷ γέλωτι, ὡς καὶ παρὰ Συνεσίῳ· ἵνα μὴ διατριβὴ τοῖς ὁρῶσι γενώμεθα, ἀντὶ τοῦ παίγνιον καὶ γέλως.

κοινόν.

κοινὸν λέγεται τὸ μεθεκτὸν ἐξ ἴσου τισί. καὶ ἀπὸ τούτου ῥήματα κοινῶ καὶ κοινοῦμαι καὶ κοινωνῶ, τὴν σημασίαν διάφορον ἔχοντα· ὧν τὸ μὲν κοινῶ καὶ κοινοῦμαι συντάσσεται τὸ μὲν πρόσωπον δοτικῇ, τὸ δὲ πρᾶγμα αἰτιατικῇ, οἷον· κοινοῦμαί σοι τόδε, ἀντὶ τοῦ μεταδίδωμί σοι οὗπερ αὐτὸς ἔχω πράγματος, ὡς καὶ Συνέσιος· ἂν μὲν οὖν καὶ σοὶ δοκῇ, κοίνωσαι τὸν λόγον τοῖς Ἕλλησιν. κοινωνῶ δὲ τὸ συγκοινωνῶ καὶ συμμετέχω, τὸ μὲν πρόσωπον δοτικῇ, τὸ δὲ πρᾶγμα γενικῇ, οἷον· κοινωνῶ σοι τοῦδε, τουτέστι συμμετέχω καὶ αὐτὸς οὗπερ ἔχεις πράγματος.

πιστεύομαι.

πιστεύομαι ἐγὼ ἐλεύσεσθαι, ἢ πιστεύομαι δώσειν ἅττα ὑπισχνοῦμαι. καὶ πιστεύω ἐνεργητικῶς, ὁμοίως καὶ τὸ ὑπισχνοῦμαι ταῦτα, ὡς τὸ μέλλω καὶ προσδοκῶ, καὶ ἐνεστῶτι καὶ μέλλοντι ὁριστικῷ ἀποδίδοται, οἷον· πιστεύω λήψεσθαι τὰ κεχρεωστημένα· καὶ πιστεύω ποιεῖν τὸν μαθητὴν τὰ καθήκοντα, ὡς καὶ Δημοσθένης· ἐξελέγχειν μὲν οὖν τοῦτον, ὦ ἄνδρες Ἀθηναῖοι, πάνυ πιστεύω. καὶ παρὰ Θουκυδίδῃ, πρὸς μέλλοντα· οὐ γὰρ ἐπίστευον τοῖς ἀπὸ τῶν Ἀθηνῶν προχωρήσειν. ὁμοίως καὶ τὸ ὑπισχνοῦμαι, οἷον· ὑπισχνοῦμαι διδόναι σοι τὰ ὠφλημένα. καὶ ὑπισχνοῦμαι δώσειν, ὡς καὶ παρ' Ἀριστοφάνει· ἅπαντας ἡμᾶς πλουσίους ὑποσχόμενος ποιήσειν.

μηνύειν.

μηνύειν λέγεται μὲν καὶ τὸ ἀγγέλλειν ἁπλῶς, ὡς τὸ μηνύω σοι ταῦτα, ἤτοι δηλῶ σοι, ὡς καὶ Λιβάνιος· μηνύσας τῷ βασιλεῖ τὰ περὶ τὴν Ἀσίαν. λέγεται δὲ καὶ τὸ τὰ κεκρυμμένα καὶ ἀπόρρητα ἐξαγγέλλειν. ὧν τὰ ὀνόματα ἀπὸ τοῦ μηνύειν, ὃ δηλοῖ τὸ ἀγγελ-

1 καὶ ante ἡ βραδυτής om Mosq | βραχεῖα pro βραδυτὴς M 2 ἐν ᾧ διατρίβοντες B 3 ταυτὸν Mosq 4 ὡς παρὰ Συνεσίω C M 7 κοινῶ pro κοινωνῶ U B | καὶ κοινωνῶ — καὶ κοινοῦμαι om M | τὸ pro τὴν U 8 καὶ ante κοινοῦμαι om C | κινωνοῦμαι pro κοινοῦμαι M 11 καὶ ante σοὶ om Cn | κοίνωσοι Cn P κοίνωσαι e κοίνωσον corr U 12 κοινῶ pro κοινωνῶ U B | τὸ συμμετέχω καὶ συγκοινωνῶ M | τὸ μὲν οὖν πρόσωπον C 13 κοινῶ pro κοινωνῶ U B 15 ἅτα Cn P ἅτται M 16 ὑποσχοῦμαι Cn | κατὰ ταῦτα B 19 τὰ καθεστηκότα, in m: γρ. καθήκοντα Cn 20 οὖν om M 22 Ἀχαιῶν pro Ἀθηνῶν B | προσχωρεῖσιν Cn | ὑποσχοῦμαι Cn οἷον· ὑπισχνοῦμαι om C 23 ὠφειλημένα Cn P | ὑποσχοῦμαι Cn 24 ὡς καὶ om M 29 ἀπὸ τοῦ ἀγγέλλειν, ὃ δηλοῖ τὸ μηνύειν C | ἀπὸ μὲν τοῦ μηνύειν M

λειν, λέγεται ἀγγελιαφόρος καὶ μηνυτής, ὡς καὶ Λιβάνιος· τά τ᾽ἄλλα καὶ μηνυτὴν ἔχων τῆς στοᾶς ἀκριβῆ. ἀπὸ δὲ τοῦ μηνύειν, ὃ δηλοῖ τὸ ἐξαγγέλλειν καὶ ἐκφέρειν, λέγεται ὁ προσαγωγεὺς καὶ προσαγγελεύς.

ἐθέλειν.

ἐθέλειν κοινῶς μὲν λέγεται τὸ ἁπλῶς ὀρέγεσθαι, οἷον· ἐθέλω βαδίσαι. καὶ ἐθέλω ἀναγνῶναι. βούλεσθαι δὲ τὸ καὶ μετὰ πόθου ὀρέγεσθαί τινος, οἷον· βούλομαι πλουτῆσαι. καὶ βούλομαι τὴν γῆν μοι εὐφορῆσαι, ὧν δὲ κυριώτερα εὑρίσκονται παρὰ τοῖς ἀττικοῖς τὸ γλίχομαι, ἀντὶ τοῦ ἐπιθυμῶ, καὶ ἐφίεμαι, ἐπὶ θείων καὶ ἐπὶ τῶν καθ᾽ἡμᾶς λεγόμενα, οἷον· γλίχομαι τυχεῖν παρὰ θεοῦ ἐλέους. καὶ γλίχομαι νοσῶν ὑγιᾶναι. καὶ ἐφίεμαι τυχεῖν τῆς σωτηρίας μου. καὶ ἐφίεμαι ἅψασθαι ἀρετῆς. ὁμοίως καὶ ἐπὶ τῶν καθ᾽ ἡμᾶς, οἷον· ἐφίεμαι ἰδεῖν τὸν υἱόν, μακράν που τῆς χώρας περινοστοῦντα. ὁμοίως καὶ τὸ παρίεμαι, ἀντὶ τοῦ ἐφίεμαι, παρὰ Πλάτωνι εὑρισκόμενον· καὶ πάνυ, ὦ ἄνδρες Ἀθηναῖοι, τοῦτο ὑμῶν δέομαι καὶ παρίεμαι, ἀντὶ τοῦ ἐφίεμαι. τὸ μὲν οὖν ἐθέλω καὶ τὸ βούλομαι καὶ ὀρέγομαι, ἔτι δὲ καὶ γλίχομαι καὶ ἐπιθυμῶ καὶ ἐφίεμαι πρὸς ἀπαρέμφατον ἀττικῶς κατ᾽ ἐντελῆ σύνταξιν ἀποδίδονται, οἷον· ἐθέλω ἐμπορεύσασθαι καὶ ἐφίεμαι τυχεῖν ἀγαθῶν. ὁμοίως καὶ βούλομαι πλουτῆσαι καὶ τἄλλα πρὸς ἀπαρέμφατον, ἐμφαῖνον, εἰ μὲν οἰκεῖον πρόσωπόν ἐστι τοῦ ἐπιθυμοῦντος ἢ τοῦ βουλομένου, εὐθεῖαν, οἷον· ἐπιθυμῶ τυχεῖν ἐγὼ ἀγαθῶν. καὶ βούλομαι πλουτεῖν ἐγώ. εἰ δὲ ἕτερον πρόσωπον ἐμφαίνει, τὸ ἀπαρέμφατον ἐφέλκεται αἰτιατικήν, οἷον· ἐφίεμαι γενέσθαι τὸν υἱὸν ἀγαθόν· καὶ ἐπιθυμῶ τυχεῖν τὸν παῖδα προκοπῆς. τὸ δὲ δέομαι καὶ πρὸς ἀπαρέμφατον ἀποδίδοται, οἷον· δέομαί σου ποιῆσαι τόδε. ἀλλὰ καὶ δέομαί σου, ποίησον τόδε, παρὰ ποιηταῖς.

ὑπεροψία.

ὑπεροψία λέγεται ἡ παρόρασις καὶ ἡ καταφρόνησις, ἐξ οὗ καὶ ὑπερόπτης· ὁ ἀλαζών.

---

1 ἀγγελισφόρος C | τάτε ἄλλα Cn 5 λέγεται μὲν κοινῶς B 6 καὶ τὸ μ. π. Cn P τὸ μετὰ καὶ πόθου M B 7 ἐθέλω βαδίσαι καὶ βούλομαι πλουτῆσαι M 8 μου pro μοι Cn | παρ᾽ ἀττικοῖς Cn P 9 καὶ ἐπὶ θείων M | καὶ ἀνθρωπίνων pro καὶ ἐπὶ τῶν καθ᾽ ἡμᾶς B 10 παρὰ θεοῦ τυχεῖν B | post οἷον habent γλίχομαι τυχεῖν τῆς σωτηρίας μου καὶ γλίχομαι νοσῶν ὑγιᾶναι Cn P 11 καὶ ἐφίεμαι τυχεῖν τ. σωτηρίας μου om M P (sed habet Cn) 13 τὸν υἱόν μου B 14 περίεμαι Cn 16 περίεμαι Cn | ὁμοίως καὶ τὸ βούλ. C M 17 τὸ γλίχομαι U B 19 ἐκπορεύσασθαι M 21 ἐστὶ πρόσωπον B 22 εὐθεῖα Cn | ἐπιθυμῶ ἐγὼ τυχεῖν B 23 βούλομαι ἐγὼ πλουτεῖν B | δ᾽ἕτερον Cn 25 τὸν π. τυχεῖν B | δὲ om M 27 καὶ om Cn 28 ἡ καταφρ. κ. ἡ παρόρ. M

τῆς Ζ ἐπιστολῆς.

τίθημι.

τίθημι· τὸ καθίστημι, οἷον· τίθημι νόμους, ὡς καὶ Ἀριστείδης· φαίη τις ἂν τῶν δικανικῶν ἀνδρῶν· ὀρθῶς ἐποίησεν ὁ θεὶς τὸν νόμον, ἀντὶ τοῦ ὁ καταστήσας καὶ τάξας. τίθημι· τὸ ἐνδίδωμι. τίθημι· τὸ ἐπιτίθημι κλῆσιν καὶ ὄνομα, ὡς τὸ τῷ δεῖνι τόδε τι ὄνομα τίθημι. τίθημι· τὸ καταβάλλω καὶ κατατίθημι, οἷον· μισθὸν τίθημι ἢ τιμὴν ἐν- τοῦδε τοῦ χρήματος. ἐντίθημι· τὸ ἐμποιῶ καὶ τὸ ἔν τινι εἶδός τι τίθημι, οἷον· ἐν τῷ κηρῷ τὸν τοῦ δακτυλίου τύπον καὶ τὸ εἶδος ἐκ- ἐντίθημι. ἐκτίθεμαι τὸ τὸ νεογενὲς σκότιον καὶ νόθον ἐπὶ τριόδους ῥίπτω, ὡς καὶ Λιβάνιος· καὶ Ἀλέξανδρον μὲν ἐν Ἴδῃ ἐξ- συν- έθεντο, ἀντὶ τοῦ ἔρριψαν. συντίθημι· τὸ δημιουργῶ καὶ ἐργάζομαι λόγον ἢ ἐπιστολὴν ἢ ὅμοιόν τι τοιοῦτον, ὅθεν καὶ τοὔνομα ἡ συνθήκη. συντίθημι καὶ τὸ συμπλάττω καὶ συσκευάζω, οἷον· μηχανὴν ἢ ἐπιβουλὴν ἢ δόλον κατά τινος, ὡς καὶ Σοφοκλῆς· κλαίων δοκεῖς μοι καὶ σὺ χὠ συνθεὶς τάδε, ἀντὶ τοῦ συμπλάσας καὶ συσκευάσας. συντίθημι καὶ τὸ ἅμα τίθημι καὶ ἐν προς- ταὐτῷ, ὅπερ δηλοῖ συνέχειαν. προστίθημι· τὸ εἰς αὔξησιν τίθημι μέρος τι, οἷον· τῷ πηχυαίῳ μέτρῳ ἢ σπιθαμῇ τρεῖς σπιθαμὰς προστίθημι, ὡς καὶ Λιβάνιος· σὺ δ' ἡμῶν μεμνῆσθαι καὶ τιμᾶν, δάκρυσι προστιθείς τι καὶ μέμψεως. προστίθημι καὶ τὸ ἀνατίθημι, καὶ προσάπτω καὶ περιάπτω, καὶ αἴτιον ἥγημαι, ἤτοι προσ- προ- λογίζομαι καὶ προσαρτῶ. προτίθημι τὸ εἰς μέσον φέρω καὶ τὸ εἰς μέσον τίθημι, κυρίως ἐπὶ τοῦ νεκροῦ, ὅταν οἱ προσήκοντες προτιθῶσιν ἀποκλαυσόμενοι. προτίθημι καὶ τὸ πρότερον τίθημι καὶ προτιμῶ. προτίθημι καὶ περὶ τοῦδέ τινος πράγματος, ὥστε περὶ αὐτοῦ σκέψασθαι.

ἀνα- μετὰ δὲ τῶν δισυλλάβων ἀνατίθημι δηλοῖ τὸ ἀνάπτω καὶ κρεμῶ, ὡς τὸ ἀνατίθημι τῷ ἀγάλματι τόδε τὸ λάφυρον ὡς

---

2 τις om B | ὡς ὀρθῶς B 4 ὄνομα ἐπιτίθημι C Cn U ὄν. ἐπὶ ἐντίθημι (sic) M 6 τοῦ om M | χρήματος e κτήματος corr. Cn | ἐνποιῶ M | τι om C 8 ἐκτίθημι pro ἐκτίθεμαι U B | τὸ semel M 12 συντίθη pro συντίθημι Cn | τὸ καὶ συμπλ. (καὶ suprascriptum est) M 14 κλαίω C | χὠ om Cn | ὁ συμπλάσας B 17 τὸ πηχυαῖον μέτρον ἢ σπιθαμὰς προτίθημι, ὡς κ. Λ. Cn | μεγέθει pro σπιθαμῇ M 18 δὲ ἡμῶν M 19 καὶ ante μέμψεως om Cn 20 τέλειον ἥγουμαι (sic) pro αἴτιον ἥγημαι Cn ἡγοῦμαι (sic) M 21 καὶ τὸ εἰς μέσον φ. M 22 ἐπὶ νεκροῦ λεγόμενον B | προτιθῶσι U 23 ἀπολαυσόμενοι C 24 π. δεῖ ος πρ. ὡς περὶ M

καὶ ᾿Αριστοφάνης · καὶ ταῦτ᾿ ἀναθήσων ἔρχομαι πρὸς τὸν θεόν, ἀντὶ τοῦ ὡς ἀναθήματα ἐξαρτήσων. ἀνατίθημι καὶ τὸ ἐπιτρέπω, οἷον · ἀνατίθημί σοι τήνδε τὴν διακονίαν καὶ πρᾶξιν. ἀνατίθημι · τὸ προσλογίζομαι, ὅπερ καὶ προστίθημι γράφεται, ὡς ἐνταῦθα καὶ παρὰ Συνεσίῳ · ἐγὼ δ᾿ἀνετίθουν ἀεὶ ταῦτα τῷ θεῷ. ἀνατίθεμαι · τὸ αἴρω καὶ ἄνω βαστάζω καὶ ἀναδέχομαι καὶ ἐπιφορτίζομαι, ὡς καὶ Συνέσιος. ἀλλ᾿ ἡ κάμηλος πολλῶν ὄνων ἀνατίθεται φορτία, ἀντὶ τοῦ ἀναλαμβάνει καὶ ἐπιφορτίζεται. ἀνατίθεμαι καὶ τὸ ὑπερτίθεμαι καὶ ἀναβάλλομαι καὶ ὑπερβάλλομαι. κατατίθημι · τὸ καταβάλλω, οἷον · μισθὸν ἢ τιμήν τινος πρά- κατα- γματος. κατατίθεμαι λέγεται μὲν καὶ ἐπὶ χάριτος, ἀντὶ τοῦ δίδωμι καὶ παρέχω τινὶ χάριν, οἷον · ταύτην τὴν χάριν σοι κατατίθεμαι. κατατίθεμαι λέγεται καὶ τὸ κατὰ γῆς φορτίον ῥίπτω, ὡς καὶ ᾿Αριστοφάνης · κατάθου θοἰμάτιον τοδί. καὶ κατάθου, τί ληρεῖς; καὶ πρὶν καταθέσθαι. διατίθημι · τὸ καλῶς τίθημι καὶ διοικῶ καὶ δια- οἰκονομῶ, καὶ ἐπὶ λόγων καὶ ἐπὶ πραγμάτων ἑτέρων. διατίθεμαι · τὸ διαθήκας ποιῶ. διατίθεμαι καὶ τὸ ἐπὶ πράσει σκεύη τινὰ κατὰ τάξιν ἢ ἕτερ᾿ ἄττα εἰς μέσον τίθεμαι. καὶ διέθετο κατὰ τάξιν ὁ στρατὸς τοὺς ὁπλίτας, ὡς καὶ Ξενοφῶν · καὶ τὸ στράτευμα καλῶς διαθέμενος. μετατίθημι · τὸ μεθίστημι, οἷον · τὴν αἰτίαν μετα- τοῦ φόνου ἐφ᾿ἕτερον ἄγω. μετατίθεμαι · τὸ μεταβάλλομαι καὶ μετανοῶ καὶ μεταμέλομαι τὴν πρώτην πεῖραν καὶ ἐπιχείρησιν καὶ οἷον μεταβουλεύομαι. παρατίθημι, οἷον · εὐωχίαν ἢ τράπε- παρα- ζάν τινα παρατίθημι. παρατίθημι καὶ τὸ συγκρίνω καὶ παραβάλλω. παρατίθεμαι οὐκ ἔστιν. ἀντιτίθημι · τὸ ἀντισηκῶ καὶ ἀνθ- ἀντι- ίστημι. ἀντιτίθεμαι οὐκ ἔστιν, οὐδέ γε μὴν εὕρηται παρὰ τοῖς ἀττικοῖς. ὥσπερ οὐδὲ τὸ παρατίθεμαι. ἐπιτίθημι · τὸ ἐπιβάλλω, ἐπι- οἷον · ἐπιτίθημι σφραγῖδα ἢ σήμαντρον. ἐπιτίθημι καὶ τὸ ἐπαράττω καὶ ἐπικλείω, ὡς τὸ ἐπιτίθημι θύραν · φθέγξομαι οἷς θέμις ἐστί, θύρας δ᾿ ἐπίθεσθε βέβηλοι. ἐπιτίθημι καὶ τὸ προστίθημι, οἷον · ἐπιτίθημι τέλος καὶ κολοφῶνα τοῖς λόγοις. ἐπι-

---

2 ἀνάθημα C 3 ἢ πρᾶξιν C 4 καὶ τὸ προσλογ. Cn | προτίθημι M 5 ἐνταῦθα καὶ om B | τ. τῷ θεῷ ἀεὶ Cn 6 καὶ ἀναβαστάζω B Cn 7 κάμηλος καὶ ψωριῶσα M καὶ ψωριῶσα φασί B 12 τὴν pro τινὶ Cn | σοι κατατίθημι U B 13 φόρτον C M 14 θουμάτιον (sic) M | τόδε M B 15 καὶ καταθέσθαι Cn | οἰκονομῶ καὶ διοικῶ M 16 ἐπὶ ante πραγμάτων om U B Cn 17 διατίθημι Cn 18 ἕτερα τὰ pro ἕτερ᾿ἄττα M 22 χεῖραν pro πεῖραν M 23 οἷον ante εὐωχίαν om B 24 παρατίθημι semel B 25 ἀντιτίθημι — (26) οὐκ ἔστιν om M 28 σήμανδρον, τ lit. suprascr. Cn 29 κλείω pro ἐπικλείω U B | φέγξομαι B 30 ἐστίν M | δ᾿ ἐπίθεσθαι C M δὲ ἐπίθεσθαι Cn

τίθημι καὶ τὸ ἐπάγω καὶ προστρίβομαι, οἷον· ἐπιτίθημί σοι δίκην καὶ τιμωρίαν. ἐπιτίθεμαι· τὸ ἐπιχειρῶ καὶ ἐπιβουλεύω, οἷον· ἐπιτίθεμαι δυναστείᾳ ἢ καὶ τυραννίδι. ἐπιτίθεμαι καὶ τὸ ὅλως προστίθεμαι καὶ προσπίπτω καὶ περιέχομαι, οἷον· ἐπιτίθεμαι σπουδῇ καὶ ἀναγνώσει περὶ λόγους τε καὶ μαθήματα. περι- περιτίθημι· τὸ περιάπτω, οἷον· περιτίθημί σοι δόξαν καλλίστην ἢ στέφανον, ἤτοι περιποιοῦμαί σοι. περιτίθημι καὶ τὸ περιστέλλω καὶ ἐνδιδύσκω καὶ περιβάλλω. καὶ περιτίθεμαι· τὸ ἐνδύομαι. ἀπο- ἀποτίθεμαι, παθητικῶς ἀεί· τὸ εἰς φυλακὴν καὶ τήρησιν τίθεμαι, οἷον· ἀποτίθεμαι σῖτον. ὑπο- ὑποτίθημι· τὸ ἐνεχυράζω καὶ ἐνέχυρον δίδωμι, ὅθεν καὶ ὑποθήκη· τὸ ἐγκεχυρασμένον. ὑποτίθεμαι δὲ τὸ εἰσηγοῦμαι καὶ παραινῶ καὶ συμβουλεύομαι, ὃ καὶ ὑπερ- κοινῶς ἐνεργητικῶς γράφεται. ὑπερτίθημι· τὸ προάγω καὶ προτιμῶ, οἷον· τὸν Ἕκτορα τῶν Τρώων ὑπερτίθημι, καὶ τῶν φιλοσόφων τὸν Σωκράτην. ὑπερτίθεμαι δὲ τὸ ἀναβάλλομαι καὶ ἀνατίθεμαι.

ἀριθμῶ.

ἀριθμῶ, ὁμοίως καὶ ἐξαριθμῶ καὶ ἐξαριθμοῦμαι καὶ ἀπαριθμῶ καὶ ἀπαριθμοῦμαι, ὡς καὶ Ξενοφῶν· καὶ ἀπαριθμησάμενος ἅπαν τὸ στράτευμα παρεκελεύσατο εὐθὺ τῶν ἐναντίων ἐλαύνειν.

πράττειν.

πράττειν· τὸ ποιεῖν καὶ ἐργάζεσθαι καὶ λέγειν συνήθως. λέγεται δὲ πράττειν ἀττικῶς ἀντὶ τοῦ οἰκονομεῖν καὶ διοικεῖν, ὃ καὶ διαπράττεσθαι γράφεται ἀττικῶς, παθητικῶς μὲν ἐκφερόμενον, ἐνεργητικὴν δὲ σημασίαν ἔχον. τὸ δὲ πράττω μετὰ τοῦ εὖ δηλοῖ ἀντὶ τοῦ εὐτυχῶ καὶ εὐδαιμονῶ, ᾧ ἐναντίον τὸ δυστυχῶς καὶ κακῶς πράττω, ἀντὶ τοῦ δυστυχῶ.

ἀναπλάττειν.

ὅτι ἀναπλάττειν λέγεται τὸ ἀναπολεῖν καὶ φαντάζεσθαι, οἷον· ἀναπλάττω ἐν τῇ διανοίᾳ μου τὴν τοῦ φίλου ἰδέαν. πλάττειν δὲ καὶ πλάττεσθαι ἐπὶ ἐνεργείας, διαφόρων δὲ τῶν σημαινομένων.

---

1 προτρίβομαι Cn 2 καὶ τὸ ἐπιχειρῶ M 3 καὶ ante τυραννίδι om U B 5 τε om M 6 προτίθημί σοι δόξαν C 8 ἐνδέχομαι pro ἐνδύομαι M 11 τίθημι ante δίδωμι habuit Cn | τὸ συγκεχυρασμένον Cn | ὑποτίθεται δὲ τὸ εἰσηγοῦμαι Cn 13 τιμῶ pro προτιμῶ Cn 18 καὶ ante ἀπαριθμησάμενος om U B 19 παρακελεύσατο M παρεσκευάσατο Cn | εὐθὺς Cn 21 καὶ ἀντὶ τοῦ οἰκ. M 22 διαπράττεται M C Cn 24 τὸ pro ἀντὶ τοῦ Cn | δυστυχῶ pro δυστυχῶς M 25 ἀντὶ τοῦ δυστυχῶ om Cn 26 ὅτι om B ὅτι τὸ ἀναπλάττειν U 27 φιλοσόφου pro φίλου Cn 28 τὸ πλάτεσθαι (sic) M | μὲν pro δὲ Cn

πλάττειν μὲν γὰρ λαμβάνεται παρ' ἀττικοῖς τετραχῶς. πλάττειν γὰρ λέγεται τὸ κατασκευάζειν ἀγάλματα ἢ σκεύη τινά, ὅθεν καὶ πλάσται· οἱ τοιοῦτοι χειροτέχναι, ὡς ἀνδριαντοποιοί· οἱ διὰ χαλκοῦ καὶ σιδήρου δημιουργοῦντες. ὁμοίως καὶ ἱερογλύπται· οἱ τὰ ἱερὰ γλύφειν ἐπιστάμενοι. πλάττειν λέγεται τὸ διαπλάττειν καὶ ῥυθμίζειν, ἀφ' οὗ καὶ πλάσις παρὰ Θεολόγῳ· τὴν καλὴν πλάσιν. ὃ καὶ διαπλάττεσθαι παρ' αὐτῷ λέγεται. καὶ πλάττουσιν αἱ μαῖαι τὰ βρέφη. πλάττειν· τὸ ποιεῖν καὶ δημιουργεῖν καὶ συντιθέναι, οἷον· πλάττει τις λόγους ἢ ἐπιστολάς, ἀντὶ τοῦ δημιουργεῖ. πλάττειν καὶ τὸ συμπλάττειν, ἤτοι σοφίζεσθαι καὶ ψεύδεσθαι καὶ τὰ μὴ ὄντα συντιθέναι, καθὸ δὴ καὶ τὸ συμπλάττειν λέγεται ἀντὶ τοῦ τὰ ψευδῆ συντιθέναι καὶ τεχνάζεσθαι. πλάττεσθαι δὲ δηλοῖ τὸ ὑποκρίνεσθαι καὶ σχηματίζεσθαι, οἷον· πλάττεταί τις δικαιοσύνην, ἀντὶ τοῦ πλάττεταί τις δίκαιος εἶναι, ἀντὶ τοῦ ὑποκρίνεται, ὡς καὶ Δημοσθένης· καὶ πλασάμενος σχῆμα τραγικόν.

παρέστη.

παρέστη λέγεται ἀντὶ τοῦ ἐπῆλθεν, οἷον· παρέστη μοι λογίσασθαι. παρέστη καὶ τὸ πλησίον ἔστη, ὡς παρ' Ὁμήρῳ· τῷ δ' ὦκα παρίστατο δῖος Ὀδυσσεύς. παρέστη καὶ ἀντὶ τοῦ ἑάλω. παρεστήσατο καὶ ἀντὶ τοῦ ἐλεηλάτησε καὶ ᾐχμαλώτισε, τὸ κοινῶς λεγόμενον παρέλαβεν, ἀντὶ τοῦ ἐπολιόρκησεν, ὡς καὶ Ἀριστείδης· Αἰγύπτου δ' ἀποστάσης βασιλεὺς οὐδὲν σπουδάσας ἣν ἐν τοῖς αὐτοῖς. οὕτω ῥᾳδίως ἐκείνην παρεστήσατο, ἀντὶ τοῦ ἐπολιόρκησε καὶ ἠφάνισεν.

προσβάλλει.

προσβάλλει τὸ κῦμα τῇ νηΐ. καὶ προσβάλλει ὁ ἄνεμος τῷ δένδρῳ. προσβάλλει καὶ τὸ προσρήγνυσι καὶ συμπίπτει, κυρίως ἐπὶ πολέμου, ὃ καὶ συμβάλλει κοινῶς γράφεται, ὡς καὶ παρὰ Ξενοφῶντι· καὶ προσβαλόντες περὶ δείλην ὀψίαν μέχρι καὶ τῆς ἑσπέρας ἐμάχοντο.

---

1 μὲν om B | λέγεται pro λαμβάνεται C | πλάττειν μὲν γὰρ U B 2 ἀγάλματά τινα ἢ σκεύη, ὅθεν M 4 καὶ ante ἱερογλύπται om Cn 5 καὶ τὸ διαπλάττειν Cn 6 καὶ om B | τῷ Θεολόγῳ B 7 λέγεται παρ' αὐτῷ B 12 τὰ om M 14 δικαιοσύνην ἀντὶ τοῦ δίκαιος εἶναι ὑποκρίνεται B | καὶ ἀ. τ. ὑποκρίνεται Cn ἀντὶ τοῦ om B. locus paene evanidus in M 17 ἀπῆλθεν Mosq | ὡς τὸ pro οἷον Mosq | post λογίσασθαι Mosq addit ὡς παρ' Ἀριστείδῃ· παρέστη δέ μοι πολλάκις θαυμάσαι 18 ὡς παρ' Ὁμήρῳ om B | τῷ δ' ᾧ παρίστατο Cn 20 λεηλάτησε U Mosq | ᾐχμαλώτευσεν Cn 21 ἤτοι pro ἀντὶ τοῦ C M 24 ἠφάνισε M Mosq 26 συρρήγνυσι C προσσυνρήγνυσι M | ἐπὶ τοῦ πολέμου C ἐπὶ πολέμου λεγόμενον B 27 συμβάλλω M 28 καὶ ante τ. ἑσπέρας om Cn

προπέτεια.

προπέτεια λέγεται ἡ ἰταμότης καὶ ἀναιδὴς παρρησία, τουτέστιν ἡ αὐθάδεια. καὶ προπέτης· ὁ παρὰ τὸ δέον δημηγορῶν καὶ ἀπαυθαδειαζόμενος. λέγεται ἀττικῶς παροξυτόνως· μετήχθη δὲ ἀπὸ τῶν νεοσσῶν τῶν μὴ δυναμένων πέτεσθαι. λέγεται δὲ προπετὴς ὁ ἔμπροσθεν πίπτων, ὡς καὶ παρ' Εὐριπίδῃ· ἦ δεῖ σ' ἐπιδεῖν τύμβον προπετῆ, ἀντὶ τοῦ ἔμπροσθεν κειμένην καὶ πίπτουσαν.

συχνός.

ὅτι συχνοὶ καὶ συνεχεῖς παρ' ἀττικοῖς διαφέρουσι. συχνοὶ μὲν γὰρ λέγονται οἱ πολλοὶ καὶ ἐν ταὐτῷ ἀθρόοι, ὡς καὶ Συνέσιος· συχνοὶ παρ' ἡμῖν καὶ ἰδιῶται καὶ ἱερεῖς πλαττόμενοί τινας ὀνείρους. συνεχεῖς δὲ οἱ ἐπάλληλοι καὶ πυκνοί, οἷον· συνεχεῖς νόσοι τῷ ἀνθρώπῳ ἐγγίνονται.

ὅπλισις.

ὅπλισις, τὸ αὐτὸ καὶ ὁπλισμός. καὶ βάδισις, ὁμοίως καὶ βαδισμός, ὧν τὸ μὲν βάδισις καὶ ὅπλισις παρ' ἀττικοῖς γράφεται βαδισμὸς δὲ καὶ ὁπλισμὸς κοινῶς. ἀπὸ μὲν οὖν τοῦ βαδίζω παράγεται καὶ ὄνομα τὸ βάδισμα, ὅπερ δηλοῖ αὐτὴν τὴν βάσιν, ὡς καὶ παρὰ Λουκιανῷ· τὸ πρόσωπον δὲ ἐντεταμένον καὶ βάδισμα τοιούτῳ προσώπῳ πρέπον. ἀπὸ δὲ τοῦ ὁπλίζω ἢ ὁπλίζομαι ὅπλισμα οὐ λέγεται ἀλλὰ ὅπλισις.

τὸ γέ.

τὸ γὲ παρὰ τοῖς ἀττικοῖς εὑρίσκεται λαμβανόμενον ἀντὶ τοῦ γάρ, καὶ ἀντὶ τοῦ οὖν, καὶ ἀντὶ τοῦ δή. εὑρίσκεται καὶ ἀντὶ τοῦ κἄν, ὡς τὸ εἰ μὴ τόδε ποιήσεις, τό γε φίλος μοι ἀγαθὸς εἶναι βούλου, ἀντὶ τοῦ κἄν, ὡς καὶ Συνέσιος· ἀλλὰ τόγε βούλεσθαι τὰ δέοντα καὶ συντίθεσθαι τοῖς ἀδικουμένοις οὐκ ἀφαιρήσεται. ἔστι δ' ὅτε καὶ ἀντὶ τοῦ ἀλλὰ παραπλησίως τῷ δέ, ὥσπερεὶ λαμβάνεται καὶ τὸ γοῦν. καὶ ἀντὶ τοῦ γοῦν, καὶ ἀντὶ τοῦ γάρ, καὶ ἀντὶ

---

3 ἀπαυθαδιαζόμενος Cn Mosq 4 λέγεται om B | προπετὴς δὲ B 5 καὶ om C | σ' ἐπὶ. »post ἐπὶ a manu recentiori insertum δεῖν» Mosq 6 τύμβου Cn Mosq U(?) 8 ὅτι om B | διαφέρουσιν M 9 καὶ ante ἐν ταὐτῷ om C 12 ἐγίνοντο C 13 ὅπλισις καὶ ὁπλισμὸς τὸ αὐτό Mosq 14 ὁμοίως καὶ ὅπλισις M 15 δὲ om Cn | οὖν om C Cn 17 καὶ ante π. Λ. om C | δὲ om Cn 18 τρέπον pro πρέπον M | ὁπλισμός pro ὅπλισμα Mosq 20 παρ' ἀττικοῖς B. τοῖς supra l. M | ἀν τοῦ γάρ C 22 ὡς τὸ — (l. 23) ἀντὶ τοῦ κἄν om C. ante ὡς τὸ (l. 22) καὶ ἀργὸν εἰς καλλιέπειαν addit Mosq 23 τοῦ κἄν om Mosq | βούλομαι pro βούλεσθαι U 24 τίθεσθαι pro συντίθεσθαι Cn | ἀφαιρεθήσεται B | ἔστι δ' ὅτε — ἀντὶ τοῦ κἄν om C 26 κ. τὸ γοῦν καὶ οὖν, ἀντί τοῦ γάρ, ὡς π. Λιβανίῳ Cn

τοῦ κἄν, ὡς καὶ παρὰ Λιβανίῳ· ἵνα τοῦτο γοῦν μοι παρ' ὑμῶν ὑπάρχῃ, ἀντὶ τοῦ ἵνα κἄν.

τελεῖν.

τελεῖν καὶ τὸ καταβάλλειν φόρους καὶ κατατίθεσθαι. τελεῖν καὶ τὸ τάττεσθαι καὶ ἀριθμεῖσθαι.

λειτουργῶ.

λειτουργῶ, διακονῶ, ὑπηρετῶ, ὁμοίως καὶ ὑπηρετοῦμαι καὶ ὑπουργῶ παρὰ τοῖς ἀττικοῖς τὰ αὐτὰ καὶ κατ' οὐδὲν διαφέροντα καὶ δοτικῇ ἀττικῶς συντασσόμενα. ἀπὸ μὲν οὖν τοῦ ὑπουργῶ καὶ διακονῶ καὶ ὑπηρετῶ θηλυκὰ ὀνόματα παράγειν χρή· διακονίαν καὶ ὑπηρεσίαν καὶ ὑπουργίαν, ὡς καὶ Ἀριστείδης. λέγω συνελών, ἅπασαν πρᾶξιν καὶ προστασίαν ἢ διακονίαν καὶ ὑπηρεσίαν χρὴ καλεῖν. ὑπούργημα δὲ καὶ ὑπηρέτημα καὶ διακόνημα οὐ δεῖ, εἰ μὴ ἐν ποιηταῖς. ἀπὸ δὲ τοῦ λειτουργῶ καὶ λειτουργίαν. ἀλλὰ καὶ λειτούργημα, ὃ δὴ καὶ ἀττικώτερον δοκεῖ, οὐδέτερον παρὰ τοῖς ῥήτορσιν εἶναι, καθόσον ἐν ἐκείνοις τὰ θηλυκά.

συγχεῖ.

συγχεῖ νόμον καὶ ἔθος. καὶ ἀνατρέπει νόμον καὶ πολιτείαν. καὶ ἀναιρεῖ βουλὴν καὶ νόμον, καὶ προβούλευμα παρὰ Δημοσθένει· καὶ περὶ μὲν δὴ τοῦ προβουλεύματος, ὡς ἀνήρηκε καὶ μηδὲν ἥγηται. καὶ κινεῖ νόμον καὶ τὸ ψήφισμα καὶ τὰ τῶν πατέρων διατάγματα καὶ ὅρια. καὶ λύει δημοκρατίαν καὶ νόμον καὶ ἐκκλησίαν. ὁμοίως καὶ καταλύει, ὡς καὶ Ἀριστοφάνης· ὅτι καταλύει τὰς δημοκρατίας εἷς ὤν. ταῦτα πάντα ὡς ἓν καὶ ἐπὶ τοῦ αὐτοῦ.

καθήκειν.

καθήκειν λέγεται καὶ τὸ προσήκειν καὶ ἁρμόττειν· καθήκειν καὶ τὸ ἐπιβάλλειν. καθήκειν καὶ τὸ διαφέρειν.

ὀσφραίνομαι.

ὀσφραίνομαι· τὸ κοινῶς ὀσμῶμαι. καὶ Ἀριστοφάνης· ὀσφραίνῃ τι κακόδαιμον; ἐξ οὗ καὶ ὄσφρησις λεγομένη καὶ ἐπὶ τοῦ ὀσφραντοῦ

---

2 ἵνα om M | τελεῖν uoc. om B 3 καὶ ante τὸ καταβάλλειν om Cn 6 καὶ ante κατ' οὐδὲν om U Cn 7 ὑπηρετῶ ex ὑπουργῶ corr. Cn 8 διακ. καὶ ὑπουργίαν κ. ὑπηρεσίαν B ὑπουργίαν, διακονίαν καὶ ὑπηρεσίαν Cn 9 λόγω συντελών pro λέγω συνελών U B 10 ἣν pro ἢ B | καὶ ὑπουργίαν χρὴ καλεῖν Cn 11 οὐ δεῖ — λειτούργημα (l 13) om C 15 συγχεῖν M | ἀνατρέπειν M 16 καὶ νόμον om M | προβίου προβούλευμα καὶ νόμον π. Δ. M 17 δὴ om M | ἀνήρηκε ex ἀνήρηται corr Cn | ἡγεῖται B 18 τὸ om B M | διδάγματα pro διατάγματα Cn 19 καὶ ante ἐκκλησίαν om M 19 τὴν δημοκρατίαν C 21 ἐπὶ τοῦ αὐτοῦ λέγεται B | ὀσφραίνομαι uocabulum om B Lemma om U 24 ὡς καὶ Ἀ. C Mosq | κακόδαιμον τί ὀσφραίνῃ U Mosq Cn 25 λεγόμενον M ἐπὶ ante τοῦ ὀσφραντοῦ om Mosq | σφραντοῦ C

καὶ ἐπὶ τοῦ ὀσφραινομένου. ἀττικώτερον δέ ἐστι τὸ ὀσφρᾶσθαι ἢ τὸ ὀσφραίνεσθαι.

ἁλίσκεται.

ὅτι τὸ ἁλίσκεται καὶ γενικῇ, ἀλλὰ καὶ δοτικῇ ἔστιν ὅπου παρ' ἀττικοῖς συντασσόμενον.

κατεργάζεται.

ἀπο- ἐκ-

κατεργάζεται ἀντὶ τοῦ κατατείνει καὶ πιέζει καὶ ἐπιτρίβει, οἷον· κατεργάζεται τὸν δεῖνα ὁ δεῖνα πληγαῖς. καὶ κατεργάζεται ἡ νόσος τὸν ἄνθρωπον. ἐφ' οὗ σημαινομένου λέγεται καὶ τὸ τεταρίχευται καὶ τεταριχευμένος. ἀπεργάζομαι· τὸ εἰς τέλος τι διαπράττομαι, τουτέστιν ἐκπληρῶ καὶ περαίνω, ὡς καὶ Ἀριστείδης· Ὅμηρον δ' ἐπαινοῦσιν ὡς κάλλιστά τε ἀρξάμενον καὶ ἀπεργασάμενον ποίησιν. ὃ καὶ ἐξεργάζομαι γράφεται, ὡς καὶ παρὰ Σοφοκλεῖ· τί δῆτ' ἂν ἀλγοίης ἐπὶ τοῖς ἐξειργασμένοις; ἐργάζομαι· τὸ ποιῶ καὶ πράττω, οἷον· ἔργα τάδε τινὰ ἢ λόγους. ἐξ οὗ καὶ ἐργάτης λόγων καὶ ἐργάτης τῶνδε τῶν δημιουργημάτων. ἐργάζομαι· τὸ ἀσκῶ καὶ μετέρχομαι καὶ ἐπιτηδεύω, οἷον· ῥητορικὴν ἢ ἄλλην τινὰ τέχνην ἐργάζομαι. ἀφ' οὗ καὶ ἐργασία, οἷον· ὁ νέος οὗτος ἐργασίαν τινὰ μεταχειρίζει. ἐργάζομαι· τὸ διατίθημι, οἷον· ἐργάζομαί σε πολλὰ ἀγαθά. ἐργάζομαι καὶ τὸ σπουδῇ καὶ πάσῃ τέχνῃ καρποῦμαι καὶ συλλέγω καὶ προσοδεύομαι, οἷον· ἐργάζομαι πλοῦτον ἢ χρήματα.

δεῖγμα.

δεῖγμα· σύμβολον, μαρτύριον, σημεῖον, τεκμήριον, εἰ διάφορα δοκεῖ τισιν εἶναι, ἀλλ' οὖν παρ' ἀττικοῖς ταυτὰ καὶ ἐπὶ τοῦ αὐτοῦ λαμβάνονται.

ἀποκρύπτειν.

ἀποκρύπτειν λέγεται κοινῶς τὸ συγκρύπτειν καὶ συγκαλύπτειν καὶ συσκιάζειν. ἀποκρύπτειν λέγεται καὶ τὸ νικᾶν, οἷον· ἀπέκρυψε τὸν τροχηλάτην ὁ κέλλης. ἀποκρύπτειν καὶ τὸ ὑπεραίρειν

Lemma ἁλίσκεται om Cn M 3 ἀναλίσκεται M 6 ὁ δεῖνα τὸν δεῖνα B 8 τὸ τεταριχευμένος M Cn 9 παραίνω M | καὶ ante Ἀριστείδης om B 10 δὲ ἐπαινοῦσιν Cn 11 ἐργάζομαι pro ἐξεργ. Cn | γράφεται om Cn | καὶ ante π. Σοφ. om C M 12 ἐπεξειργασμένοις U B Mosq ἐπὶ τοῖς ἐξειργ. Cn ἐπὶ τοῖς ἐξηργ. C ἐπὶ τοῖς ἐξεργ. M 13 ἢ καὶ λόγους B | ἐξ οὗ κ. ἐργάτης λέγεται κ. ἐργάτης λόγων κ. ἐργάτης — — M 14 λόγων καὶ ἐργάτης om Cn 16 τέχνην τινὰ M | ἐργασίαν pro ἐργασία C 17 οὗτος om M 18 τέχνῃ πάσῃ Cn 21 σημεῖον om C | post διάφορα uocabulum media pag. M hoc modo pergit: ἐμφαινόμενα διὰ τῆς ἐπαγομένης ἐφεξῆς — — quae s. u. ὁ ἐμὸς reperiuntur. quae media sunt omissa 22 ταυτοῦ pro τοῦ αὐτοῦ Cn 23 λαμβάνεται Cn 24 τὸ συγκαλύπτειν U 25 ἀπέκρυψεν B 26 κέλης Cn

καὶ διαβαίνειν, ὡς καὶ Συνέσιος· ὑφ' οὗ ταχὺ μὲν τὴν γῆν ἀπεκρύπτομεν.

δίαιτα.

δίαιτα κοινῶς ἡ διατριβὴ καὶ διαγωγή. καὶ διαιτῶμαι ῥῆμα· τὸ μετὰ διαίτης ζῶ. δίαιτα ἀττικῶς καὶ ἡ καθ' αἵρεσιν κρίσις. καὶ διαιτῶ ῥῆμα· τὸ καθ' αἵρεσιν κρίνω, ἐξ οὗ καὶ διαιτητής. δίαιτα καὶ αὐτὴ ἡ ψῆφος καὶ ἡ ἀπόφασις ἡ παρὰ τῶν δικαστῶν. δίαιτα καὶ ἡ καταγωγὴ καὶ ἀναστροφή.

ἐξανθρωπισθῆναι.

ἐξανθρωπισθῆναι λέγεται καὶ τὸ ἐξ ἀνθρώπων γενέσθαι, ἤτοι ἀποθανεῖν. λέγεται ἐξανθρωπισθῆναι καὶ τὸ τὴν ἀνθρωπίνην μορφὴν μεταβαλεῖν, ἤτοι μεταμειφθῆναι, καθὸ λέγεται ἐνταῦθα.

ἀξιόχρεως.

τὸ ἀξιόχρεως λαμβάνεται ἀντὶ τοῦ ἀξιόπιστος ὡς ἐπὶ τὸ πλεῖστον ἀττικῶς. ἔστι δ' ὅπου καὶ διαφέρει. ὅτε γὰρ τίθεται τὸ ἀξιόχρεως ἐπὶ μάρτυρος, ταὐτὸν δύναται τῷ ἀξιοπίστῳ, ὡς ἐνταῦθα καὶ παρ' Ἀριστείδῃ, ἀξιόχρεως μάρτυρας τοὺς κωμικοὺς ὀνομάζοντι. ὅτε δὲ λαμβάνεται ἀντὶ τοῦ ἁπλῶς ἀνθρώπου, ἧττόν τι δύναται τοῦ ἀξιοπίστου. τίθεται γὰρ τότε ἀντὶ τοῦ ἁπλῶς ἀξίου.

προβάλλεσθαι.

προβάλλεσθαι λαμβάνεται ἀντὶ τοῦ προφασίζεσθαι καὶ σκήπτεσθαι, οἷον· τοῦ μὴ εἰς δικαστήριον ἐλθεῖν αἴτιον προβάλλεται νόσον, ἀντὶ τοῦ σκήπτεται καὶ προφασίζεται. προβάλλεσθαι δηλοῖ καὶ τὸ **προΐσχεσθαι** καὶ προέχειν καὶ προτείνειν, οἷον· προβάλλεται τὴν ἀσπίδα ὁ στρατιώτης, ὅθεν καὶ πρόβλημα κυρίως τὸ ὅπλον, ὡς καὶ Συνέσιος· μηδὲν ἔχοντες ὅπλον πρόβλημα. ἐξ οὗ γίνεται ἀττικῶς ὄνομα πρόβολος. καὶ προβλὴς πέτρα· ἡ ἐπὶ τῇ θαλάττῃ προβεβλημένη, ὡς καὶ Ὅμηρος· λιμένες προβλῆτές τε παραπλῆγές τε. ἐκ τούτου καὶ Δημοσθένης· τὴν ἀγαθὴν προβαλλομένους ἐλπίδα, ἀντὶ τοῦ προτιθέντας καὶ προΐσχοντας. προβάλλεσθαι δηλοῖ καὶ τὸ ἀποβάλλεσθαι, καθὸ καὶ Σοφοκλῆς ἐν Αἴαντι. ῥιφθῶ κυσὶ πρόβλητος οἰωνοῖς θ' ἕλωρ.

1 ἀποκρύπτομεν Mosq ἀποκρύπτομεν ex ἀποκρύπτομαι corr Cn 5 διαιτής pro διαιτητής C 7 ἡ ἀναστροφή Cn Mosq 8 ἐξανθρ. λέγ. μὲν καὶ τὸ ἀποθανεῖν. λέγ. δὲ καὶ τὸ τὴν ἀ. μ. B λέγ. τὸ ἐξανθρ. τὸ ἐξ ἀνθρ. γενέσθαι κ. το τὴν ἀνθρ. Cn 10 μεταλαβεῖν pro μεταβαλεῖν U B Mosq (forte μεταβαλεῖν in annot.) | καθὸ λέγ. ἐνταῦθα om B 12 καὶ om Cn 13 ἐνταῦθα om B 15 ἐπὶ pro ἀντὶ B 18 σκέπτεται Cn 21 προΐσχεται κ. προέχει κ. προτείνει B 22 τὸ ὅπλον κυρίως C 25 τε post προβλῆτες om U Mosq 27 προτιθέντες κ. προΐσχοντες Cn 28 ὁ Σοφοκλῆς C 29 ῥιφῶ Cn

ὑμνεῖν.

ὑμνεῖν λέγεται τὸ εὐφημεῖν καὶ ἐξαίρειν, καὶ ἐπὶ θείων καὶ ἀνθρωπίνων τιθέμενον. λέγεται ὑμνεῖν καὶ τὸ ᾄδειν. λέγεται καὶ τὸ θρυλλεῖν. λέγεται ὑμνεῖν καὶ τὸ μνημονεύειν, καθὸ καὶ Σοφοκλῆς· βαιὰ μέν, ἀεὶ δ' ὑμνούμενά μοι, ἀντὶ τοῦ ἀεὶ μνημονευόμενα ἐμοί.

ἐξελήλεκται.

ἐξελήλεκται καὶ ἐλήλεκται. καὶ ἐλέγχει καὶ ἐξελέγχει πρὸς μετοχὴν καὶ ἀπαρέμφατον ἀποδιδόμενα, οἷον· ἐλέγχω σε ποιήσαντα τάδε καὶ ἐλέγχω σε ποιῆσαι τάδε. ὁμοίως καὶ ἐξελέγχω. ἀττικῶς δ' ἀποδίδοται πρὸς μετοχήν, οἷον· ἐλέγχω καὶ ἐξελέγχω σε κακουργοῦντα, ὡς καὶ παρὰ Δημοσθένει· ἂν μὲν οὖν ἐλέγξω σαφῶς Αἰσχίνην τουτονὶ καὶ μηδὲν ἀληθῶς ἀπηγγελκότα. τίθεται τὸ ἐξελέγχειν κυρίως, ὅταν ἐπὶ προδήλων καὶ ἀληθῶν ἐγκλημάτων κατηγορῆταί τις.

λαμπρῶς.

λαμπρῶς λαμβάνεται ἀντὶ τοῦ περιφανῶς. λαμβάνεται καὶ ἀντὶ τοῦ φανερῶς καὶ ἐναργῶς. ἄλλο γὰρ τὸ περιφανῶς καὶ ἄλλο τὸ λαμπρῶς. τίθεται οὖν τὸ λαμπρῶς καὶ ἀντὶ τοῦ φανερῶς, ὡς καὶ παρὰ Θουκυδίδῃ· καὶ λελυμένων λαμπρῶς τῶν σπονδῶν. λέγεται λαμπρῶς καὶ ἀντὶ τοῦ ἐπιτηδείως, ὡς ἐνταῦθα. λαμπρῶς λέγεται καὶ ἀντὶ τοῦ ἐξαισίως, ὡς τὸ λαμπρὰ μανία, ἀντὶ τοῦ ἐξαισία καὶ μεγάλη. καὶ ὡς Ἀριστείδης· καὶ κατέβαινεν Ἑλλησποντίας λαμπρός, ἀντὶ τοῦ ἐξαίσιος καὶ μέγας. εἴ τι οὖν περιφανές, τοῦτο καὶ λαμπρόν. οὐ μὴν πᾶν λαμπρὸν καὶ περιφανές.

μεταβαλών.

μεταβαλὼν θαυμάζει τὸν ἄνδρα, ἀντὶ τοῦ μεταβληθείς. ὁμοίως καὶ τὸ ἄριστα Ἑλλήνων.

ἀπήλλαξεν.

ἀπήλλαξεν ἀντὶ τοῦ ἀπηλλάγη, ὥσπερεὶ καὶ τὸ μετήλλαξεν ἀντὶ τοῦ μετηλλάγη καὶ μετέστη.

---

6 ἐξελήλεγκται καὶ ἐλήλεγκται U 7 ἀποδίδοται C 8 post ποιήσαντα, τόδε pro τάδε C | σε om U B 9 εἰς μετοχήν C 10 ἐξέγξω C ἐξελέγξω B 11 καὶ om B | ἐπηγγελκότα U Cn | τίθεται δὲ τ. ἐ. B 13 κατηγορεῖται U B 14 καὶ ἀντὶ τοῦ περιφανῶς Cn 16 δὲ pro οὖν Cn 17 λελουμένων C | σποδῶν C ποδῶν Mosq | λαμπρῶς λέγεται C 18 ὡς ἐνταῦθα. λαμπρῶς λέγεται om B ὡς ἐνταῦθα om Mosq λέγεται λαμπρῶς Mosq 20 ὡς καὶ Ἀ. B ὡς καὶ παρ' Ἀριστείδῃ Mosq 22 καὶ ante λαμπρόν om Cn — ad uoc. ἀπήλλαξεν .:. signum in marg. Cn

κομψόν.

κομψὸν λέγεται τὸ χάριεν. λέγεται καὶ τὸ σεμνόν. λαμβάνεται καὶ ἀντὶ τοῦ γλαφυρὸν καὶ ἀντὶ τοῦ κόμπου γέμον καὶ μεγαλαυχίας.

ἔχρησε.

ἔχρησε λαμβάνεται ἀντὶ τοῦ ὑπέθετο καὶ ἐδάνεισεν ἀπὸ τοῦ χρωθέματος, οὐκ ἀπὸ τοῦ χρῄζω, ὅ δηλοῖ τὸ δέομαι. ἀπὸ τούτου ὄνομα χρήστης, κυρίως μὲν ὁ δεδανεισμένος. ἔστι δ'ὅπου λέγεται καὶ ὁ δανειστής.

θεραπεία.

θεραπεία· ἡ ἴασις, ἀπὸ τοῦ θεραπεύω καὶ θεραπευτὴς παραγόμενον. θεραπεία καὶ ἡ διακονία, ἀφ' οὗ λέγεται καὶ θεράπων. καὶ θεραπεία· ἡ ὑπουργία καὶ ὑπηρεσία. θεραπεία καὶ τὸ πλῆθος τῶν θεραπόντων, ὥσπερ δὴ καὶ ἰατρεία τὸ τῶν ἰατρῶν καὶ ἑταιρεία ἡ τῶν ἑταίρων ἄθροισις.

δεινόν.

δεινὸν καὶ ἐκ τούτου κατὰ σύνθεσιν πάνδεινον. καὶ χαλεπὸν καὶ παγχάλεπον. τίθεται δὲ ταῦτα, λέγω δὴ τὸ πάνδεινον καὶ παγχάλεπον, ἀντὶ τῶν ὑπερθετικῶν τοῦ δεινότατον καὶ χαλεπώτατον. ὁμοίως καὶ τὸ καλὸς καὶ τὸ πάγκαλος. τὸ μὲν καλὸς ἁπλοῦν, τὸ δὲ πάγκαλος ἀντὶ τοῦ καλλίστου ὑπερθετικοῦ λαμβανόμενον, ὡς καὶ παρὰ Λουκιανῷ· οἷον ἐγὼ ἔναγχος ἔπαθον, παγκάλην τινὰ γυναῖκα ἰδών, ἀντὶ τοῦ καλλίστην. τὸ δὲ παγκάλλιστος καὶ παγκάκιστος σπανίως καὶ παρὰ ποιηταῖς οὐ κατ' ἀττικὴν συνήθειαν γράφεται.

τραγῳδία.

τραγῳδία λέγεται ἡ ποίησις τῶν τραγικῶν. τραγῳδία καὶ τὸ πάθος αὐτὸ καὶ ἡ συμφορά. τραγῳδία καὶ ἡ τῶν τραγῳδῶν σεμνότης καὶ φαντασία καὶ ἀπόδειξις. παράγεται δὲ τραγῳδία καὶ τραγῳδὸς ἀπὸ τοῦ τραγᾶν, ὅ δηλοῖ τὸ βαρέως βοᾶν.

ὁ ἐμός.

ὁ ἐμός, ἡ ἐμή, τὸ ἐμόν. ὁ σός, ἡ σή, τὸ σόν. καὶ τὸ σφέτερον καὶ ἡ σφετέρα. αὗται γοῦν αἱ κτητικαὶ ἀντωνυμίαι λαμβάνονται καὶ ἀντὶ γενικῆς ἑνικῆς καὶ ἀντὶ γενικῆς τῶν πληθυντικῶν, ἐμφαινόμενα διὰ τῆς ἐπαγομένης ἐφεξῆς καὶ προσηκούσης τῇ γρα-

4 καὶ ἀ. τ. ὑπέθετο Cn 10 θεραπεία καὶ ἡ ὑπουργία B 14 τίθεται δὲ ταῦτα, λέγω δὴ τὸ πάνδεινον καὶ παγχάλεπον om U δὴ om Cn 16 τὸ καλῶς U 17 δὲ om Cn 19 τινὰ om B 27 οὖν pro γοῦν C | αἱ ἀτικαὶ (!) P 28 γενικῆς τῶν ἑνικῶν C | τῶν om U B γεν. πληθυντικῆς P | cum ἐμφαινόμενα uocabulo denuo incipit M ἐμφαινόμεναι C ἐμβαίνομαι P

φῇ πτώσεως, οἷον· σὸν ἄρα ἐστὶ καὶ τοῦτο, ὦ Σώκρατες, γνῶναι, τοῦ πάντα τὰ δίκαια ἐν ἡμῖν εἰδότος, ἀντὶ τοῦ σοῦ ἐστι τοῦ εἰδότος. καὶ παρ' Ἀριστοφάνει· τὸν ἐμὸν μὲν αὐτοῦ τοῦ ταλαιπώρου βίον. κατὰ γὰρ τὸν βίον αἰτιατικῇ γέγραπται ὁ ἐμός. ἀποδέδοται δὲ οἰκείως πρὸς γενικήν. ὡσαύτως καὶ τὰ ἡμέτερα αὐτῶν ἀπὸ τῆς ἡμεῖς ἀντωνυμίας παραχθέντα, καθ' ἡντινοῦν πτῶσιν γίνεται, γενικὴν πληθυντικῶν παρεμφαίνει, οἷον· τὰ ἡμέτερα αὐτῶν. καὶ ἁπλῶς αἱεὶ τῶν ἀντωνυμιῶν ὅσαι κτητικαί εἰσιν, ἀντὶ γενικῆς ἑνικῆς ἢ πληθυντικῆς λαμβάνονται.

Τῆς Η̅ ἐπιστολῆς.

θαρρῶ.

ὅτι τὸ θαρρῶ ἀμεταβάτως λέγεται, ὡς παρὰ Δημοσθένει· τὸ μὲν οὖν ἐξελέγχειν δεινὰ πεποιηκότα τουτονὶ θαρρῶ καὶ πάνυ πιστεύω. λέγεται δὲ καὶ μεταβατικῶς, συντασσόμενον δοτικῇ καὶ αἰτιατικῇ, οἷον· θαρρῶ σοι. ἀλλὰ καὶ θαρρῶ τὸν ἀγῶνα, καὶ θαρρῶ τὸν πόλεμον. θαρρύνω δὲ ἕτερον ἀεὶ αἰτιατικῇ, ἀντὶ τοῦ διεγείρω.

χρεία.

χρεία χρήσεως διαφέρει. χρεία μὲν γάρ ἐστιν, ὅταν ἐν ἐνδείᾳ τινός τις καθέστηκε καὶ δέεται τοῦ τοιούτου μὴ παρόντος. χρῆσις δέ, ὅταν τις ἔχων αὐτὸ καρποῦται. ὧν θάτερον μέν, λέγω δὲ τὴν χρείαν, ἀπὸ τοῦ χρήζω παράγεται. ἀπὸ δὲ τοῦ χρῶμαι ἡ χρῆσις.

ἤδη.

τὸ ἤδη λαμβάνεται ἀντὶ τοῦ ἄρτι. λαμβάνεται καὶ ἀντὶ τοῦ ἰδού, καὶ συντάσσεται καὶ τοῖς τρισὶ χρόνοις· ἐνεστῶτι, παρεληλυθότι καὶ μέλλοντι, οἷον· ἤδη ἐποίησα, καὶ ἤδη ποιῶ, καὶ ἤδη ποιήσω, ὁμοίως τῷ νῦν κἀκεῖνο ἐπὶ τῶν τριῶν χρόνων λαμβανόμενον. ὁμοίως καὶ τὸ ἰδού. τὸ δὲ ἄρτι παρεληλυθότι μὲν καὶ ἐνεστῶτι συντάσσεται. μέλλοντι δὲ παρ' ἀττικοῖς οὐδαμῶς.

---

1 σὸν ἄρα ἐστίν, ὦ Σώκρατες, καὶ τοῦτο M σὸν ἄρα στίν(!), ὦ Σ. καὶ τοῦτο C ἄρα P 2 εἰδότες P 3 οὖν pro αὐτοῦ M 4 (ταλαιπώρου) βίου pro βίον P | γὰρ om B | αἰτιατικὴ B 6 ἀπὸ τῆς ἐμῆς ἀντων. C | ἥντινα οὖν M 9 ἑνικῆς om M P 10 ὅτι om B | τὸ ante θαρρῶ om C M 11 δεῖνα M 14 ἀεὶ om C B 16 ἐνδεία pro ἐν ἐνδεία U 21 δὲ καὶ ἀ. τ. ἰδού M 24 κἀκείνω — λαμβανομένω B 25 καὶ ὁμοίως τῷ ἰδού B 26 παρ' ἀττικοῖς om B

ὁρμή.

ὁρμὴ λέγεται κυρίως ἡ ἄλογος κίνησις, καὶ ἀπὸ τούτου ὁρμῶ· τὸ κινοῦμαι τῇ ψυχῇ καὶ τῇ γνώμῃ. ὁρμᾶσθαι δὲ λέγεται τὸ τὴν ὁρμὴν ποιεῖσθαι. ὁρμεῖν δὲ τὸ ἐν ὅρμῳ διάγειν τὴν ναῦν καὶ ἡσυχάζειν, ὡς καὶ Θουκυδίδης· λαβόντες τὸ τῶν Ἀθηναίων ναυτικόν, οἳ ὥρμουν ἐν τῇ Μαλέᾳ, ἀντὶ τοῦ ἑστηκότες ἡσύχαζον. ὁρμίζειν δὲ ἐπὶ κινήσεως· τὸ ἐπὶ λιμένα τὴν ναῦν κατάγειν, ὡς καὶ Συνέσιος· τήν τε ναῦν ἐνορμίζει λιμενισκίῳ χαρίεντι. καὶ παρὰ Θουκυδίδῃ· οἱ δὲ Κερκυραῖοι, ἦν γὰρ νύξ, ἐφοβήθησαν. ἔπειτα δὲ ἔγνωσαν καὶ ὡρμίσαντο, ἀντὶ τοῦ ἐν τῷ λιμένι κατάγοντες ἔστησαν.

προσπίπτειν.

προσπίπτειν λέγεται καὶ ἀντὶ τοῦ ὑποπίπτειν, οἷον· προσέπεσον οἱ πολέμιοι τῷ βασιλεῖ, ἀντὶ τοῦ ὑπέπεσον καὶ ὑπεῖξαν. προσπίπτειν λέγεται καὶ ἀντὶ τοῦ ἐμπίπτειν καὶ βαρέως ἐπιτίθεσθαι, ὡς καὶ Ἀριστοφάνης· πόθεν μοι τὰ κακὰ ταυτὶ προσέπεσεν, ἀντὶ τοῦ ἐπῆλθεν.

μέτεισι.

ὅτι τὸ μέτεισι λαμβάνεται καὶ ἀντὶ τοῦ ἀνιχνεύει καὶ ἐρευνᾷ, ὡς τὸ μέτεισι τὰ θηρία ὁ κυνηγέτης, ἀντὶ τοῦ μεταθεῖ καὶ διώκει. λέγεται καὶ ἀντὶ τοῦ μετὰ ταῦτα ἔρχεται, τῆς μετὰ ἐπὶ τῆς δευτέρας σχέσεως λαμβανομένης.

περίεισι.

περίεισι· τὸ περιέρχεται κύκλῳ, οἷον· πειρίεισι καθ' ἑκάστην ὁ ἥλιος τὴν γῆν. περίεισι· τὸ ἐν τοῖς ζῶσιν εἰσίν, ὡς καὶ Συνέσιος· ἕως ἔτι περιῆν ὁ μακαρίτης Θεόδωρος, ἀντὶ τοῦ ἐν τοῖς ζῶσιν ἦν. περίεισι καὶ ἀντὶ τοῦ κρείττονές εἰσι, συντασσόμενον γενικῇ, καθὰ καὶ τὸ περιεγένετο τῶν πολεμίων. περίεισι καὶ ἀντὶ τοῦ περιττοί εἰσι καὶ ὑπὲρ τὸ ἀναγκαῖον, καθὸ λέγεται καὶ τὸ περιγίνεται, ἀντὶ τοῦ περιττόν ἐστιν, ὡς καὶ Ἀριστοφάνης· περιγίνεσθαι δ' αὐτῷ μηδέν.

---

1 λέγεται om M 2 δὲ om Mosq 3 ὁρμὴν pro ὁρμεῖν U | τὴν ναῦ M 4 λαθόντες pro λαβόντες M λαβόντες δὲ τῶν Ἀ. ν. Mosq 5 ἑστηκότος (cum annot. forte ἑστηκότες) Mosq 6 τὴν ναῦ — τήν τε ναῦ M 7 λιμένι σκίω C M Mosq (cum annot.: Synes. in Epist. T. II p. 6. Scribe ergo hoc loco λιμενισκίῳ, uno vocabulo) 9 τῷ supra lineam C | καταγόντες M 14 κατὰ pro κακὰ M 15 ἀπῆλθεν M 16 ὅτι τὸ om Mosq ὅτι om B τὸ om M | καὶ ante ἀ. τ. ἀνιχνεύει om Mosq 21 περίεισι καὶ τὸ ἐν τ. ζ. B 23 καὶ om Mosq 25 τὴν χρείαν pro τὸ ἀναγκαῖον B | τὸ ante περιγίνεται om C

ἐμαυτοῦ.

ἐμαυτοῦ, ἐμαυτῷ, ἐμαυτόν. καὶ σαυτοῦ, σαυτῷ, σαυτόν. ὁμοίως καὶ ἐπὶ τρίτου ἑαυτοῦ, ὃ καὶ αὑτοῦ κατὰ συναλοιφὴν δασυνόμενον ἐκφέρεται, ἑαυτῷ, ἑαυτόν. καὶ τὰ τούτων πληθυντικά· ἑαυτῶν, ἑαυτοῖς, ἑαυτούς, εὐθεῖαν οἰκείαν οὐκ ἔχουσιν. οὐ γὰρ ἑαυτὸς ἢ ἐμαυτὸς ἐγὼ δεῖ λέγειν ἐποίησα ἐμαυτὸν δεινά, ἀλλ᾽ αὐτὸς ἐγώ. τίθενται δ᾽αἱ τοιαῦται σύνθετοι ἀντωνυμίαι, ὅταν τὸ αὐτὸ πρόσωπον καὶ ποιῇ καὶ πάσχῃ, οἷον· ἐγὼ ἐλύπησα ἐμαυτόν, ἀλλ᾽ οὐκ ἐμέ. καὶ σὺ σαυτὸν αἰτιῶ, ἀλλ᾽ οὐ σέ. καὶ ἐκεῖνος ὑβριζέτω ἑαυτόν. τὸ δὲ ἑαυτὸν καὶ ταῖς τρισί, τῇ ἐμαυτῷ καὶ τῇ δευτέρᾳ τῇ σαυτῷ καὶ τῇ ἑαυτῷ τρίτῃ συντασσόμενον φαίνεται καὶ ἐπὶ ταύτης ἁρμόττον, οἷον· ἐγὼ ἑαυτὸν βλάπτω, ἀντὶ τοῦ ἐμαυτόν, καὶ σὺ ἑαυτόν, ἀντὶ τοῦ σαυτόν, καὶ ἐκεῖνος πάλιν αὖθις ἑαυτόν, εὐθείας δέ, ὥσπερ οὐδὲ ἀλλήλων, ἀλλήλοις, ἀλλήλους, καὶ σφῶν, σφίσι, σφᾶς ἔχουσιν οὕτως οὐδὲ αὗται.

ἀνύω.

ἀνύω· τὸ τελειῶ καὶ πληρῶ, ὡς τὸ ἀλλὰ τὸν αὐτοῦ ἄνυε πικρὸν ἔρωτα. καὶ ἐς τέλος ἤνυε μοίρας. λέγεται ἀνύω καὶ τὸ σπεύδω καὶ ἐπείγομαι, ὡς καὶ Ἀριστοφάνης· λέγ᾽ ἀνύσας, ὅτι φῄς ποτε. καὶ ἀνύσας κατάθου καὶ πρόσεχε τὸν νοῦν, ἀντὶ τοῦ ταχύνας καὶ σπεύσας. τὸ δ᾽ἀληθὲς ἀνύω κυρίως ἐστὶ τὸ μετὰ σπουδῆς ὅτι πλείστης καὶ σὺν σπουδῇ τι ἐργάζομαι.

ἀκούσομαι.

ἀκούσομαι δεῖ γράφειν τὸν μέλλοντα κατ᾽ ἀττικούς, καὶ οὐκ ἀκούσω. ὥσπερδὴ καὶ θρύψομαι καὶ ἀποκρύψομαι. οὐ μὴν δὲ θρύψω καὶ ἀποκρύψω.

συχνόν.

ὅτι συχνὸν λέγεται τὸ πολύ, συνεχὲς δὲ τὸ πυκνόν, οἷον· συνεχῆ μοι γράμματα πέμπεις, ἀντὶ τοῦ πυκνά. συχνὰ δὲ δῶρά μοι ἔπεμψε, συνεχῆ δὲ ὄμβρον δέον εἰπεῖν.

τάττειν.

τάττειν λέγεται τὸ διατάττειν ἐπὶ στρατοῦ, ὡς καὶ παρὰ Ξενοφῶντι· καὶ τάξας τοὺς ἐπὶ θάτερον κέρας καλῶς, ἐχώρει ὁρ-

ἐμαυτοῦ uocabulum om B 2 αὐτοῦ pro αὑτοῦ M | ἐκφέρεται δασυνόμενον M 4 οὐκ ante ἔχουσιν om M | ἔχουσι C | οὐδὲ γὰρ pro οὐ γὰρ U 5 δὲ pro δεῖ U | δεινὰ ἐμαυτόν C 7 ἐμαυτὸν ἐλύπησα U 9 τρισίν M 12 αὖθις πάλιν U 13 ἀλλήλας pro ἀλλήλοις C 16 ἄνυε pro ἤνυε U 19 ἐστιν M 20 προθυμίας pro σὺν σπουδῇ B | ἐργάζομαί τι B 24 ὅτι om B | συνεχεῖ τὰ γράμματα M 26 ἔπεμψεν U ἔπεμψας B | γράφειν pro εἰπεῖν U B 27 καὶ om Mosq 28 ἐχώρει ex ἐχώρω corr. M

δίως εἰς τοὔμπροσθεν. τάττειν καὶ τὸ καταλέγειν καὶ ἀριθμεῖν, οἷον· τάττω σε εἰς φίλους, ὡς καὶ Δημοσθένης· εἰς τίνα τάξιν ἔταξεν ἑαυτὸν Αἰσχίνης. τάττειν καὶ τὸ προστάσσειν ποιητικῶς. τάττειν καὶ τὸ κρίνειν, ὡς καὶ Δημοσθένης· εἰσὶ νόμοι, βαρέα τάττοντες τἀπιτίμια.

γνῶναι.

ὅτι γνῶναι δηλοῖ τὸ νοῆσαι. λέγεται γνῶναι καὶ ἀντὶ τοῦ διαγνῶναι. λέγεται γνῶναι καὶ ἀντὶ τοῦ διακρῖναι.

τὸ ὡς.

ὅτι τὸ ὡς τίθεται καὶ ὡς ἐν διηγήσει. τίθεται καὶ ἀντὶ τοῦ ὅτι. τίθεται καὶ ἀντὶ τοῦ ὥστε, ἀττικῶς ἐπέκτασιν δηλοῦν, οἷον· οἱ βάρβαροι τοσοῦτον ἐπιστρατεύουσι συνεχῶς τῇ πόλει, ὡς καὶ δέδοικα, μὴ ἐκπολιορκήσωσιν αὐτήν.

δείκνυμι.

δείκνυμι καὶ δεικνύω, καὶ μίγνυμι καὶ μιγνύω, καὶ ὅσα ἄλλα τοιαῦτα κατὰ διαφόρους συζυγίας γράφεται. ὅσα κατὰ τὰς εἰς μι συζυγίας ἐκφέρεται, ταῦτα καὶ παρὰ τοῖς ἀττικοῖς μᾶλλον χρησιμεύουσιν, οἷον δείκνυμι κατ' ἀττικούς, δεικνύω δὲ κοινῶς. μίγνυμι, μιγνύω. ὁμοίως καὶ τὸ σβέννυμι μᾶλλον ἢ σβεννύω. δείκνυμι μὲν οὖν τὸ πρᾶγμα· δείκνυμαι δ'αὐτός, ἀντὶ τοῦ φανερὸς καθίσταμαι. ἐνδείκνυμαι δὲ καὶ ἐπιδείκνυμαι ταὐτόν, ὅταν ἐπὶ τῇ ἑαυτοῦ ἀρετῇ τις ἢ λόγῳ δῆλος ᾖ γηθόμενος. ἔστι δ'ὅτε καὶ τὸ δείκνυμαι λαμβάνεται ἀντὶ τοῦ ἐπιδείκνυμαι ἀττικῶς.

μάρτυς.

μάρτυς λέγεται ἐπὶ καλῶν. καὶ ἀπὸ τούτου μαρτύρομαι ῥῆμα, ἀντὶ τοῦ μάρτυρας καλῶ. καὶ μαρτυρεῖν τὸ τὰ ὄντα λέγειν. κατήγορος δέ ἐστι καὶ ὁ τὰ ἀληθῆ κατά τινος λέγων, ἀλλὰ καὶ ὁ τὰ ψευδῆ συμπλάττων. καὶ ἀπὸ τούτου κατηγορῶ, λαμβανόμενον καὶ ἀντὶ τοῦ ἐξελέγχω καὶ ἀντὶ τοῦ συκοφαντῶ.

τὸ ὅτε.

τὸ ὅτε λαμβάνεται ἀναφορικὸν πρὸς τὸ πότε ἀποδιδόμενον, οἷον· πότε ἐγένετο ἡ ναυμαχία, ὅτε ὁ πυρσὸς ἐρρίφη. λαμβάνεται δὲ τὸ ὅτε καὶ ἀντὶ τοῦ ἐπεί, ὡς καὶ παρὰ Σοφοκλεῖ· ἀλλ' ὅτε γὰρ δὴ τὸ σὸν ὄμμ' ἀπέδραν. καὶ παρὰ Δημοσθένει· ὅτε τοίνυν ταῦθ' οὕτως ἔχει, ἀντὶ τοῦ ἐπεί.

3 *ἑαυτὸν Ἀ. τὸ πρῶτον* B 6 *ὅτι* om B | *λέγεται — διαγνῶναι* om M 7 *λέγεται γνῶναι* om B *λέγεται δὲ γνῶναι* M 8 *ὅτι* om B Mosq *διδιηγήσει* C | *τίθεται* om Mosq 11 *πολιορκήσουσιν* Mosq 13 *τὰς* om M 14 *παρ' ἀττικοῖς* M 17 *φανερῶς* C M 20 *ἀ. τ. ἐπιδείκνυμαι λαμβάνεται* B 21 *ῥῆμα — λέγειν* om C 25 *καί*, quod primum est, om B 26 *πρὸς τὸ ὁπότε* M 27 *ἐρρίφθη* C 28 *ἐπειδή* pro *ἐπεί* M | *καὶ* ante *π. Σ.* om M 29 *τοῦθ'* pro *ταῦθ'* M

ἀπαντᾶν.

ἀπαντᾶν σημαίνει δύο. λέγεται μὲν γὰρ ἀπαντᾶν ἀντὶ τοῦ ἀφικνεῖσθαι καὶ ἐμβάλλειν, οἷον· ἀπήντησεν εἰς ἀγορὰν ἐπὶ τῷ τὰ ἐπιτήδεια ὠνήσασθαι. καὶ Δημοσθένης· καὶ εἰς τὴν βουλὴν καὶ τοὺς πεντακοσίους ἀπαντήσας, ἀντὶ τοῦ ἀφικόμενος. ἀπαντᾶν καὶ ἀντὶ τοῦ ἐναντιοῦσθαι καὶ μάχεσθαι, ὡς καὶ Ξενοφῶν· καὶ μετὰ δυνάμεως ἐλθὼν ἀπήντα τοῖς ἀπὸ Σούσων ἥκουσιν.

ἀνήλωκα.

ὅτι ἀνήλωκα, ἀνάλωκα καὶ ἠνάλωκα συντάσσεται αἰτιατικῇ, ὁμοίως ἐπίσης παρὰ τοῖς ῥήτορσι γραφόμενα. πλὴν τὸ μὲν ἀνήλωκα καὶ ἠνάλωκα γράφεται ἀττικῶς, ἀνάλωκα δὲ ἀναύξητον κοινῶς. ὁμοίως καὶ ἐπὶ τῶν παθητικῶν· ἀνήλωται καὶ ἀνάλωται καὶ ἠνάλωται, ἃ καὶ αὐτὰ παραπλησίως τοῖς ἐνεργητικοῖς γράφεται, καὶ κατὰ τὴν αὐτὴν σύνταξιν.

στέρω.

ὅτι στέρω βαρυτόνως καὶ στερῶ περισπωμένως ταὐτὰ καὶ ἐπὶ τοῦ αὐτοῦ λαμβανόμενα, καὶ γενικῇ, ἔστιν ὅπου καὶ αἰτιατικῇ, συντασσόμενα. ὥσπερδὴ καὶ στέρομαι καὶ στεροῦμαι, καὶ αὐτὰ γενικῇ καὶ αἰτιατικῇ. μετὰ μὲν οὖν τῆς προθέσεως τὸ βαρύτονον, τὸ στέρω, οὐδαμῶς δεῖ γράφειν, οἷον ἀποστέρω. οὕτω καὶ τὸ ἀποστέρομαι καὶ αὐτὸ οὐ γραφόμενον. τὸ δὲ περισπώμενον μετὰ προθέσεως δεῖ μᾶλλον γράφειν ἀττικῶς, οἷον ἀποστερῶ καὶ ἀποστεροῦμαι.

ἀμείβειν.

ἀμείβειν λέγεται καὶ ἀντὶ τοῦ ἀλλάττειν, ὡς παρ᾽ Ἰουλιανῷ· πρῶτος εἰσῄει Τιβέριος, πολλὰ ἀμείβων χρώματα, ὥσπερ ὁ χαμαιλέων. ἀμείβειν λέγεται καὶ ἀντὶ τοῦ διέρχεσθαι καὶ διαβαίνειν, οἷον· πολλοὺς τόπους ἀμείβει, ἀντὶ τοῦ διέρχεται, ὡς ἐνταῦθα καὶ ἐν Θουκυδίδῃ· καὶ τὴν ἐν τῷ στενῷ τῶν Κορινθίων θάλασσαν ἀμείψαντες. ἐξαμείβειν δὲ τὸ ἐκφεύγειν καὶ ἀπέρχε-

ἐκ-

---

1 *ἀμφικνεῖσθαι* M 3 *καὶ* ante *εἰς τὴν βουλὴν* om B 6 *ἐκ Σούσων* M | *ἥκασιν* Mosq 7 *ὅτι* om B Mosq | *καὶ ἀνάλωκα* Mosq 8 *καὶ ἐπίσης* Mosq | *ῥήτορσιν* M 9 *δ᾽ ἀναύξητον* M 10 *καὶ* ante *ἀνάλωται* om Mosq 11 *τοῖς ἀνενεργητικοῖς* B 12 *μετὰ* pro *κατὰ* Mosq 15 *συντάσσεται* M 16 *τὸ στέρω βαρύτονον* B *βαρύτονον, οἷον τὸ στέρω οὐδαμῶς* M U *βαρύτονον, οἷον τὸ στερῶ* C 17 *ἀποστέρω* ex *ἀποστερῶ* corr C 18 *τὰ δὲ περισπώμενα* M 19 *μᾶλλον* om M 21 *καὶ* om B | *ἐναλλάττειν* pro *ἀλλάττειν* B | *παρὰ Ἰουλιανῷ* B *παρὰ Λιβανίῳ* Mosq., ubi uoc. lacerum est 24 *ποταμοὺς* pro *τόπους* B *τὸ πούς* M | *διέρχεται καὶ διαβαίνει* M | *ἐνταῦθα καὶ* om B 25 *παρὰ Θουκ.* B Mosq | *τῷ* om M 26 *ἀμείψαντες* om Mosq

σθαι, ὡς καὶ παρ' Εὐριπίδῃ· εἰ μὴ χωρὶς ὀμμάτων ἐξαμείψῃ, ἀντὶ τοῦ ἀπέλθῃ καὶ ἐκφύγῃ.

ἐπάτησε.

ἐπάτησε λέγεται ἀντὶ τοῦ ἐπῆλθε. καὶ πατεῖν· τὸ ἐπέρχεσθαι. πατεῖν λέγεται καὶ ἐπὶ βιβλίων, ἀντὶ τοῦ διέρχεσθαι καὶ ἀναγινώσκειν, οἷον· πεπάτηκας τὴν ῥαψῳδίαν τοῦ Ὁμήρου, καὶ πολλὰ δόγματα τῶν φιλοσόφων πεπάτηκεν, ἀντὶ τοῦ διῆλθε καὶ διέτριψεν.

ἀποστατεῖ.

ἀποστατεῖ, διαστατεῖ καὶ ἐπιστατεῖ συντάσσεται καὶ γενικῇ, ἔστι δ' ὅπου καὶ αἰτιατικῇ. καὶ ἀττικῶς τὸ ἐπιστατεῖ δοτικῇ.

χρῆμα.

χρῆμα προικὸς γράφεται, ὥσπερ αὖ ἐρεῖς χρῆμα φρονήσεως, καὶ χρῆμα πολέμου, καὶ χρῆμα νοῦ, ἀντὶ τοῦ μέγεθος.

διωθεῖται.

διωθεῖται παθητικῶς προφέρεται ἀττικῶς, καὶ οὐ διωθῶ. καὶ δηλοῖ τὸ διακρούεται καὶ παραγκωνίζεται. ᾧ παραπλήσιον τὸ παρωθεῖται, ἤτοι τὸ παρορᾷ καὶ περιφρονεῖ καὶ ὑπερβαίνει. ὁμοίως δὲ καὶ τὸ ἀπωθεῖται καὶ ἐξωθεῖται, παθητικῶς καὶ αὐτὰ προφερόμενα. ὧν τὸ μὲν ἀπωθεῖται δηλοῖ τὸ ἀποπέμπει καὶ ἀποσείεται. τὸ δὲ ἐξωθεῖται ἀντὶ τοῦ ἐκβάλλει καὶ ἐξορίζει, ὅθεν καὶ ἐξώστης ἄνεμος. συνωθεῖ δὲ τὸ συνελαύνει. συνωθεῖται δὲ ἐπὶ πάθους γράφεται. τὸ δὲ συνωθῶ ἐπ' ἐνεργείας. καὶ παρ' Ἀριστοφάνει ἐπὶ τῆς αὐτῆς σημασίας τὸ ὠστιζόμεθα εὑρίσκομεν, ἀντὶ τοῦ συνελαυνόμεθα. προωθεῖ· τὸ εἰς τὸ ἔμπροσθεν κινεῖ βίᾳ.

ἀπ- ἐξ- συν- προ-

ὅποι καὶ ὅπου.

τὸ ὅποι καὶ ὅπου ἀναφορικά, ἀεὶ πρὸς τὸ ποῖ καὶ ποῦ τὴν ἀπόδοσιν ἔχοντα. ὧν τὸ μὲν ποῖ καὶ ὅποι ἀεὶ ἐπὶ κινήσεως λαμβάνεται, οἷον· ποῖ πορεύῃ, ὦ Σώκρατες; καὶ ἴδοις ἄν, ὅποι πορεύσομαι. τὸ δὲ ὅπου καὶ ποῦ ἀεὶ ἐπὶ στάσεως, οἷον · ποῦ καθήμενος διδάσκει; καὶ ὅπου τῆς ἀγορᾶς ἵστατο Δημοσθένης δημηγορῶν. πῇ δέ, διὰ τοῦ ῃ γραφόμενον, παρὰ μὲν τοῖς ῥήτορσιν ἀεὶ ἀντὶ τοῦ πῶς ἐπεκράτησεν ἐπιρρήματος. παρὰ δὲ τοῖς ποιηταῖς ἔστιν

1 ἐξαμεὶ M 2 ἀπέλθοι κ. ἐκφύγοι (ex ἐκφεύγοι corr.) M 5 τὴν ῥαψωδίων C 6 πεπάκεν M | διῆλθεν M 8 καὶ ante γενικῇ om B 9 δ' ὅπε C | δ' ἐπιστατεῖ C U 12 διωθεῖ pro διωθῶ C 13 ὃ παραπλήσιον τῷ παρωθεῖται U B ὡς παραπλήσιον τῷ παρωθεῖται M 14 τὸ ante παρορᾷ om B | ὑπερφρονεῖ U B 18 ἐξάστης M 19 ἐπὶ ἐνεργείας U B 21 τὸ ante ἔμπρ. om C | βίαν M 22 τὴν ἀπόδοσιν — ὅπου καὶ ποῦ (l. 25) om M

ὅπου καὶ αὐτὸ ἐπὶ κινήσεως λαμβανόμενον, ὡς καὶ παρὰ Σοφοκλεῖ · πᾶ πᾶ γὰρ οὐκ ἔβαν ἐγώ; ὁμοίως καὶ παρ' Εὐριπίδῃ · πᾶ βῶ, πᾶ στῶ, πᾶ κέλσω; σὺν τούτοις λέγεται καὶ τὸ οἷ καὶ τὸ οὗ, ὧν τὸ μὲν οἷ ἐπὶ κινήσεως ἀεὶ λαμβάνεται, τὸ δὲ οὗ ἐπὶ στάσεως, παραπλησίως τῷ ποῖ καὶ ποῦ, καὶ ὅποι καὶ ὅπου.

συγχωρῶ.

ὅτι συγχωρῶ · τὸ ἐπιτρέπω. καὶ τὸ μὲν ἐπιτρέπω δοτικῇ. ὁμοίως καὶ τὸ συγχωρῶ. προτρέπω δὲ αἰτιατικῇ. σημείωσαι δέ, ὅτι τὸ ἀφίημι, τὸ συγχωρῶ, τὸ ἐπιτρέπω ταὐτά, καὶ ἐπὶ τοῦ αὐτοῦ, καὶ πρὸς ἀπαρέμφατον ἀττικῶς ἀποδιδόμενα.

ζῆλος.

ζῆλος καὶ ζηλῶ ῥῆμα, παρ' ἐλάττονος ἐπὶ μεῖζον. ζηλοτυπία δὲ ἐπὶ γυναικὸς κυρίως εἰς ἔλαττον ἀπὸ μείζονος.

παρίστησι.

ὅτι παρίστησι τὸ φρούριον ὁ προδότης τῷ στρατηγῷ, ἀντὶ τοῦ ἐγχειρίζει.

τῆς $\overline{Θ}$ ἐπιστολῆς.

ἦ που.

τὸ ἦ που λέγεται ἀντὶ τοῦ ὄντως, ὡς ἐνταῦθα καὶ παρὰ Λιβανίῳ · ἦ που σοί τε καὶ τοῖς γνωρίμοις γίνονται λόγοι. λέγεται δὲ καὶ ἐν εἰρωνείᾳ, ἀντὶ τοῦ οὐδαμῶς.

τρυφῶ.

τρυφῶ λέγεται τὸ ἀπολαύω. καὶ ἀπὸ τούτου τρυφή · ἡ ἀπόλαυσις. τρυφῶ λέγεται καὶ τὸ βλακεύομαι, ἀφ' οὗ τρυφή · ἡ βλακεία. τρυφῶ καὶ τὸ αὐθαδειάζομαι. καὶ τρυφή · ἡ αὐθάδεια.

θήρα.

ὅτι θήρα καὶ θήραμα διαφέρει. θήρα μὲν γὰρ λέγεται τὸ κοινῶς λεγόμενον κυνήγιον. θήραμα δὲ τὸ θηρευθέν. ἔστι δ' ὅτε λέγεται καὶ θήρα ἀντὶ τοῦ θηράματος, ὡς ἄγρα καὶ τὸ ἀγρευθὲν λέγεται καὶ αὐτὴ ἡ ἐνέργεια.

---

3 *καὶ οὗ, τὸ* omisso, M 4 *ἀεὶ ἐπὶ κινήσεως* Mosq 5 *ὁπουί* pro *ὅποι* Mosq 6 *ὅτι* om B | *ἐπιτρέπω καὶ ἀμφότερον δοτικῇ* B 7 *σημαίνει δὲ* pro *σημείωσαι* M 8 *τὸ συγχωρῶ, τὸ ἐῶ, τὸ προτρέπω, τὸ ἐνδίδωμι ταὐτά* C M — *παρίστησι* uocabulum om M 12 *ὅτι* om B 14 *καὶ ἀντὶ τοῦ ὄντως* C M | *ἐνταῦθα καὶ* om B Mosq 15 *ἦ που πολλάκις σοί τε κ. τ. γν. ὑπὲρ Φοινικῆς γ. λ.* B | *δὲ* om C B 17 *ἀντὶ τοῦ* pro *τὸ* C 18 *ἀφ' οὗ καὶ βλακεία* C 19 *αὐθαδειάζομαι, θ* e *φ* corr., M 20 *ὅτι* om B Mosq 21 *θηραθέν* pro *θηρευθέν* Mosq 22 *καὶ* ante *θήρα* om M 23 *καὶ αὐτὴ ἡ ἐνέργεια λέγεται.* B

δένδροις.

τοῖς δένδροις μὲν γράφεται κοινῶς, τοῖς δένδρεσι δὲ ἀττικῶς. ὡς δάκρυ μὲν ἀττικῶς, δάκρυον δὲ κοινῶς.

βίβλος.

ὅτι βίβλος ἁπλοῦν, βιβλίον δ' ὑποκοριστικόν. λέγεται βιβλίον καὶ τὸ μὴ γεγραμμένον χαρτὶν καὶ τὸ πιττάκιν. καὶ βύβλος νῆσος, διὰ τοῦ υ ψιλοῦ.

λογογράφος.

λογογράφος καὶ λογοποιὸς τὸ αὐτὸ λαμβάνεται ἀντὶ τοῦ ἐργάτης λόγου. πλὴν τὸ μὲν λογογράφος διαστήσας τις εἴποι ἂν αὐτὸν ἐπὶ κακῷ, ἀντὶ τοῦ τὸν ἐπὶ μισθῷ τοῖς κακούργοις λόγους γεγραφότα, ὡς Αἰσχίνης· καὶ μὴ παραδῶτε τῷ τοιούτῳ Σκύθῃ καὶ λογογράφῳ. τὸ δὲ λογοποιὸς λέγεται καὶ αὐτὸς ἀντὶ τοῦ ἐργάτου καὶ δημιουργοῦ τῶν λόγων. λέγεται καὶ ἀντὶ τοῦ συκοφάντου καὶ τὰ ψευδῆ συντιθέντος, ὡς καὶ Συνέσιος· ὡς ὁ λογοποιὸς ὁ τιτρώσκων ἐξ ἀφανοῦς.

σοφισταί.

σοφισταὶ τριχῶς ἐλέγετο τοὔνομα παρὰ τοῖς παλαιοῖς. σοφιστὴν μὲν γὰρ ἔλεγον καὶ τὸν πρὸς ἔριν τοὺς λόγους διατιθέμενον. ἔλεγον σοφιστὴν καὶ τὸν παρὰ τοῖς ῥήτορσι φιλόσοφον καὶ τὸν τὴν ῥητορικὴν ὑποκρινόμενον.

τέχνημα.

τέχνημα τέχνης καὶ τεχνάσματος διαφέρει. τέχνη μὲν γὰρ λέγεται ἡ ἀκριβὴς ἐπιστήμη τοῦ πράγματος, ἣν ἔχει ὁ τεχνίτης. τέχνημα δέ, ὃ καὶ τεχνούργημα γράφεται, τὸ ἐξ αὐτῆς τῆς τέχνης παρὰ τοῦ δημιουργοῦ καὶ τοῦ τεχνίτου κατασκευασθέν. τέχνασμα δὲ ὁ δόλος καὶ ἡ ἀπάτη. σπανίως δ' εὑρίσκεται καὶ παρ' Ἴωσι γραφόμενον. ἀττικῶς δ' οὐχ εὕρηται.

ὄντα.

ὄντα λέγεται ἀττικῶς τὰ ἀληθῆ καὶ τὰ μὴ μαρτυρίας εἰς παράστασιν δεόμενα. ὄντα καὶ τὰ ὑπάρχοντα κοινῶς, ἤτοι τὰ ἐν περιουσίᾳ κτήματα.

---

1 δ' ἀττικῶς C M 2 δράκρυον C 3 ὅτι om B | δ' om B 4 βλύβλος C 7 τὸν pro αὐτὸν B 8 λόγον pro λόγους M 9 μὴ om C 10 αὐτὸ Mosq 11 τοῦ om Mosq 14 σοφιστὴς Mosq τὸ σοφιστὴς ὄνομα τρ. ἐλ. B | Ἀττικοῖς pro παλαιοῖς Mosq 15 μὲν om B 16 ἔλεγον — ῥήτορσι om B | πρὸς τοῖς ῥήτορσι C 21 γράφεται om Cn λέγεται pro γράφεται C 22 τοῦ ante τεχνίτου om C τοῦ τεχνίτου e τῆς τέχνης corr. B 23 δ' om Cn 25 λέγει pro λέγεται M | τἀληθῆ U Cn | τὰ ante μὴ om C | δεόμενα εἰς παράστασιν U B

νομίζω.

νομίζω· τὸ ὑπολαμβάνω καὶ δοξάζω καὶ ἡγοῦμαι, ἐπ' ἀσαφοῦς πράγματος λεγόμενον. νομίζω καὶ τὸ νόμιμον ἄγω, ὡς καὶ Συνέσιος· οὐ γὰρ οἶμαι νομίζεται νυμφευτρίαις βαδίζειν ἐπ' ἐκφοράν. νομίζω καὶ τὸ νομίσματι χρῶμαι, ὡς καὶ Ἀριστοφάνης· βυζάντιοι σιδήρῳ νομίζουσιν.

ἀκριβές.

ὅτι ἀκριβὲς καὶ ἀκριβῶς ὁμοίως ἀεὶ παρὰ τοῖς ποιηταῖς τὸ κρι μακρόν.

μεῖον.

μεῖον καὶ ἀπὸ τούτου ῥῆμα μειονεκτεῖν, ᾧ ἐναντίον τὸ πλέον καὶ τὸ πλεονεκτεῖν.

ἐξετάζειν.

ἐξετάζειν λέγεται τὸ ἐρωτᾶν καὶ βασανίζειν. λέγεται ἐξετάζειν καὶ τὸ τάττειν καὶ ἐγκαταλέγειν τινὰ εἰς φίλους ἢ εἰς ῥήτορας, οἷον· ἐξετάζω σε εἰς τοὺς ἀγαθοὺς φίλους.

ἀνήκοος.

παρα- ἐπι- ὑπο-

ἀνήκοος λέγεται ὁ μὴ ἀκούσας περί τινος ἀποδημοῦντος, ἤτοι ὁ ἀγνώς. λέγεται ἀνήκοος καὶ ὁ μὴ φροντίζων τινός, ἤτοι ὁ ἀπειθής, οἷον· ἀνήκοος ἐγένετο ὁ δεῖνα τοῖς λόγοις τοῦ δεῖνος. παρήκοος· ὁ ἀπειθὴς καὶ παρακούων. ἐπήκοος χῶρος· ὁ πρόσφορος τῇ φωνῇ ἐξακουσθῆναι, ἤτοι ἡ περιωπή. ὑπήκοος καὶ ὁ ὑποχείριος.

εὐθυμία.

εὐθυμία· ἡ ἐν τῇ ψυχῇ τέρψις. καὶ τὸ ῥῆμα εὐθυμοῦμαι ἀττικῶς, κατὰ παθητικὴν μὲν κλίσιν φερόμενον, ἐνέργειαν δὲ δηλοῦν, ὅπερ ἐνεργητικῶς εὐθυμῶ οὐ γράφεται. καὶ ἀπὸ τούτου εὔθυμος· ὁ φαιδρὸς καὶ κατὰ ψυχὴν γεγηθώς. οἷς ἐναντίον ἡ ἀθυμία. καὶ τὸ ῥῆμα ἀθυμῶ καὶ οὐκ ἀθυμοῦμαι, ὥσπερ τὸ εὐθυμοῦμαι μέν, εὐθυμῶ δὲ οὐδαμῶς κατὰ ἀττικούς. ἀπὸ γοῦν τοῦ ἀθυμῶ λέγεται ἄθυμος· ὁ δειλὸς καὶ ἄνανδρος. λέγεται ἄθυμος καὶ ὁ ἀόργητος.

---

1 ἀσοφοῦς M 3 ἐπ' ἐκφορᾷ Mosq 4 νομίζομαι Cn 5 νομίζουσι Cn C Mosq — ἀκριβές uoc. om Cn. 6 τὸ παρὰ ποιηταῖς M 9 καὶ ἀπὸ τούτου πλεονεκτεῖν B 10 λέγεται δὲ ἐξετάζειν M 11 ἐγκαταλέγειν corr. ex ἐν καλῶ λέγειν M | εἰς ante ῥήτορας om B 12 σε καὶ εἰς M 13 ὁ μὴ ἀκούσας — ἀνήκοος (l. 14) om C 14 ὁ ante μὴ φροντίζων om C 16 ἀπαθὴς pro ἀπειθὴς M | ὁ παρακούων C M 17 ὑπήκοος· τὸ ὑποχείριος Cn καὶ om M 21 εὐθύμιος C 22 κατὰ τὴν ψυχὴν M 23 ἀθυμοῦμαι ex ἀθυμῶμαι corr. M 24 κατ' ἀττικούς Cn κ. τοὺς ἀττικούς M 25 λέγεται δὲ ἄθυμος U B Cn

εὔχομαι.

εὔχομαι, ηὐχόμην, ἀλλὰ καὶ εὐχόμην. καὶ εὐλαβοῦμαι, ηὐλαβούμην, ἀλλὰ καὶ εὐλαβούμην. καὶ εὐμοιρῶ, ηὐμοίρουν, ἀλλὰ καὶ εὐμοίρουν. καὶ ἁπλῶς τῶν ῥημάτων, ὅσα ἀπὸ τῆς $\overline{\text{ευ}}$ διφθόγγου ἀρχόμενον τὸ θέμα ἔχουσι, κατὰ τοὺς παρῳχημένους τὸ δίφθογγον φυλάττουσι μὴ τρεπόμενον, καὶ πάλιν αὖ εἰς $\overline{\text{η}}$ τοῦτ' αὐτὸ τρέπουσιν, οἷον· εὔχομαι, καὶ ηὐχόμην. ἀττικῶς δὲ τρέπεται ἀεί. ὅσα δὲ ἀπὸ τῆς $\overline{\text{αυ}}$, πάντως τρέπουσιν ἀεί, οἷον· αὐξάνω, ηὐξανόμην. καὶ αὐδῶ, ηὔδων ποιητικῶς.

παιδικά.

παιδικὰ κυρίως παρὰ τοῖς παλαιοῖς ὁ ἐρώμενος ἐλέγετο.

στένω.

ὅτι στένω καὶ ἀναστένω παρὰ τοῖς ἀττικοῖς ταὐτόν, ὡσπερεὶ τὸ μένω καὶ ἀναμένω ταὐτόν.

εὖ ἥκει.

εὖ ἥκει ἠθῶν, ὥσπερ λέγεται καὶ τὸ εὖ ἥκει φρενῶν, ἀντὶ τοῦ φρόνιμός ἐστι. καὶ τὸ εὖ ἥκει παιδείας, ἀντὶ τοῦ εὖ ἔχει. καὶ εὖ ἔχει συνέσεως, καὶ εὖ ἔχει ῥώμης, ἀντὶ τοῦ εὖ πέφυκεν εἰς τόδε τι.

κεκτημένον.

κεκτημένον ἔλεγον μὲν ἁπλῶς πάντα τὸν ἔχοντά τι. ἔλεγον δὲ κεκτημένον ἰδίως καὶ τὸν δεσπότην.

σκιρτᾶν.

σκιρτᾶν λέγεται καὶ τὸ πηδᾶν καὶ ἐμφαίνειν καὶ τὸ χαίρειν. σκιρτᾶν λέγεται καὶ τὸ ἀποδυσπετεῖν καὶ ἀντιτείνειν καὶ ἀντιβαίνειν καὶ ἀντερείδειν.

τελεῖν.

ὅτι τελεῖν καὶ τὸ ἐπιτελεῖν καὶ ἐκπληροῦν. τελεῖν καὶ τὸ μυεῖν, ὅθεν καὶ τελεταὶ καὶ τελούμενος· ὁ τὰ ἄδυτα μυούμενος, ὡς καὶ παρὰ Δημοσθένει· σὺ μὲν ἐτέλεις, ἤτοι ἐπῳδὰς ᾖδες, ἐγὼ δ' ἐτελούμην.

---

1 εὐλαβοῦμαι καὶ εὐλαβούμην, ηὐ supra εὐ scripto, Cn 2 ἀλλὰ εὐλαβούμην ἀττικῶς M | ἀλλὰ ante καὶ εὐμοίρουν om C Cn U 4 ἀρχόμενα C 5 τοῦτ' αὐτὸ τρέπουσιν εἰς $\overline{\text{η}}$ B εἰ (!) $\overline{\text{η}}$ ταὐτὸ τρ. C εἰς $\overline{\text{ην}}$ Cn 6 καὶ εὐχόμην B | γὰρ pro δὲ Cn 7 πάντα pro πάντως Cn — παιδικά uoc. om B; lemma om Cn 10 ὅτι om B | τὸ αὐτό pro ταὐτόν Cn 13 τὸ om Cn 18 εὐφραίνειν pro ἐμφαίνειν Cn 21 μυοῦν U B Cn 22 τελεσταὶ C 23 ἤτοι ἐπῳδὰς ᾖδες om C.

ἀγάλλω.

ἀγάλλω· τὸ κοσμῶ, καὶ ἤγαλλε τὴν τράπεζαν τοῖς ἐδέσμασι. καὶ ἀγάλλει τὴν ἐσθῆτα τοῖς μαργάροις, ὡς καὶ Ἀριστείδης· οἷς δ' ἂν τις ἀγῆλαι τήνδε τὴν ἡμέραν, ἀντὶ τοῦ τιμῆσαι, δοξάσαι, λαμπρῦναι, κοσμῆσαι. ἀγάλλω γὰρ τὸ κοσμῶ καὶ τιμῶ καὶ λαμπρύνω. καὶ ἤγαλλε καὶ ἤγηλε καὶ ἀγῆλαι, ὡς τὸ σφῆλαι καὶ ψῆλαι, ἀντὶ τοῦ κροῦσαι καὶ κινῆσαι.

εὔνους.

εὔνους καὶ εὔνοια, ᾧ ἐναντίον ὁ κακόνους καὶ ὁ δύσνους, καὶ κακόνοια καὶ δύσνοια. εὔνους οὖν λέγεται ὁ ἔχων εὔνοιαν πρός τινα, εἴτε μείζονα εἴτε ἴσην εἴτε ἐλάττονα. λέγεται γὰρ εὔνοια καὶ ἀπὸ μείζονος εἰς ἔλαττον, καὶ οὐχ ὥς τινες λέγουσιν ἀεὶ ἀπὸ ἐλάττονος εἰς μεῖζον, καθὰ καὶ Δημοσθένης ἐν Ὀλυνθιακῷ δευτέρῳ· ἐπὶ πολλῶν μὲν ἴδοι τις ἂν τὴν παρὰ τῶν θεῶν εὔνοιαν, φανερὰν γινομένην τῇ πόλει. εὐμενὴς δὲ ὁ ἵλεως. καὶ εὐμένεια· ἡ ἱλαρότης. καὶ λέγεται ἀεὶ ἀπὸ μείζονος εἰς ἔλαττον.

ἄνθος.

ἄνθος· τὸ τῆς πόας. καὶ ἄνθη· ἡ τοῦ ἄνθους γένεσις. καὶ ἀνθῶ ἀμετάβατον. καὶ ἄνθινος στέφανος. ὁμοίως καὶ ἀνθίζω παρὰ Σοφοκλεῖ· οὐ γὰρ γνῶσ' οὐδ' ὑποπτεύσουσιν ὧδ' ἠνθισμένον.

καταρρεῖ.

καταρρεῖ ὁ λειμὼν καὶ ἡ χλόη. καὶ τὰ φύλλα καὶ ὁ καρπός.

ἀποφαίνειν.

ἀποφαίνειν σημαίνει καὶ τὸ ἀποδεικνύειν. σημαίνει καὶ τὸ ἀποκαθιστάναι καὶ ἐργάζεσθαι.

φράζειν.

φράζειν· τὸ ἀγγέλλειν, ὡς ἐνταῦθα. φράζειν· τὸ συντιθέναι καὶ δημιουργεῖν λόγους, ἐξ οὗ καὶ φράσις· ἡ ἀπαγγελία. φράζειν καὶ τὸ κελεύειν, οἷον· χαίρειν φράζομαι.

ὀρθῶ.

ὀρθῶ οἰκίαν καὶ τεῖχος. καὶ ὀρθοῖ τὸ πνεῦμα τὴν ναῦν, ἀντὶ τοῦ κατευθύνει.

---

1 ἐδέσμασιν U B 3 κοσμῆσαι, τιμ., δοξ., λαμπ. U B κοσμῆσαι καὶ τιμ. καὶ δοξ. καὶ λαμπ. Mosq λαμπρῦναι codd. 4 γὰρ om Cn 6 νικῆσαι pro κινῆσαι Cn 7 καὶ ante εὔνοια om Cn | ὁ ante δύσνους om Cn 9 ἴσον C B 11 εἰς μείζω M | ὀλυνθιακῶν U M Cn 12 μέν τις ἂν ἴδοι C ἴδοι τις ἄν, ὦ ἄνδρες Ἀθηναῖοι, τὴν .. B 17 γνῶς M γνώσουσ' Cn | ὑποπτεύσουσ' C 19 ἀποφαίνει C Cn | ἀποδεικνύει C 21 ὡς ἐνταῦθα om B 22 φράζει Cn

ἀπενηνέγμεθα.

ἀπενηνέγμεθα ἀντὶ τοῦ ἀποκεκρούσμεθα. ἀποφέρομαι γὰρ τὸ ἀποδιώκομαι, οἱονεὶ ἄπο καὶ χωρὶς μακρὰν γίνομαι. ἀποφέρομαι καὶ τὸ ἀποκερδαίνω καὶ λαμβάνω ἐπ' ἐξουσίας κυρίως ταττόμενον, οἷον· ἀποφέρεται πολλὴν τιμὴν ἐπὶ τῆς ἀρχῆς. ἀφ' οὗ καὶ ἀποφορά· ἡ πρόσοδος καὶ τὸ κέρδος. ἐπὶ δὲ ἐνεργείας λέγεται ἀποφέρει τὸ νόσημα τὸν ἄνθρωπον, ἤτοι θανατοῖ, ὡς καὶ Λιβάνιος· καί τοι χαλεπόνγε κρατῆσαι τοσούτων νοσημάτων, ὧν καὶ πολλοστὸν μέρος ῥᾳδίως ἄν με ἀπήνεγκεν, ἀντὶ τοῦ εἰς θάνατον ἤγαγεν. ἀποφέρει καὶ γραφήν, ἀντὶ τοῦ ἐκφέρει, ὅταν κατηγορῇ τίς τινος, ὡς καὶ παρὰ Δημοσθένει· Αἰσχίνης Ἀτρομήτου πρὸς τὸν ἄρχοντα παρανόμων ἀπήνεγκε γραφὴν κατὰ Κτησιφῶντος.

εὐμένεια.

εὐμένεια λέγεται τὸ ἔλεος καὶ ἡ χάρις, ἡ ἀπὸ μείζονος ἐπ' ἔλαττον γινομένη. καὶ εὐμενὴς ἀπὸ τούτου· ὁ κεχαρισμένην ἔχων πρός τινα τὴν ψυχήν, οἷον· εὐμενὴς ὁ βασιλεὺς πρὸς τοὺς ὑφ' ἑαυτῷ. οἷς ἐναντίον ὁ δυσμενής· ὁ τρέφων κακίαν κατά τινος ἐν τῇ ψυχῇ. καὶ ἀπὸ τούτου ἐπίρρημα δυσμενῶς. καὶ ἀπὸ μὲν τοῦ εὐμενοῦς ῥῆμα εὐμεναίνω οὐ λέγεται. ἀπὸ δὲ τοῦ ἐναντίου τοῦ δυσμενοῦς λέγεται ῥῆμα τὸ δυσμεναίνω, ἀντὶ τοῦ μνησικακῶ.

ἐξ ἐκείνου.

ἐξ ἐκείνου τοῦ καιροῦ, καὶ ἐξ ἐκείνου, ἄνευ τοῦ καιροῦ ἢ τοῦ χρόνου ἐλλειπτικῶς λαμβανομένων. ἔκτοτε δὲ καὶ ἀπὸ τότε οὐ χρὴ γράφειν. καὶ ἁπλῶς εἰπεῖν· ἐν τοῖς ἐπιρρήμασι τοῖς χρόνον δηλοῦσι τὰς προθέσεις οὐχ εὑρίσκονται συνάπτοντες οὔτε οἱ ἀττικοὶ οὔτε παρὰ τοῖς ποιηταῖς οἱ Ἴωνες.

ἀναγκάζω.

ἀναγκάζω ὁμοίως καὶ καταναγκάζω ἀεὶ ἀπαρεμφάτῳ συντάσσεται αἰτιατικὴν ἐφελκομένῳ, ὡς τὸ ἀναγκάζω σε λαβεῖν βιβλίον μετὰ χεῖρας, ἀμφοτέρων, τοῦ τε ῥήματος καὶ τοῦ ἀπαρεμφάτου τῆς

---

1 ἀπεκεκρούσμεθα M ἀπεκρούσμεθα C 2 οἷον pro οἱονεὶ C | καὶ χωρὶς καὶ μακρὰν U καὶ μακρὰν καὶ χωρὶς B | καὶ ἀποφέρ. M 3 ταττόμεναν(!) C 4 ἀφ' οὗ om U B Cn 5 δ' ἐνεργείας C 6 θανατεῖ C 8 ἄν om M — ἀπενηνέγμεθα uoc. in Mosq lacerum est. 13 εἰς ἔλαττον C 16 ᾧ pro οἷς C 18 εὐμεναίνω ῥῆμα B | τοῦ ἐναντίου om B 21 λαμβανόμενον C 23 δηλοῦσιν M 24 οὔτε οἱ ποιηταὶ οὔτε οἱ Ἴωνες B 26 αἰτιατικῇ ἐφελκόμενα M | ἀναγκάζω-οἷον (80,1) om C 27 τοῦ τε ῥήματος κ. τοῦ ἀπαρεμφάτου manu rec. lacunae adscriptum habet B.

αἰτιατικῆς ἐχομένης, οἷον· ἀναγκάζω σε λαβεῖν βιβλίον. καὶ ἀναγκάζω λαβεῖν σε βιβλίον.

πνῖγος.

ὅτι πνῖγος καὶ πνιγεὺς τὸ $\overline{\text{πνι}}$ παρὰ τοῖς ποιηταῖς φύσει μακρὸν εὑρίσκεται. ῥίγος δὲ καὶ ψύχος, ὁμοίως καὶ παραψυχὴ καὶ ψυχή, βραχέα.

ἐγγύς.

ἐγγύς, ἔγγιστα, σύνεγγυς ταὐτά. πλὴν τὸ μὲν σύνεγγυς κοινῶς γράφεται, ἔγγιστα δὲ καὶ ἐγγὺς ἀττικῶς. ἐγγύθεν δ᾽ἐπὶ κινήσεως τίθεται ἀττικῶς, ὥσπερ καὶ τὸ ἐκεῖθεν καὶ τὸ αὐτόθεν. ὡσαύτως καὶ ἐγγυτάτω καὶ ἐγγύτατα. οἷς ἐναντίον παρὰ μὲν τοῖς ποιηταῖς ἀπὸ τοῦ ἑκὰς ἑκαστάτω, ὡς καὶ παρ᾽ Ὁμήρῳ· τῶν γὰρ νῆες ἔασιν ἑκαστάτω, οὐδὲ μάλ᾽ ἐγγύς. παρὰ δὲ τοῖς ἀττικοῖς πορρωτάτω.

τῆς Ι ἐπιστολῆς.

εἰκάζειν.

ὅτι εἰκάζειν λέγεται ἀντὶ τοῦ ὑπολαμβάνειν καὶ τοπάζειν καὶ στοχάζεσθαι καὶ συμβάλλειν. εἰκάζειν καὶ τὸ παραβάλλειν καὶ συγκρίνειν καὶ παρεικάζειν καὶ ἀπεικάζειν καὶ ἀφομοιοῦν. καὶ τὸ μὲν εἰκάζειν, ὃ δηλοῖ τὸ ὑπολαμβάνειν καὶ στοχάζεσθαι, συντάσσεται ἀπαρεμφάτῳ αἰτιατικὴν ἐπιφερομένῳ, οἷον· εἰκάζω οἴκοθεν ἐλθεῖν τὸν δεῖνα. τὸ δὲ εἰκάζειν, ὃ δηλοῖ τὸ ἀφομοιοῦν καὶ παρεικάζειν, συντάσσεται δοτικῇ, οἷον· εἰκάζω σε τῷ δεῖνι, ἀντὶ τοῦ παραβάλλω καὶ παρεικάζω καὶ ἀφομοιῶ.

ἐπιφέρειν.

ὅτι τὸ ἐπιφέρειν καὶ ἐπιφορεῖν ταὐτὸ παρὰ τοῖς ἀττικοῖς. περισπωμένως δὲ ἀττικῶς, ὥσπερδὴ καὶ τὸ ἐκφορῶ. ἐπιφέρω δέ, ὁμοίως καὶ ἐπιφορῶ καὶ ἐπιφέρομαι, ταὐτόν. καὶ δηλοῖ τὸ ἐπάγω καὶ ἐπαντλῶ.

---

1 *ἐχομένων* B | *ἀναγκάζω — καὶ* om Cn 2 *σε λαβεῖν σε β.* M 3 *ὅτι* om B 4 *εὑρισκόμενον* M 7 *δ᾽* om M 8 *ἀττικῶς τίθεται* B | *ὥσπερ τὸ ἐκεῖθεν καὶ αὐτόθεν* M 9 *τὸ ἐγγυτάτω* B 10 *ἑκάστω* pro *ἑκαστάτω* U *ἑκάστοτε* C 13 *ὅτι* om B 14 *συμβαίνειν* pro *συμβάλλειν* C 18 *τὸ δεῖνα* C 19 *αἰτιατικῇ* pro *δοτικῇ* M 21 *ὅτι* om B | *τὸ* om M | *ἐπιφυρεῖν* C | *παρὰ τ. ἀ. ταὐτό* C M 22 *δ᾽ἀττικῶς* M | *ἐκφορῶ ἢ ἐκφέρω* C M 23 *ταὐτό* C *ταὐτὸ δηλοῖ* M.

συμπίπτειν.

συμπίπτειν λέγεται τὸ συμμίγνυσθαι ἐπὶ πολέμου κυρίως, ὡς τὸ συμπεσόντα ἄμφω τὰ στρατεύματα ἐμάχοντο, ἀντὶ τοῦ συμβαλόντα καὶ συμμίξαντα. καὶ παρ' Εὐριπίδῃ· συμπεσόντες μάχην καρτερὰν ἀνῆψαν. συμπίπτειν λέγεται καὶ τὸ συμβαίνειν καὶ ἁρμόττειν καὶ συμφωνεῖν, ὡς καὶ Ἀριστείδης· ἕτερον δ', ὅτι συμπίπτει τῇ πάσῃ φιλανθρωπίᾳ τῆς πόλεως, ὁ τῶν ἔργων ἐξετασμός. ἀναπίπτειν τὸ ῥᾳθυμεῖν δηλοῖ. καὶ ἀπὸ τούτου ἀναπεπτωκώς· ὁ ῥᾴθυμος καὶ μαλθακὸς καὶ τὴν γνώμην ἀνατετραμμένος.

ἀνα-

ἐπάγεσθαι.

ἐπάγεσθαι λέγεται τὸ ἐπιφέρεσθαι καὶ ἐφέλκειν. λέγεται ἐπάγεσθαι καὶ τὸ ἐπισπᾶσθαι, ἐξ οὗ καὶ ἐπαγωγή.

βεβαιοῦν.

ὅτι βεβαιοῦν καὶ βεβαιοῦσθαι διαφέρει. βεβαιοῦν γὰρ τὸ κυροῦν. βεβαιοῦσθαι δὲ τὸ πιστοῦσθαι καὶ πληροφορεῖσθαι ἐπὶ πάθους κατ' ἀττικοὺς γραφόμενον.

ὑπολογίζεσθαι.

ὑπολογίζεσθαι δηλοῖ τὸ ὑποπτεύειν καὶ ὑφορᾶσθαι. δηλοῖ καὶ τὸ ὑπὸ τὸν λογισμὸν στρέφειν φροντίδα τινά. ὑπολογίζεσθαι δηλοῖ καὶ τὸ προφασίζεσθαι καὶ σκήπτεσθαι, ὡς καὶ παρ' Ἀριστείδῃ· ὥστε οὔτε ἀσθένειαν σώματος οἷόντε ὑπολογίσασθαι πρόσγε αὐτὸν τὸν σωτῆρα, ἀντὶ τοῦ προφασίζεσθαι.

λογίζεσθαι.

λογίζεσθαι λαμβάνεται ἀντὶ τοῦ λογαριάζειν, ἀφ' οὗ καὶ λογισμὸς καὶ λογισταί· οἱ τῶν λογισμῶν ἐπιτηρηταί. καὶ λογιστήρια παρὰ τοῖς ἀττικοῖς τὰ οἰκήματα, ἐν οἷς οἱ λογισμοὶ ἐγένοντο. καὶ Ἀριστοφάνης λογίσασθαι, ἀντὶ τοῦ λογαριάσαι· τρεῖς μνᾶς ἀναλώσας, λογίσασθαι δώδεκα. λογίσασθαι· τὸ ἀναλογίζεσθαι, ὡς καὶ Εὐριπίδης· ἐλογισάμην οὖν τοῦ γένους ἀρχηγέτη μᾶλλον

---

1 συμμίγνυσθαι καὶ συμπλέκεσθαι C M 3 καὶ συμπεσόντες C M 4 καρτερὴν M | λέγεται om B 5 ἑτέραν pro ἕτερον C | συμπίπτειν M 7 δηλοῖ τὸ ῥᾳθ. Cn δηλοῖ om B 12 ὅτι om B Mosq 13 πληροφοροῦσθαι Mosq 15 ἀπολογίζεσθαι C | τὸ ὑφορᾶσθαι καὶ ὑποπτεύειν C 16 τὸν om B 17 καὶ ante παρ' Ἀρ. om Cn M 18 ὡς τὸ οὔτ' ἀσθ. M οὔτ' ἀσθ. Mosq διασθένειαν Cn | οἷον θ' ὑπολογίσασθαι Mosq 19 προφασίσασθαι B 20 ἀ. τ. λογαριάζεσθαι M 22 παρ' ἀττικοῖς C M | ἐν οἷς καὶ λογισμοὶ M 23 λογίσασθαι, ἀ. τ. λογαριάσαι om Cn 24 λογίσασθαι· τὸ ἀναλογίσασθαι B. idem U, ἀναλογίσασθαι in — ζεσθαι corr. λογίζεσθαι· τὸ ἀναλογίζεσθαι M 25 παρ' Εὐριπίδῃ C M | τῷ pro τοῦ C | ἀρχηγέτην Cn M

μ' ἀμῦναι. λογίζεσθαι καὶ τὸ αἴτιον ποιεῖν τινά τινος πράγματος, ἤτοι τὶ προσλογίζεσθαι.

ῥαστώνη.

ῥαστώνη λέγεται ἡ εὐκολία, ὡς τὸ πολλή σοι ῥαστώνη παρ' ἡμᾶς ἰέναι, ὁπότε δὴ βούλοιο. ῥαστώνη λέγεται καὶ ἡ ἐλευθερία καὶ διατριβή. ῥαστώνη καὶ ἡ χάρις. ῥαστώνη λέγεται καὶ ἡ ὑγίεια. αἷς ἐναντίον ἡ δυσκολία.

θυμοῦμαι.

θυμοῦμαι, ἀντὶ τοῦ ὀργίζομαι, εἰ καὶ παθητικῶς γράφεται, ἀλλ' ἐνεργείας σημασίαν παριστᾷ. θυμαίνειν δὲ κατ' ἀττικοὺς οὐ γράφεται, πλὴν καὶ αὐτὸ εὕρηται παρ' Ἀριστοφάνει· εἶτα θυμαίνειν ἔφασκεν. ὅμως δ' οὖν ἐν χρήσει οὐκ ἔστιν.

νιφετός.

νιφετὸς λέγεται ὁ καθόλου χειμών. νιφὰς δὲ τὸ μέρος καὶ ὄμβρος, καὶ ὑετός, καὶ ψεκάς, καὶ ὄρος νιφοστιβὲς καὶ χιονόβλητον.

φαίνεται.

ὅτι τὸ φαίνεται μετὰ μετοχῆς. ἀποδίδοται δὲ καὶ εἰς ἀπαρέμφατον, ὡς καὶ Πλάτων· καὶ φαίνεταί μοι τῶν πολιτικῶν μόνος ἅπτεσθαι ὀρθῶς.

αὐτὸ δείξει.

αὐτὸ δείξει. ἐπὶ τῶν ἀπιστούντων τι μὴ γενέσθαι κυρίως τέθειται ἡ παροιμία· καὶ αυτὸ δείξει τὸ ῥεῦμα, ὅταν διαβαίνοντες ποταμὸν ἀγνοῶμεν πόσον εἶναι τὸ βάθος. τῶν δὲ παροιμιῶν αἱ μὲν τίθενται ὁμοίως καὶ λέγονται καθ' ἑαυτάς, καὶ εἰσὶ δῆλαι. αἱ δὲ ἐπιλόγῳ σαφηνίζονται.

ἀμφισβητεῖν.

ὅτι ἀμφισβητεῖν λαμβάνεται καὶ ἀντὶ τοῦ ἀμφιβάλλειν καὶ ἀμφιγνοεῖν. λέγεται ἀμφισβητεῖν καὶ τὸ ἐρίζειν καὶ φιλονεικεῖν, ὡς καὶ Δημοσθένης· ὁ δ' ἀμφισβητῶν τότε κατὰ τὰς ἀγορὰς οὗτός ἐστιν.

---

1 μ' om Cn | καὶ om U Cn Mosq 3 ῥαστώνη λέγ. — βούλοιο om C | πρὸς ἡμᾶς M 5 λέγεται δὲ ῥαστώνη B 6 ἧς pro αἷς Cn 7 τὸ θυμοῦμαι B | ἀλλὰ Cn 10 δ' om Mosq | ἔστι B Cn Mosq 12 ψυκάς pro ψεκάς U B — φαίνεται uoc. huius formae non habet B, uide tamen epim. Ep VI s. u. 13 τὸ om Cn 16 αὐτὸ δόξει M | κυρίως om M 18 πῶς ἐγένετο βάθος M 19 καθ' αὑτάς C καθ' αὑτούς B 20 αἱ δὲ καὶ ἐπὶ λόγω C αἱ δὲ ἐπὶ λόγω ceteri 21 ὅτι om B 23 ἀμφιτῶν pro ἀμφισβητῶν C | τῆς ἀγορᾶς Cn τὰς ἀγορᾶς M

χαλεπῶς.

χαλεπῶς λέγεται ἀντὶ τοῦ τραχέως, καὶ ἀντὶ τοῦ βραδέως, καὶ ἀντὶ τοῦ ὠμῶς καὶ πικρῶς, καὶ ἀντὶ τοῦ οὐκ εὐπετῶς, καὶ ἀντὶ τοῦ δυσχερῶς.

συμβάλλειν.

συμβάλλειν λέγεται τὸ συναντᾶν, οἷον· συνέβαλον τῷ δεῖνι κατ' ἀγοράν, ἀντὶ τοῦ συνήντησα. συμβάλλειν· τὸ συμμιγνύναι καὶ συρρήγνυσθαι, ὡς τὸ συμβάλλει τὰ στρατεύματα, ἤτοι τὸ συνταράττει καὶ συγκρούει καὶ συμπλέκεται καὶ εἰς χεῖρας ἔρχεται. συμβάλλειν καὶ τὸ συννοεῖν καὶ στοχάζεσθαι, τὸ κοινῶς λεγόμενον συνάγειν.

καθίσταμαι.

ὅτι καθίσταμαι καὶ καθιστῶ παρ' ἀττικοῖς ταὐτὰ λαμβάνεται. πλὴν τὸ καθίσταμαι κρεῖττον καὶ ἀττικόν, καθιστῶ δὲ κοινόν. ὁμοίως καὶ κατεστήσατο καὶ τὸ καταστῆσαι ἀπαρέμφατον κρείττω καὶ αὐτὰ γράφεται ἢ τὸ καταστήσειν καὶ κατέστησεν.

ἀμήχανον.

ἀμήχανον κάλλος, ὅπερ οὐ δυνατὸν ὥστε μιμήσασθαι αὐτό τινα, οὐδὲ διὰ μιμήσεως ἐφικέσθαι τούτου. καὶ ἀμήχανος· ὁ περιμανὴς καὶ ἀκατάσχετος καὶ ἀήττητος.

ἐπιχειμάζει.

ἐπιχειμάζει ταὐτὸ καὶ ἐγχειμάζει. λέγεται δὲ ἐπιχειμάζειν τὸ τὸν χειμῶνα διαβιβάζειν τινὰ ἐν τόπῳ τινὶ καθήμενον. ὁμοίως καὶ τὸ ἐνεαρίζειν· τὸ τὸ ἔαρ που διάγειν. καὶ ἐνθερίζειν, καὶ ἐνοπωρίζειν.

ἐπιτήδεια.

καὶ τὰ ἐπιτήδεια τὰ μέν, τὰ δέ, ἀντὶ τοῦ τῶν ἐπιτηδείων τὰ μέν, τὰ δέ, ὡς καὶ παρὰ Λιβανίῳ· τὰ μέγιστα καὶ τίμια, τὰ μὲν ἤδη παραιρούμενος, τὰ δὲ μέλλων. ὡς γὰρ κατὰ γενικὴν πληθυντικῶν ὁ μὲν καὶ ὁ δέ, οἱ μερικοὶ σύνδεσμοι γράφονται,

---

1 ταχέως pro τραχέως Cn | βαρέως pro βραδέως C 4 ὡς τὸ pro οἷον B 6 συμβάλλειν Cn C | τὸ ante συνταράττει om B C | συναράττει M 8 στοχάζειν Cn 10 ὅτι om B 11 τὸ μὲν καθίσταμαι C M | κοινῶ pro κοινόν C 12 καθεστήσατο, τ lit. supra ϑ scripta, C | κρεῖττον C 13 γράφεσθαι C M 14 εἰς τὸ μ. pro ὥστε μ. C 15 ἀφικέσθαι C | ἀμήχανος ἔρως C; post ἀμήχανος euanidum alqd, ἔρως uoc. fuisse credo, in M 17 ὅτι χειμάζει C τὸ αὐτὸ C M ἐπιχειμάζειν τὸ αὐτὸ κ. ἐγχειμάζειν Mosq 18 ἐν τόπω καθ. C M 19 τὸ ante ἐνεαρίζειν om Cn | τὸ ante τὸ ἔαρ om Mosq 21 τοῦ om M Cn 22 τιμιώτατα pro τίμια M 23 παραιρόμενος Cn παραινούμενος M | γενικῆς Cn 24 οἱ μερικοὶ σύνδεσμοι, ὁ μὲν καὶ ὁ δὲ C M | γράφεται M

οἷον· τῶν ἀνθρώπων οἱ μὲν ἐποίησαν τόδε, οἱ δὲ τόδε. οὕτω καὶ κατ᾽ αἰτιατικὴν πληθυντικῶν φέρονται καὶ μᾶλλον κατ᾽ ἀττικούς. παραπλησίως δὲ γίνεται καὶ ἡ ἄθροισις τῶν τοιούτων συνδέσμων κατ᾽ εὐθεῖαν, ὡς καὶ Ἀριστείδης· οἱ δ᾽ἄνθρωποι, οἱ μὲν ἤδη εἰσεχέοντο, οἱ δὲ παρεσκευάζοντο, ἀντὶ τοῦ τῶν δὲ ἀνθρώπων. εἰσὶ δὲ πολλάκις καὶ κατ᾽ αἰτιατικὴν ἐκφερόμενοι, ὡς καὶ Ξενοφῶν· τοὺς δὲ στρατηγούς, τοὺς μὲν ἔλαβον, τοὺς δὲ λαβεῖν οὐδαμῶς ἠδυνήθησαν. καὶ ἁπλῶς οἱ τοιοῦτοι μερικοὶ σύνδεσμοι καὶ κατ᾽ εὐθεῖαν καὶ κατὰ γενικὴν καὶ κατ᾽ αἰτιατικὴν ἀεὶ γράφονται κατ᾽ ἀττικούς.

ἐπίσημον.

ἐπίσημον λέγεται τὸ παράσημον, ἤτοι τὸ λαμπρὸν καὶ ἔξοχον. πᾶν οὖν ἐπίσημον, τοῦτο καὶ παράσημον. οὐ μὴν πᾶν παράσημον, τοῦτο καὶ ἐπίσημον. παράσημος ῥήτωρ παρὰ Δημοσθένει· ὁ φαῦλος καὶ οὐδαμινός.

ἐξορία.

τῇ ἐξορίᾳ καὶ φυγῇ ἐναντίον ἡ κάθοδος λέγεται. καὶ κατάγεται ἐναντίον τῷ φεύγει. λέγεται δὲ κυρίως κάθοδος ἡ ἀπὸ τῆς φυγῆς ἐπάνοδος εἰς τὴν πατρίδα.

στέλλεσθαι.

στέλλεσθαι λέγεται μὲν καὶ τὸ πορεύεσθαι μῆκος ὁδοῦ μακρᾶς. λέγεται δὲ στέλλεσθαι κυρίως ἐπὶ τῶν διαποντίων, ἤτοι τῶν θαλαττίων, ὡς καὶ Σοφοκλῆς· Μενέλαος, ᾧ τόνδε τὸν πλοῦν ἐστειλάμεθα.

ἀπράγμων.

ἀπράγμων σημαίνει δύο. λέγεται γὰρ καὶ εἰς πρόσωπον καὶ εἰς πρᾶγμα. ὡς ὅταν εἴπῃς ἀπράγμονα δοῦλον, δηλοῖ τὸν ἀνοικονόμητον καὶ ἀνεπιτήδειον πρὸς τὰ δημόσια. ὅταν δὲ εἴπῃς ἀπράγμονα ζωήν, ὅτι λέγεται ἀντὶ τοῦ ἀπραγματεύτος καὶ ἀκίνδυνος.

---

1 *οἱ δὲ τόδε* om C 2 *καὶ* ante *κατ᾽ αἰτ.* om M | *ἐκφέρονται* M 3 *γίνεται* om B 4 *καὶ* om M 5 *τῶν δὲ ἀνθρώπων οἱ μέν, οἱ δέ* C M 7 *καὶ τοὺς στρατηγούς* mihi uideor legere in M, sed est locus euanidus 9 *κατὰ αἰτιατικὴν* B *καὶ αἰτιατικὴν γρ. κατὰ τοὺς ἀττικούς* M 10 *ἀεὶ* om C 12 *τοῦτο* om M 13 *καὶ παράσημος* M *παράσημος γὰρ ῥ.* B — *ἐξορία* uoc. om B. lemma om M 15 *λέγεται ἡ κάθοδος* C M | *κάγεται* C 16 *φεύγειν* U Cn | *ἡ κάθοδος* Cn 18 *μὲν κυρίως* B 20 *ᾧ δὴ τόνδε πλοῦν ἐστείλαμεν* U B 23 *ὡς καὶ ὅταν* B | *ἀνεπιτήδειον κ. ἀνοικονόμητον* B 25 *ἀπραγμάτευτος καὶ ἀνοικονόμητος καὶ ἀκίνδυνος* B *ἀπράγματος* pro *ἀπραγμάτευτος* M

τίμια.

οἱ ἀκριβεῖς ἀττικισταὶ τοὺς μὲν γονεῖς, ἤτοι πατέρα καὶ μητέρα, πενθερόν τε καὶ πενθερὰν καὶ πάντας τοὺς ἄνω τοῦ γένους τὴν κατασειρὰν ἕλκοντας τίμια καὶ τιμίους ἐκάλουν. ἀδελφοὺς δὲ καὶ παῖδας καὶ τοὺς ἀπὸ κήδους ἅπαντας συγγενεῖς φιλτάτους ὠνόμαζον. οἱ πολλοὶ καὶ κοινοὶ Ἕλληνες ἐπιτηδείους καὶ ἀναγκαίους τούτους ἐκάλουν, ἤτοι τοὺς τοιούτους.

ἀγωνία.

ὅτι ἀγωνία λέγεται καὶ ὁ ἀγών. λέγεται καὶ τὸ ἀγώνισμα. αγωνία λέγεται καὶ ὁ φόβος καὶ ἡ δειλία.

ἐπιτρίβειν.

ἐπιτρίβειν λέγεται τὸ ἐπαύξειν πληγὴν ἢ ἕτερόν τι τοιοῦτον προγεγονός. ἐπιτρίβειν λέγεται καὶ τὸ ἐπιτίθεσθαι ἐπ' ἀφανισμῷ, καὶ φθορὰν μὴ οὖσαν πρότερον ἐμποιεῖν. ἡ γὰρ ἐπι ἐπίθεσιν ἐνταῦθα δηλοῖ. ἐπιτρίβομαι δὲ καὶ προστρίβομαι, τὸ μὲν ἐπιτρίβομαι δηλοῖ πάθος, ἀντὶ τοῦ φθείρομαι. προστρίβομαι δὲ προσπαθητικῶς μὲν προφερόμενον, ἐνέργειαν δὲ σημαῖνον, λαμβάνεται ἀντὶ τοῦ ἐπιτίθημι καὶ ἐπάγω πληγὰς τῷ δεῖνι, συντασσόμενον δοτικῇ, ὡς καὶ Ἀριστοφάνης ἐν Ἱππεῦσι· πληγὰς ἀεὶ προστρίβεται τοῖς οἰκέταις, ἀντὶ τοῦ ἐπάγει.

ἐπιτήδευμα.

ἐπιτήδευμα ἐπιτηδεύσεως διαφέρει. ἐπιτήδευμα μὲν γὰρ δηλοῖ οὐσίαν καὶ οἷον ὕπαρξιν πράγματός τινος. ἐπιτήδευσις δὲ σημαίνει τὴν ἀπὸ τέχνης γινομένην ἐνέργειαν. ὁμοίως καὶ ἀκοὴ καὶ ἄκουσις, καὶ ψόφος καὶ ψόφησις.

κολοφών.

κολοφών, κορωνίς, κεφάλαιον, τέλος, κορυφή, ταὐτὸν λέγεται. καὶ κολοφὼν ἀπὸ παροιμίας ἐν ἱστορίᾳ δηλουμένης. δώδεκα γὰρ πόλεις τῆς Ἰωνίας συνήεσαν εἰς τὸ Πανιώνιον λεγόμενον, περὶ τῶν κοινῶν βουλευσόμενοι. καὶ εἴ ποτε ἴσαι αἱ ψῆφοι ἐγένοντο, Κολοφώνιοι προστιθέμενοι νικᾶν τὸ ἕτερον μέρος ἐποίουν. Σμυρ-

---

τίμια uoc. om B: lemma U 2 *τοὺς γένους* C 3 *κατὰ σειρὰν* Cn 4 *ἀποκήδους* Cn 5 *οἱ πολλοὶ δὲ καὶ* C M 6 *τοὺς τοιούτους ἐκάλουν* C M 7 *ὅτι* om B Mosq | *καὶ* ante *ὁ ἀγών* om C M | *λέγεται καὶ* ante *τὸ ἀγώνισμα* om Mosq | *τὸ* om M 8 *λέγεται* om Mosq 10 *τὸ* om U 14 *φερόμενον* Cn 15 *ἐπάγω καὶ ἐπιτίθημι* B *τίθημι* pro *ἐπιτίθημι* Cn 19 *οἷον* om C | *τινὸς πράγματος* Cn 20 *ἐνέργειαν γινομένην* Cn 21 *ἄκουσμα* pro *ἄκουσις* Cn | *ψόφοσις* C 23 *κολοφὼν λέγεται ἀπὸ π.* B 25 *βουλενόμενοι* M 26 *κολοφώνιον* Mosq.

ναίους γὰρ ἐθέλοντας εἶχον συνοίκους, ὑπὲρ ὧν καὶ τὴν ψῆφον ἐτίθεντο. ὅθεν ἐπὶ τῆς κρατίστης καὶ βεβαιοτάτης ψήφου ἡ παροιμία ἐτίθετο, οἷον· τὸν Κολοφῶνα ἐπιτίθημι, ἢ τὸν Κολοφῶνα ἀναγκάζω προσβιβάζων.

---

1 *ἐλθόντας* pro *ἐθέλοντας* C M | *ἐνίκουν* pro *εἶχον* (in marg. *γρ. εἶχον*) Mosq 2 *ὅθεν καὶ ἐπὶ* U B Mosq | *κρατούσης* pro *κρατίστης* M 4 *ἀναγκάξω* ζ lit. supra ξ scripta, Cn | *προσβιβάζω* Cn.

COMMENTARII.

Editio nostra Epistularum I—X Lacapeni codicibus CM(50)SU tota nititur, Epistularum I et II praeterea codice Pa, Epistulae VII codice Pb. Ad Epimerismos edendos iis codicibus, quos p. 24 enumeraui, usus sum; ita tamen, ut cum uiderem Cn et P cum in rebus maioris momenti tum in futtilibus in unum modo non semper conspirare, P maxima ex parte inconsultum relinquerem. Non sum nescius editioni huic maximum emolumentum e codicibus aliis multis comparari potuisse, si modo iis uti licuisset. Sed cum, praesertim quod ad Epistulas attinet, discrepantiae lectionum raro maioris sint momenti, tolerabilem quidem textum me restituisse spero. Atque, id quod iam supra monui, ad Epistulas sanandas non mediocriter profuerunt glossae textui adscriptae. Quod ad Epimerismos attinet, in singulis codicibus hic illic uerborum expositiones inueni, quae non ad textum Epistularum quadrarent; quae eiciendae nimirum ex Epimerismis erant, cum Epimerismos nulla alia uerba explicare quam quae in Epistulis inessent, appareret. Alia e glossis in Epimerismos intrauerunt. Quod quomodo factum sit, hoc exemplo probari credo: ante *δοκῶ* uoc., quod inter Epimerismos p. 34 adest, in U legitur: *ὁρκῶ σε καὶ ὁρκίζω σε, φησὶ Δημοσθένης, ὡς τὸ ἐμποδῶ σε καὶ παρὰ Δημοσθένει καὶ παρὰ Ἰουλιανῷ.* Idem fere B suo loco habet; cf. Mosq. p. 73 apud Matthaeium. Epimerismi codicum reliquorum, quos quidem uiderim, eo uocabulo carent. In C et U inter glossas Ep. III inuenitur; quomodo in epimerismos irrepserit e cod. Meerm. disci potest. Ibi enim ea glossa supra Ep. III ita scripta est, ut inter epistulam eam et epimerismos Ep. II exstet. Facile librarius non admodum diligens adduci potuit, ut eiusmodi glossas Epimerismis adiceret.

Textum Epistularum inter codices eos, quos contuli, optimum U praebet. Ad quem, quod ad lectiones singulas attinet, proxime S accedit; sed is est multo neglegentius quam U scriptus. Errorum orthographicorum nullus est plenior quam M (50), qui praesertim in ν littera falso adhibenda et omittenda creberrimus est. C et M interdum consentiunt. — Uncis inclusi inscriptiones Epp. I, II, VIII, quia, quantum equidem cognoui, nusquam inscriptae exstant; Epp. IV, V, quia testimonia inscriptionum earum admodum leuia sunt. De qua re u. p. XXVII quae disputaui.

Textum Epimerismorum fere eundem continere P et Cn diximus; artissime cohaerere B et U cum e quaque fere pagina apparatus critici dilucet tum ex his uel solis locis intellegitur: 38,4, 58,8 (cf. 59,12) 63,9.

Sed scriptor codicis eius, qui eorum amborum fons erat (non enim est alter ex altero descriptus), saepe textum emendauit, et cum locos ex auctoribus laudaret, interdum codices melioris notae consuluit.

M (529) a ceteris satis longe distat, saepissime expositiones omittit, hic illic aliunde petitas adicit. Posterior tamen eius pars ad C prope accedit. Lectionum codicis Mosquensis non semper rationem habui, quia is codex, temporum iniuria pessime habitus, oculos acutiores quam Mathaeii facile destituere potuisset.

De elocutione Lacapeni pauca iam locutus (p. XXVIII) h. l. id solum addam, Lacapenum, dum graecitatem optimam et uere Demosthenicam affectat, minus quam oportebat fastidium atque obscuritatem uerborum fugere. Legem Meyerianam, quae uocatur, num secutus sit, quamuis diligenter quaesiuerim, nihil certi de ea re inueni. Ab altera enim parte interdum legem illam seruasse uidetur, uelut in Ep. VII (ac debuit quidem ad Palamam eleganter scribere!). Ab altera autem legis illius praecepta in quibusdam Epistulis ita uiolenter laedit, ut opinio illa mihi paene eripiatur.

Ep. I.

Amicus Lacapenum litteras disertas poposcerat; quas se daturum ille satis asperis uerbis iocabundus, quod intellegam, negat.

3 3 **κατηγορεῖν, συνηγορίαν κ. τ. λ.** Lacapenus uerbis ex usu forensi translatis frequenter utitur. Imitator enim Demosthenis et Libanii eam consuetudinem ab iis acceperat.

4 **προπετῶν ἀνδρῶν ἔοικας φίλτρον θηρεύειν.** Verte: ea, quibus homines temerarii gaudent, affectare uideris. **φίλτρον** uocabulum, Lac. saepe adhibet, uelut p. 4 1 **φίλτρον ἐνέτηξας** 17 9 **φ. ἐνέτηξε** 5 7 **φ. σβέσας** 10 5 **φ. ἐσβέσθη.**

12 **ἀσχολίας εἰς τοῦθ' ἥκοντας**, qui modus uerborum coniungendorum apud Libanium usitatissimus est. Cf. Lib. Ep. 222

(Coll. Lac. νϑ΄): *πρὸς τοσοῦτον ἥκεις τοῦ φιλεῖν.* Lac. eodem utitur 11 10 *εἰς τοσοῦτον ὑπεροψίας ἥκειν.*

13 Discernit igitur Lac. duo genera epistularum, *ἁπλοϊκά* et *μελετώμενα*, quorum alterum operae leuis, alterum doctum et laboriosum.

15 ***Πανελλήνιον***. H. l. mihi uidetur Lac. propalam ostendere, quanti faciat epistulas suas, nisi forte inest responsum iocosum epistulae ab amico acceptae, in qua id fere illum scripsisse aequum est putare, se ipsum esse expertem litterarum, Lacapenum autem corona auditorum panellenica dignissimum.

Ep. II.

Scripserat amicus uereri se, ne amicitia Lacapeni euanuisset. Lac. uero se ab amico desertum esse queritur.

4 4 *οἱ δ'ἐν ἑταιρίᾳ.* Amicos Thessalicos ergo dicit, uelut Philaretum (Ep. IX, XIV), logothetas duos (Ep. XIV).

5 *ἐν παρεωραμένοις*. 10 4 *νῦν δ'ἔγνωμεν, ὡς παρεωράμεθα.* Cf. Syn. Ep. X: *νῦν δὲ οἶδα παρεωραμένος ὑφ' ἁπάντων ὑμῶν.*

11 *ψῆφος* et *ψηφίζομαι* ui translata identidem usurpat Lacapenus.

12 *ἀναμνῆσαι — — τῶν προτέρων ἐκείνων.* Quae sententia in Epistulis iterum atque iterum recurrit (cf. p. XII quae diximus), uelut 11 8 20 1.

17 *τὰ τ. μελαγχολώντων — ὑπομένω.* Male audierat Lac. propter Ep. suam proximam.

18 De Zeiano nihil compertum habeo. Eodem modo quo Mercurius in itineribus uersatus, internuntius est inter Lacapenum amicosque.

19 *καὶ ὅποι ποτὲ δεήσειεν ἐφιστάμενος, τὴν περὶ ἡμῶν περιφέρει μνήμην.* Cf. 5 26 *καὶ ὅποι ποτ' ἀφίκοιτο, τῇ διανοίᾳ σε περιφέρει.* Ita in duabus epistulis, eodem fere tempore conceptis, modo non sint ad eundem hominem missae, saepe uerbis et sententiis iisdem utitur noster.

21 *»ἀνάγκης καὶ οἱ θεοὶ ἡττῶνται.«* Prouerbium illud apud Leutschium[1] II 98 (et alibi) hac forma traditur: *ἀνάγκῃ οὐδὲ θεοὶ μάχονται.* Ceterum prouerbia ea, quibus utitur Lacapenus uel ad

---

[1] Corpus Paroemiographorum Graecorum. Tom. I edd. Leutsch et Schneidewin, Gottingae 1839. — Tom. II ed. Leutsch, ibidem 1851.

quae alludunt uerba eius, tantum cum syllogis Gregorii Cyprii consentiunt, ut facere uix possim, quin credam, syllogas illas in eius manibus fuisse.

25 Rhamenus igitur, in quem suspiciosus est Lac., unus ex amicis Andronici habendus est; mihi quidem ignotus.

Ep. III.

Tandem adduci potuerat Ioannes Zaridas, ut ad Lac. epistulam mitteret, quae tamen in itinere perierat. Assidue ab amico petit Lac., ut alteram det.

5 8 *ἐκεῖθεν γὰρ ἡμῖν ἐμπεσοῦσα λύπη*. Cf. Lib. Ep. 978 (Coll. Lac. *ια´*): — *βραδύτερος ὅ τε νοῦς μοι γέγονε καὶ ἡ γλῶττα καὶ ἡ χεὶρ ὑπὸ τῆς κατεσθιούσης με λύπης*.

7 Cf. 10 5, u. 3 4.

9 *ἀδόκητον ἔδωκας*, 6 19 *λύπῃ λύεται* adnominatio, dedita opera facta.

10 *παρ᾽ ὑμῶν τις*. Quem dicat nescio, sed coniecerim Zeianum·

16 Germanum illum nusquam alibi in litteris inueni.

6 2 *ἴυγξ* in usu frequenti apud Lac., uelut, 18 4 20 2.

4 *συζῶν ἀθλητῆς ἀλείπτῃ*. Cf. Ep. Lib. 1034 (Coll. Lac. *ϙϛβ´*): *ὦ κηρύκων ἄριστε* —, *γενναίῳ συζῶν ἀθλητῇ*.

5 *ῥώμη τε φύσεως λόγοι τε συνελθόντες κ. τ. λ.* Cf. 7 9: *φύει — ἡ ῥώμη κ. τ. λ.*

9 *ὃ δὲ τὸ σκάφος κ. τ. λ.* u. 7 1.

17 *οὐδὲν ἄμικτον τῷ βίῳ συγκεκλήρωται*, gl. *γνώμη*. Cf. Horatianum illud: nihil ab omni parte beatum.

19 *ἡδονὴ λύπῃ λύεται*. Cf. apud Leutschium (II. p. 754): *ἡδονὴν φεῦγε τίκτουσαν λύπην*.

Facile apparet Lacapenum hac epistula, uerbis et figuris et sententiis ex oratoribus translatis ornata, laudem atticistae affectare. Ceterum de ea idem dici potest, quod M. Treu (Theod. Pediasim. p. 58) de epistula quadam Pediasimi praedicat: »Omnis fere epistula in eo consumitur, ut neglegentiam in epistulis scribendis satis urbane exprobret amico».

Ep. IV.

Amico Constantinopolim profecturo gratias ob epistulam acceptam maximas agit Lacapenus.

7 1 τοῖς τ. συμφορῶν κύμασι. E nautarum uita uerba et imagines haud raro Lacapenus petit, hic quoque Libanii ueterumque imitator. Cf. 6 9 9 2, 16 10 15.

4 u. π 23, ρ 41.

9 Cf. 6 5, 4 19—5 26.

24 τὸ Αἰγύπτιον. Locus ad δ 230 alludit. Glossator frustra de μῶλυ ueneno illo cogitat; at μῶλυ nullo modo λαθικηδές est, cf. κ 302 sqq.

8 8 τ. μεγάλης πόλεως τ. οἰκείους ἐπιστρεφούσης, cum domum reuertuntur Constantinopolitani, per quos igitur Lacapenus litteras missurus est.

15 Spem suam de reditu e Thessalia Lac. amico indicat. De eadem re Ep. X agitur.

Ep. V.

Satis obscuris uerbis de inimicis queritur. Polemianiten quendam curis et precibus amici mandat.

8 28 τὴν παροιμίαν τοῦ ὀστράκου. Cf. 13 17. u. 4 19. Apud Leutschium II 125.

9 1 Inimici illi, quos hoc loco et alibi (uelut 10 24) notat, qui fuerint, non in aperto est.

12 Πολεμιανίτην. De Πολεριανίτῃ »τῷ θείῳ«, qui una cum Βουρδῇ et Ἀνβδίκῃ quibusdam a Palamitis uictoribus excruciati sunt, narrat Joannes Cyparissiota in Palamiticarum transgressionum libro, c. X. (Patrol. Gr. ed. Migne CLII, 736 B, C). Πολεμιανίτην eo loco legendum esse auctor est M. Treu (Matthaios p. 12), qui dubitanter ibidem conicit, Matthaeum Metropolitam Ephesium unum ex illis testibus fuisse. De indole Polemianitae illius, si idem atque Cyparissiotae noster est, locus hic testimonium graue profert De legatione illa, regio iussu suscepta, nihil relatum inueni. Apparet autem, si de ea certiores fieremus, diem paene ipsam, qua data est haec epistula, nobis notam fore.

24 τ. τῶν Δωριέων. Peloponnesum eo uerbo a Lacapeno significari puto.

Ep. VI.

Ioannes segnitiem Lacapeni in scribendo uituperauerat; quam culpam in eum ipsum recidere Lac. demonstrat; quare epistulam eum flagitat.

10 5 παρεωράμεθα u. 4 5. φίλτρον u. 3 4.

6 *ὥσπερ γὰρ εἰ κ. τ. λ.* cf. Ep. Lib. 1031 (Coll. Lac. *ρπθ'*): *ὥσπερ γάρ, ὦ 'γαθέ, μῆκος ἐπιστολῆς οὐ φιλίας ἔργον, οὕτως οὐδὲ βραχύτης σημεῖον ἔχθρας.*

13 *οἷς μέτεστι τῶν Ἑρμοῦ πτερῶν.* Cf. Homericum illud *ἔπεα πτερόεντα.*

24 De inimicis u. 9 1.

28 *παλινῳδίαν ᾖσε* hic illic apud Lac. recurrit. Libanius eodem uerbo frequenter usus est.

30 *ἑτέροις γὰρ ἔφη σε προσέχειν τ. νοῦν* cf. de Rhameno 4 25.

11 8 *διατριβῶν κεκοινωνηκότα πλείστων* u. 4 12.

11 15 *κυρωθήσεται ψῆφος* cf. 7 27 *ψῆφον, ἣν ἀμοιβὴν — — κυρωθῆναι βουλόμεθα* u. 4 19.

Ep. VII.

De hac epistula hoc est iudicium Allatii: »elegans, ac uehemens, et contumeliae plena».

De inscriptione *τῷ Παλαμᾷ* uix ullum dubium esse potest, cum in multis et uetustis codicibus reperiatur. Inscriptionem eam consulto omissam esse in cod. Vat. 113 dicit Stevensonius (Codd. mss. Gr. Reginae Suec. p. 108), quamquam quonam modo uiderit, »consulto» id factum esse, non intellego. Voltzius deinde a uerbo illo »consulto» proficiscens haec disserit: »Weshalb? Um Palamas oder um Lacapenus zu schonen?» e. q. s. At in codice s. XV nec Palamae nec Lacapeno parcere opus erat. — Argumentum huius epistulae non satis dilucidum est. Lacapenus epistula Palamam de aliqua re obiurgauerat, quas obiurgationes ut ridiculas ille nihili fecerat. Atque cum longo tempore intermisso tandem Lacapeno responsum epistulae eius dedisset, se ubi habitaret Lacapenus nescire excusauerat. Ob quas simulationes Lac. iratus contumeliosis uerbis Palamam adulatoresque eius ualere iubet.

12 2 *ὅπου γῆς.* Gl. *ὡς πανταχοῦ τῆς πόλεως* demonstrat, Palamam eo tempore Constantinopoli habitasse, e qua urbe Lac. paulo ante migrasse apparet.

29 *τὸ τῆς φωνῆς μέτρον λέγω κ. τ. λ.* Videtur esse Palamae quasi picta imago.

30 Ex his coniecerim Lacapenum a manu fuisse Palamae; postea officio deiectum esse atque alium quempiam in eius loco positum, qui Lacapeno nimirum minus dignus uideretur. Sed haec ut alia nonnulla in hac epistula mihi adhuc obscura esse profiteor.

13 14 τὸ δὲ καὶ τὸν γενναίοις μὲν τρόποις κ. τ. λ. Planudem h. l. indicari puto. Ex amicitia, quae antea inter magistrum discipulumque fuerat, insidiis maleuolorum quorundam rupta, Lacapeni acerbitas aliqua ex parte intellegi posse uidetur.

17 μεταπεσόντος ὀστράκου. Cf. 8 28.

19 ὁ δεξιὸς ποιητής cf. ι' 392 sqq.

14 2 ἀπολέσθαι τ. καλὴν αὐτῷ τέχνην cf. Aristoph. Pax 1212: ἀπώλεσάς μου τὴν τέχνην καὶ τὸν βίον.

12 τῶν εὐρίπων cf. Leutschium 1 356 (Greg. Cypr. Centuria I 79): Ἄνθρωπος εὔριπος καὶ ψυχὴ καὶ διάνοια καὶ τρόπος : ἐπὶ τῶν ῥᾶστα μεταβαλλομένων.

Ep. VIII.

Lacapenus Procopium quendam apud amicum, multum gratia regis ualentem, diligentissime commendat.

Procopius ille quis fuerit quaerenti mihi ueri simillimum uidebatur, nullum alium esse quam Ioannem Glycyn. Quod ita esse mihi ex multis argumentis persuasi, quorum *primum* id est, quod 15 26 dicitur, Procopio uulgo addi cognomen τὸν γλυκύν. Cognomine autem quod est Γλυκύς nullum apud Byzantinos inuenio appellatum nisi Ioannem Glycyn eum, qui annos 1316—1320 patriarcha oecumenicus erat, et Protopsaltam Rhodi quendam, de quo hoc loco non cogitari potest. *Secundum* autem argumentum ex aliis de eruditione nostri laudibus et ex his in primis duco: γνῶναί τε γὰρ ὀξὺς καὶ μνήμων ἐν τοῖς μάλιστα (15 19). ὁ ἐπὶ τῶν δεήσεων Pachymeri enim est Ioannes Glycys annis 1292, 1295 (Patrol. Gr. ed. Migne CXLIV col. 183, 226), ad cuius officium administrandum ea indole plurimum indigebat. *Tertium* adest ibidem hoc: ἡ δ' ἐπὶ τῆς γλώττης ἀρετὴ καὶ φήμην ἤδη κέκτηται. De ingenio et eloquentia Ioannis Glyceos cf. haec uerba Nicephori Gregorae (Hist. l. VI c. 8, Migne CXLVIII): διὰ τὸ προέχειν συνέσεως ἐμβριθείᾳ καὶ σοφίας περιουσίᾳ, et paululo infra: ἡ μεγίστη γλῶσσα θατέρου τῶν πρέσβεων Ἰωάννου Γλυκέος, — ὡς ἂν πᾶς θαυμάσειεν ἐλλόγιμος ἄνθρωπος. *Quartum* 16 1: καὶ μυρίους μὲν ὑπερόριος ἀμείβει τόπους κ. τ. λ. Glycyn iussu regis participem legationum ad Cyprum et Armeniam a. 1296 factum esse e Pachymeris Hist. de Andronico Palaeologo, l. III c. 5 (Patrol. Gr. ed. Migne CXLIV 226 A.) cognouimus. *Quintum* 16 4 παίδων ἔνδον καταλέλειπται χορός, οὐ τὸ πλέον κόραι; cum quo loco congruit Nic. Greg. Hist. l. VII c. 11: Ἰωάννης ὁ Γλυκύς — καὶ γυναῖκα ἔχων καὶ υἱοὺς *καὶ θυγατέρας. Sextum* 16 10: *τὸ πλουτεῖν καὶ οὗτος διωθεῖται κ. τ. λ.* Cf. Nic. Greg. Hist. l. VIII c. 2: *ὅθεν οὐ πολύν τινα πλοῦτον καταγαγὼν ἐκ τοῦ πατριαρχικοῦ θρόνου διὰ τὸ μὴ φιλοχρήματος εἶναι.* — De Ioanne Glyceo u. M. Treu, Epp. Planudis p. 214, 239.

Ep. IX.

Lacapenus Ioannem Zaridam propter studia eius litterarum laudat, ob nuptias initas ei gratulatur. Caelum asperum Thessaliae. Laus Philareti.

Cum hac epistula conferatur ep. XXX Planudis de eodem fere argumento (u. p. XIII).

17 9 gl. *ὀρθῷ νόμῳ μέλλοντες τὸ τῆς φιλίας.* Locus est Sophocl. Aiantis u. 349 sq. *ἰὼ φίλοι ναυβάται, μόνοι ἐμῶν φίλων ‖ μόνοι ἔτ᾽ ἐμμένοντες ὀρθῷ νόμῳ.*

24 *ἄγγελος κ. τ. λ.* Mercurium intellegendum esse credo cum ex aliis rebus, ob quas laudatur nuntius ille, tum quia illi inditur nomen *τῷ τῶν ἑταίρων ἄκρῳ* (18 21). Mercurius enim aetate paululo prouectior quam Lac. et Zaridae fratres fuisse uidetur, quippe qui una cum Planude discipulos edoceret (M. Treu, o. q. d. p. 201). E locis ibidem allatis, M. Treu suspicatur, eum saepius in Asia uersatum esse.

19 13 De Philareto etiam Ep. XIV fit mentio, cf. 4 4. Ceterum de eo nil compertum habeo.

Ep. X.

De epistulis inter Lacapenum et Zachariam uicissim dandis. — Lacapenus e Thessalia migrare quam primum statuerat sed rebus iniquis retentus est. Zachariae dissuadet, ne Constantinopolim relinquat.

Zachariam hunc, ad quem secundum optimorum codicum memoriam haec epistula missa est, eundem esse atque Ioannem Zachariam actuarium Vilelmus Lundström, Erani uol. IV p. 145 sqq. (1900—1902) statuit. Eum Zacharia cognomine usum esse auctor est M. Treu (Theodori Pediasimi eiusque amicorum quae exstant, p. 60). Cf. V. Lundström, l. l. Falso Costomiris[1] aliique eum filium Zachariae nominant. Vixit s. XIV ineunte (non, ut apud Costomirium est, »vers le milieu du XIIIe siècle», nisi errore typothetae XIIIe illud pro XIVe exstitit). De scriptis eius medicis,

[1] Costomiris: Études sur les écrits inédits des anciens médicins grecs (in Révue des Études Grecs, Tome X, 1897, p. 414).

qui magni aestimantur, Costomiris p. 414—445 o. l. egit. Erat autem etiam philosophus haud spernendus et discipulus quidem Iosephi Philosophi (M. Treu, der Philosoph Joseph, B. Z. 8, 1892, p. 46). Ioannem Zachariam illum, cuius epistulam et uersus aliquot M. Treu edidit (p. 39 et 40 operis de Pediasimo), nihil cum nostro commune habere uult ille uir doctissimus (o. l. p. 60). Verba enim l. l. haec sunt: »actuarius aetate maior, quod sciam, semper fere Cpoli fuit neque quicquam rationis cum Modeni amico [i. e. Zacharia altero] habuit». Sed si Zacharias et Modenus et Theodorus Pediasimus eiusdem aetatis erant (u. o. l. p. 52), et Pediasimus quidem Andronicum Zaridam »sicut alterum patrem obseruat» (p. 33, 58), Ioannes Zacharias actuarius, amicus Lacapeni et Zaridarum, non »aetate maior» quam Zacharias, Modeni amicus, fuisse uidetur. Et tum quidem, cum ep. X Lacapeni accepit, Constantinopoli uiuebat; sed urbem iamiam relicturus erat. Quare etiamsi e documentis quae suppetunt leuibus non affirmare ausim, Modeni amicum et amicum Lacapeni eundem hominem fuisse, nihil uideo, quod eiusmodi coniecturae obstet.

Sed plura de eo a M. Treu sperari licet, ex promisso B. Z. 8 p. 63 dato: »Auch ihm gebührt in der Litteraturgeschichte seiner Zeit ehrenvolle Erwähnung. Das werde ich gelegentlich nachzuweisen versuchen». — P. Marc in indice B. Z. 1—12 inter Zacharias illos duos nullum discrimen facit.

20 1 τῶν τε συνουσιῶν ἐκείνων ἡ μνήμη et 20 4 ἑταίρων indicare uidentur Zachariam et Lacapenum disciplina eadem usos esse. Planudis an Iosephi?

22 μιμείσθωσαν κ. τ. λ. Cf. Lib. E. 258 (Coll. Lac. σ΄): τὸ πολὺ δὲ καὶ αἱ νιφάδες, ἡνίκ᾽ ἂν [illegible] ἐντύχοιμεν.

23 αὐτό φασι δείξει. Cf. Suidas, ed. Gaisford, 661 A, et quae ibi adnotata sunt.

22 10 ἀφανῆ παθήματα κ. τ. λ. Cf. Costomiris, o. l.

Index
locorum a Lacapeno in Epimerismis adhibitorum.

In locis ex auctoribus laudandis Lacapenus saepe parum diligenter agit, quod iudicium, cum de scriptoribus prosae orationis agatur, praesertim ualet. Ita Xenophonti quidem uerba nonnumquam ascribit, quibus illum usum esse praefracte negauerim. Locorum eorum, quos repperi, indicem hunc dabo:

Index uocabulorum eorum, quae ex Epimerismis Lacapeni Phauorinus in lexico suo descripsit. Asteriscus (*) uocabulo adpositus Phauorinum uerba Lacapeni magna ex parte mutasse significat.

Α γράφειν*
διδάσκω*
ἔοικε*
δή
ἀσχολία
ἁπλοῦς

Β ἐντήκειν
τηρῶ
ἀπαγορεύω
ἀτιμάζω*
διαφέρει*
δύναμαι
μελαγχολᾶν
ἐνδημῶ
ψυχαγωγεῖν

Γ ἀναιρεῖσθαι[1]
τελεῖ
ἀνατείνει[1]
ἐπιχειρῶ
γοητεύω
ἐκπλήττω
ἀναπέμπειν
ὀρθῶ
πλήττω
πρότερος
ὄλωλα

Δ στερῶ
ἀνίασι[1]
βάρος
ἄρα
ἄμαχον
κῆδος
βρόχος*
ἐπιστρέφω
συμμιγνύναι

Ε (ὅτι) εἰ
ὁμολογεῖν
ἀπέχεσθαι
ἀποφαίνειν
δέδια
ἀνέχειν[1]
ἐπικουρεῖν
γεύω σε

ϛ ἔρχομαι*
ἁμαρτάνειν
φαίνεται*
ἀπόκρισιν
ἐτάραξεν
μηνύειν
ἐθέλειν
ὑπεροψία

Ζ τίθημι[1]
ἀριθμῶ*
παρέστη
προσβάλλει
προπέτεια
λειτουργῶ
συγχεῖ
δεῖγμα
δίαιτα
ἐξανθρωπισθῆναι
ἀξιόχρεως
ὑμνεῖν
ἐξελήλεκται
λαμπρῶς
καταβαλών
κομψόν
ἔχρησε
θεραπεία
τραγῳδία

Η μέτεισι
περίεισι*
ἀκούσομαι
τάττειν*
δείκνυμι
ἀπαντᾶν*
ἀμείβειν
ἠπάτησε
ἀποστατεῖ
διωθεῖται[1]
ὅποι καὶ ὅπου
συγχωρῶ*

Θ ἤ που
τρυφῶ
θήρα
δένδροις
βίβλος
τέχνημα
ὄντα
εὐθυμία
κεκτημένον
σκιρτᾶν*
τελεῖν
εὔνους
καταρρεῖ
ὀρθῶ
ἀπενηνέγμεθα
εὐμένεια
ἐξ ἐκείνου*
ἀναγκάζω
ἐγγύς*

Ι εἰκάζειν
ἐπιφέρειν
συμπίπτειν
ῥᾳστώνη
θυμοῦμαι
νιφετός
φαίνεται
χαλεπῶς
συμβάλλειν
ἀμήχανον*
ἐπιχειμάζει
ἐξορία
ἀπράγμων
ἐπιτρίβειν
ἐπιτήδευμα

[1] In uerbis compositis e Lacapeno afferendis ita Phauorinus agit, ut composita omnia (uel nonnulla) cum uerbo simplici coniungat, quod non impedit quominus composita singula secundum alphabeti ordinem suis locis denuo collocet. Qua re interdum fit, ut eandem explicationem uerbi compositi cuiusdam bis (uel ter) ad uerba Lacapeni descriptam apud eum reperiamus.

Addenda et corrigenda.

Pag. XXXII 6 scribas 1715 pro 1751.

» LIV 26 post »tegit» adde: Post f. 455 fol. unum excidit: sunt ergo uersus illi Philae (u. p. LX) mutili.

» 3 11 scribas ὑπερβαίνοις; pro ὑπερβαίνοις.

» 7 20 » τύχοι τοῖς φίλοις, » τύχοι, τοῖς φίλοις

» 8 16 » μακρὰν » μικρὰν

» 9 24 » Δωριέων » Δορέων

» 10 4 » μνήμη » μνήνη

» 14 24 » ἀπαιτούντων » ἀπαιτούτων

» 15 24 » μάρτυρα, » μάρτυρα.

» 17 22 » στένει » σθένει

» 18 18 » ἀποφήναι » ἀποφῆναι

» 19 21 » ἐπιφορῆσαι » ἐπιφωρῆσαι (gl. eodem modo corr.)

» 30 4 » ὑπερορῷ » ὑπερορῷ.

» 36 17 » ἀξίας » ἀξίας,

» 62 26 » γοῦν » γοῦν.

» 63 13 » δοκεῖ » δοκεῖ,

» 66 24 » Ἑλλήνων » Ἑλλήνων.

» » 26 » μετηλλάγη » πετηλλά[illegible]

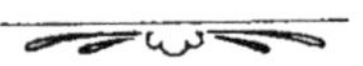

www.ingramcontent.com/pod-product-compliance
Ingram Content Group UK Ltd.
Pitfield, Milton Keynes, MK11 3LW, UK
UKHW012221240726
13966UKWH00003B/884

9 782013 084963